Gustav Adolf Seeck

Einführender Kommentar zu Aristoteles' Politik

FELIX MEINER VERLAG
HAMBURG

PHILOSOPHISCHE BIBLIOTHEK BAND 728

Bibliographische Information der Deutschen Nationalbibliothek

Die Deutsche Nationalbibliothek verzeichnet diese Publikation in der Deutschen Nationalbibliographie; detaillierte bibliographische Daten sind im Internet über ‹http://portal.dnb.de› abrufbar.

ISBN 978-3-7873-3618-0
ISBN eBook 978-3-7873-3619-7

 Druck: Strauss, Mörlenbach. Bindung: Josef Spinner, Ottersweier. Werkdruckpapier: alterungsbeständig nach ANSI-Norm resp. DIN-ISO 9706, hergestellt aus 100% chlorfrei gebleichtem Zellstoff. Printed in Germany.

www.meiner.de

Inhalt

[1] Siehe Einleitung 3.

Vorwort

Die Aristotelische *Politik*[2] ist ein inhaltlich und formal schwieriger Text, wie allein schon die vierbändige ausführliche Kommentierung von Eckart Schütrumpf zeigt.[3] Der vorliegende Kommentar hat ein bescheideneres Ziel; er will den Inhalt der *Politik* für politisch Interessierte, die vor allem wissen möchten, ob sich daraus etwas für unsere Gegenwart lernen läßt, möglichst kurz und übersichtlich darbieten. Er besteht aus einer sinngemäßen Übersetzung und eingerückten Erläuterungen. Griechischkenntnisse werden nicht vorausgesetzt.

In der Einleitung wird versucht, vorweg einige inhaltliche, formale und terminologische Probleme zu klären, um Lesern der *Politik* (im griechischen Original oder in Übersetzungen) unnötiges Rätselraten zu ersparen.

Die Übersetzung gibt nur den eigentlichen Sachgehalt wieder. Vor allem die vielen Beispiele aus der damaligen Staatenwelt werden meist weggelassen und unübersichtliche Passagen sind auf den oder die Kerngedanken reduziert.

Die Erläuterungen gehen ebenfalls nur auf den politischen Inhalt ein. Die bisherige Forschung zur Aristotelischen *Politik* kann den Eindruck erwecken, für Aristoteles sei Politik eine äußerst komplizierte Angelegenheit. Bei genauerer Betrachtung erweist sich die Aristotelische Staatstheorie jedoch als sehr einfach, weil ihr Thema das Kernproblem aller Politik ist, nämlich die Machtverteilung zwischen Regierung und Volk.

Dieser Kommentar will kein Fazit der bisherigen Forschung sein, d.h. er diskutiert nicht vorhandene Meinungen, sondern geht direkt auf den Text der *Politik* ein. Er ist kritisch in dreifacher Hinsicht: Erstens wird versucht, zwischen eigentlichem Aristotelischen Text und vermutlichen Diskussionsbeiträgen seiner Schüler und späteren, fragwürdigen Zusätzen fremder Hände zu unterscheiden. Zweitens wird Aristoteles kritisiert, wenn er sich zu widersprechen scheint oder Entscheidungen ausweicht. Drittens wird im Namen von Aristoteles unsere Gegenwart kritischer gesehen, als sie sich selbst sieht. Aristoteles würde sich heute z.B. darüber wundern, wie großzügig die Begriffe „demokratisch“ und „Demokratie“ verwendet werden, aus seiner Sicht oft zur Verschleierung oligarchischer, d.h. eigentlich undemokratischer oder gar autoritärer Politik.

Doch warum sollte man heute die *Politik* des antiken griechischen Philosophen Aristoteles (384-322 v.Chr.) lesen, wenn es unzählige neuere Bücher

---

[2] Der übliche Titel *Politik* ist die Übersetzung von griechisch *politiká* („Politisches“).

[3] E. Schütrumpf: Aristoteles, Politik, übersetzt und erläutert. Teil I-IV. Berlin 1991/1991/1996/2005.

gibt, die uns erklären wollen, was ein Staat und was Demokratie und was Politik ist? Die Antwort ist: Wer von Aristoteles herkommt, hat einen Wegweiser im Kopf, der ihm hilft, sich in dieser verwirrenden und öfter irreführenden Bücherflut und der heutigen unübersichtlichen und vielfach bedrohlichen politischen Realität zurechtzufinden.[4] Die zentrale Botschaft der Aristotelischen Staatstheorie ist einfach und klar:[5] Die beste Staatsform ist eine Demokratie, in der es eine wirtschaftlich und eine sozial orientierte Partei gibt und regelmäßig Wahlen stattfinden, damit keine übermächtig wird und die Demokratie dadurch gefährdet wird.
Die seither verfaßten staatstheoretischen Bücher scheinen eher selten zu einem so grundlegenden Ergebnis zu kommen, obwohl es nur mehr oder weniger komplizierte Variationen zu den von Aristoteles erkannten zwei politisch/sozialen Grundfragen des Staates sind: Wer soll wie regieren? und Wie läßt sich der Unterschied zwischen reich und arm begrenzen?
Die notorischen Schwierigkeiten der Aristotelischen *Politik* haben zwei technische Gründe. Der eine ist die Fülle des Materials (sozusagen alle der damals bekannten Staaten und Staatsformen werden berücksichtigt) und der sich daraus ergebenden unterschiedlichen Gesichtspunkte.[6] Der andere sind die offenen Fragen zur Entstehung und Überlieferung des Textes (s. Einleitung 7).
Aristoteles' Staatstheorie besteht aus zwei inhaltlich leicht unterscheidbaren Teilen, erstens der Auseinandersetzung mit einem älteren theoretischen System von sechs Staatsformen (im Folgenden „Sechserschema", s. Einleitung 3) und zweitens seiner eigenen Theorie vom besten Staat, einer Demokratietheorie.
Im überlieferten Text der *Politik* sind diese beiden Teile miteinander verschränkt. So werden, nachdem die beste Staatsform bereits als eine von der Vernunft der Bürger getragene Demokratie definiert ist, danach noch König-

---

[4] Der knappe Literaturhinweis am Ende dieses Kommentars nennt überwiegend neuere Titel, anhand deren man erproben kann, ob die Lektüre der Aristotelischen *Politik* hilft, sich heute in Theorie und Praxis der Politik leichter zurechtzufinden.

[5] Heute werden einfache und klare Aussagen oft als „zu einfach" kritisiert. Dieser Vorwurf kommt häufig von Leuten, die den Kern eines Problems nicht verstanden haben und trotzdem glauben, darüber reden oder gar schreiben zu sollen. Politische Probleme, die oft hochkompliziert sind, lassen sich nicht durch hochkomplizierte Antworten lösen, sondern durch klare Entscheidungen. Ob diese sich langfristig als richtig erweisen, ist eine andere Frage.

[6] Aristoteles besaß eine Sammlung der Verfassungen von 158 Staaten; erhalten ist nur *Der Staat (politeía) der Athener*.

tum, Oligarchie und Tyrannis diskutiert. Das wäre kein Problem, wenn es dabei nicht mehrfach zu einem stillschweigenden Bedeutungswechsel des Terminus „Oligarchie" käme.
Eine mögliche Erklärung ist, daß Aristoteles von seinen Lesern erwartete, ihm bei einem stillschweigenden Wechsel zwischen unvereinbaren Positionen folgen zu können. Eine andere ist, daß der erste Herausgeber der bereits zerfallenden Papyrusrollen (s. Einleitung 7) Bruchstücke des ersten Teils mit dem besser erhaltenen zweiten Teil vermischte, weil er irrtümlich glaubte, damit nur die ursprüngliche Anordnung herzustellen. In diesem Kommentar geht es nicht darum, diese Erklärung als historisch zutreffend zu beweisen, was späterer Forschung überlassen bleiben muß. Sie soll nur dem Leser der *Politik* sozusagen als heuristisches Prinzip dienen, um sich in ihr leichter sachlich zurechtzufinden. Passagen, die das Sechserschema betreffen, sind durch * gekennzeichnet.
Die Übersetzung von Textstellen, die aus verschiedenen Gründen als nachträgliche Zusätze von fremden Händen während der Überlieferung gelten können, ist durch [...] eingeschlossen.
In Kursivdruck sind zusätzliche Hinweise für den Benutzer eingefügt, die es ihm leichter machen sollen, sich in Übersetzung und Kommentar zu orientieren.
Die Übersetzungen von Gigon, Susemihl/Kullmann und Schütrumpf sind dankbar benutzt worden, ebenso die dazu gehörenden Anmerkungen.

Zugrunde liegt der Oxford-Text von W.D. Ross, der wie üblich nach der Seiten- und Zeilenzählung der Bekker-Ausgabe zitiert wird, allerdings in abgekürzter Form, also z.B. 52a1 statt 1252a1; 1a1 statt 1301a1.

Abweichungen vom Oxford-Text: 55a17, 61a13 (Druckfehler), 65b3, 72b12, 90a2, 90b10, 90b15, 94a15, 10b9, 29b23, 38b4, 42a15.

Beispiele für wichtige sachliche Abweichungen von den genannten Übersetzungen: 56b10-15, 65a1-10, 69a24-27, 69a27-28, 70b31-35, 77a29, 86a21-28, 87b36-41, 10b9-12, 19a22-24, 21a14-26, 21a31-b1, 27b23-33.

Einleitung

1. Die zwei ewigen Grundprobleme des Staates.
Wer die Aristotelische *Politik* gelesen und verstanden hat, weiß, daß der Staat vor allem Antworten auf zwei grundlegende Fragen geben muß, eine politische und eine soziale.

(1) Wer soll wie regieren?
Das ist die Frage nach der Staatsform oder Verfassung, die am einfachsten entweder durch Monarchie oder durch Demokratie beantwortet werden kann.
Aristoteles hält die Demokratie für die beste Staatsform, weiß aber, daß sie auch schlecht sein kann, wenn sie in die Hände von Politikern gerät, die sie nicht ernsthaft verteidigen oder sie zum eigenen Vorteil nutzen.
In unserer repräsentativen Demokratie ist das eine Frage der Machtaufteilung zwischen Volk, Parlament, Regierung und Justiz. Das Volk darf in Deutschland seine Meinung nur alle vier Jahre bei Wahlen von Abgeordneten zur Geltung bringen. Für Aristoteles ist die sog. Volksversammlung die oberste politische Instanz im Staat, die entscheidet, wieviel Macht sie der Regierung zubilligt, und sich vorbehält, jederzeit eingreifen zu können.
Weltweit gesehen ist die Frage, wer regieren soll, bis heute nicht beantwortet; denn das Streben nach politischer Macht führt nach wie vor zu Kämpfen um die Staatsform und damit zu Kriegen und Bürgerkriegen.

(2) Wie kann der Abstand zwischen reich und arm begrenzt werden?
In jedem Staat gibt es Reiche und Arme. Wirtschaftlicher Wettbewerb, der Reichtum möglich macht, ist für den Staat einerseits lebensnotwendig, kann aber andererseits zu sozialen Spannungen führen. Da es sich um einen nicht auflösbaren Widerspruch handelt, mit dem ein funktionierender Staat leben muß, weiß auch Aristoteles keine befriedigende Antwort (wie bis heute niemand). Aber er kennt eine realistische praktische Lösung, nämlich eine Zwei-Parteien-Demokratie, in der marktwirtschaftliches und soziales Denken miteinander konkurrieren, was sozusagen eine „soziale Marktwirtschaft“ ergibt, so daß die Armen nicht mehr absolut arm, sondern nur noch relativ arm sind und ein mindestens gut auskömmliches Leben haben.

2. Aristotelische und moderne Politikwissenschaft.
Aristoteles verstand unter Politikwissenschaft (*politiké epistéme*) eine Betrachtung und Bewertung der älteren und zeitgenössischen politischen Praxis unter Verwendung der damaligen Terminologie. In der Neuzeit ist eine theoretische Politikwissenschaft entstanden, die den Staat mit teilweise neugeschaffener Terminologie erklären möchte und deswegen die Aristotelische

Politik für verfehlt bzw. veraltet hält.[7]

Aristoteles würde darin theoretische Begriffsgebäude sehen, die ihr Fundament nicht in der Realität haben, sondern höhere Instanzen wie z.B. Gott oder die Natur oder das Recht voraussetzen und daraus bestimmte absolute Forderungen an den Staat ableiten. Er war überzeugt, daß dergleichen in der politischen Theorie nichts zu suchen hat, weil Staaten und ihre Gesetze von Menschen gemacht werden und daher immer relativ und unvollkommen sind. Moderne Begriffe wie „Menschenrechte" oder „Menschenwürde" oder „Liberalismus" würde er für fromme Wünsche halten, die selbst dort, wo sie hochgehalten werden, in der politischen Praxis nur relative Bedeutung haben.

Grundlage aller politischen Praxis ist für ihn die paradoxe „Natur des Menschen". Einerseits sind alle Menschen als Menschen gleich, andererseits gibt es überall in der Welt den Unterschied zwischen reich und arm und zwischen Regierenden und Regierten. Daraus ergeben sich die zahllosen unterschiedlichen existierenden Staatsformen. Nur wenn Menschen ihre von der Natur gegebene menschliche Vernunft nutzen, können sie diese Paradoxie zwar nicht auflösen, aber in eine halbwegs vernünftige, d.h. möglichst gerechte Staatsform umsetzen. Daraus ergeben sich für den Einzelnen automatisch subjektive Rechte. Aristoteles würde sagen, sie beruhten nicht auf einer abstrakten übergeordneten Natur, sondern der konkreten Natur der begrenzten menschlichen Vernunft. Er würde also das „Naturrecht" für einen Denkfehler der modernen Politikwissenschaft halten.

Auch der oft zu hörende Hinweis, im Unterschied zur antiken direkten Demokratie hätten wir eine repräsentative Demokratie, beruht auf einem Irrtum; denn in der sog. Volksversammlung (*ekklesía* heißt nur „Aufruf zur Versammlung") saß nie das ganze Volk, sondern nur Männer, die Interesse und Zeit für die Politik hatten. Deswegen gab es ein Quorum, damit die Versammlung als repräsentativ gelten konnte.

Ebenso verfehlt ist der Hinweis auf die Kleinheit der antiken griechischen sog. Stadtstaaten und den Unterschied zu großen modernen Flächenstaaten. In den damaligen und den heutigen Demokratien gibt es dasselbe politische Grundproblem, nämlich die Frage, wie die Macht zwischen Volk und Regierung aufgeteilt werden soll.

3. Staatstheorie vor und bei Aristoteles.

Wie aus der Aristotelischen *Politik* zu ersehen ist, gab es vor Platon und Aristoteles in Griechenland schon eine lebhafte staatstheoretische Diskussion.

---

[7] Thomas Hobbes hielt Aristoteles für Irrtümern erlegen, aber sein *Leviathan* liest sich wie eine Paraphrase der Aristotelischen *Politik* unter falschem („*homo homini lupus*") Vorzeichen.

Die Praxis ging der Theorie voraus. Aristoteles nennt vor anderen den legendären Lykurg (ins 11. bis 8. Jh. v.Chr. datiert) als Gesetzgeber für Sparta und Solon als einen zwischen Reichen und Armen maßvoll ausgleichenden Schiedsrichter (594 v.Chr.) für Athen.
Die Theorie folgte mit der Sophistik des 5. Jahrhunderts. Die sog. Sophisten verfaßten wie heutige Wissenschaftler (nicht erhaltene) Bücher zu allen möglichen Gebieten, und so auch zur Staatstheorie. Man begann Staatsformen zu vergleichen, entwarf Staatstheorien, konstruierte staatstheoretische Systeme und fragte nach der theoretisch besten Staatsform. Aus dieser Zeit stammen die Termini Monarchie, Aristokratie, Oligarchie und Demokratie. Sie sind vor Platon und Aristoteles längst allgemein geläufig, wenn auch nicht klar definiert.[8]
Das einfachste System nennt die Zahl der Regierenden: „einer“ oder „einige“ oder „viele“. Bei „einer“ dachte man an die Zeit mythischer Könige, bei „einige“ an die darauf folgende Herrschaft einer aristokratischen Oberschicht und bei „viele“ an die Herrschaft der Volksversammlung.
Dann unterschied man bei diesen drei Formen eine gute und eine schlechte Variante und kam so zu einem **Sechserschema**:

Königtum	Aristokratie	gute Demokratie
Tyrannis	Oligarchie	schlechte Demokratie

Die guten Formen dienen dem Gemeinwohl, die schlechten vor allem den Machthabern.
Unter Aristokratie ist eine (auf die Könige folgende) Herrschaft der Besten (*áristoi*) zu verstehen. Sie beruhte auf ihrer sog. Tugend/Tüchtigkeit (*areté*), wobei die praktische Tüchtigkeit entscheidend war, während tugendhaftes (ethisches) Verhalten sich eher selten zeigte. Das ist der sog. Adel, der von sich behauptete, zum Herrschen geboren zu sein.
In der Oligarchie („Herrschaft der Wenigen“) kommt es dagegen allein auf Reichtum an. Oligarchie bedeutet daher praktisch Herrschaft der Reichen, wobei reiche Adlige natürlich mitgemeint sind.
In der guten Demokratie leben reiche Minderheit und arme Mehrheit insgesamt vernünftig und friedlich zusammen, weil die Armen (die Mehrheit) die Reichen nicht unterdrücken. Aristoteles bezeichnet sie als „gemischte Demokratie“ oder „Bürgerstaat“ (*politeía*, in deutschen Übersetzungen meist mit „Politie“ wiedergegeben).[9]

---

[8] Wir wissen nicht, wem wir den uns so wichtigen Begriff Demokratie verdanken. Mit „Demokratie“ ist in der antiken Staatstheorie ursprünglich nicht wie heute die Herrschaft des Volkes im ganzen gemeint, sondern die des *dēmos*, d.h. der breiten Masse im Gegensatz zur elitären Oberschicht.

[9] Im 5. Jh. war es anscheinend üblich geworden, einfach vom „Staat“ (*politeía*) zu sprechen, wenn die Demokratie gemeint war, weil in griechischen Staaten die

In der schlechten Demokratie unterdrücken die Armen die Reichen und ruinieren dadurch die Wirtschaft und darüber hinaus im Namen der Freiheit die staatliche Ordnung, was in Anarchie und Tyrannis enden kann.
Genauere Betrachtung der im 5. Jahrhundert real existierenden griechischen Staaten führte Aristoteles zu der Erkenntnis, daß es sich weit überwiegend um Demokratien handelte, die aus Oligarchie und Demokratie gemischt waren.
Er sah die Demokratie dadurch charakterisiert, daß es in der Volksversammlung von Natur aus zwei Parteien gab, die der Reichen und die der Armen. Je nachdem welche Partei die Regierung stellte, sprach man von Oligarchie bzw. Demokratie, obwohl es sich um zwei Varianten der Demokratie handelt. Das ist paradox; denn die Begriffe Oligarchie und Demokratie sind dann Unterbegriffe des Oberbegriffs Demokratie.
Der Leser der *Politik* muß also auseinanderhalten, daß Oligarchie und Demokratie im Sechserschema zwei verschiedene Staatsformen sind, in der Aristotelischen Demokratietheorie dagegen nur Varianten der Demokratie.
In der Volksversammlung ging es schon damals nicht mehr um den direkten Gegensatz zwischen reich und arm, sondern um zwei Ideologien, die man heute als „konservativ“ bzw. „sozialistisch“ oder ähnlich und auf deutsch oft als „rechts“ bzw. „links“ unterscheidet.
Die Vertreter der einen halten Ungleichheit (durch Wettbewerb) für notwendig und gerecht, die der anderen halten Ungleichheit grundsätzlich für ungerecht und wollen Gleichheit (durch sog. Umverteilung) erreichen.
Diesen ideologischen Gegensatz in vernünftige praktische Politik umzusetzen ist nach Aristoteles die grundlegende Aufgabe der Demokratie. Wenn heutige Parteien das vergessen und sich nur noch für andere Ziele einsetzen, ist das zwar ihr demokratisches Recht, aber sie gefährden damit das wirtschaftliche und soziale Fundament der Demokratie.

4. Platon und Aristoteles.

Platon ist ein Sonderfall. In seinem *Staat* glaubt er, Philosophen könnten die absolute Wahrheit erreichen.[10] Man müßte solche Menschen im Volk finden oder begabte Kinder durch sorgfältige Erziehung und Ausbildung dazu machen. Sie würden den Staat sozusagen als Diener des Volkes mit fast göttlichem Wissen und völlig selbstlos regieren. Das Volk könnte sich keine bes-

Volksversammlung bereits eine wichtige oder gar die entscheidende Rolle spielte. Möglicherweise gab es schon ein Buch eines Sophisten über die Demokratie mit diesem Titel. Klarer ist daher statt „Politie“ die Übersetzung „Bürgerstaat“, engl. „republic“ oder „constitutional government“.

[10] Den damaligen Wissenschaftlern (seriösen sog. Sophisten) warf er vor, sich mit relativen Wahrheiten zu begnügen.

sere Regierung wünschen und wäre zufrieden. – In seinen später geschriebenen *Nomoi* (*Gesetze*) ist ihm klar, daß dieser Idealismus unrealistisch ist. Die dort empfohlene Staatsform ist praktisch eine von der Vernunft der Bürger getragene Demokratie.

Aristoteles war von vornherein überzeugt, solche idealen Herrscher könne es nicht geben, sondern das Volk müsse sich selbst regieren, d.h. die Volksversammlung müsse die relativ besten Politiker wählen und beauftragen, den Staat zu regieren. Das ist für ihn eine gute Demokratie. Wie damals üblich, wird die Regierung für ein Jahr gewählt und muß danach vor dem Volk Rechenschaft ablegen – und kann sogar bestraft werden.

Im Unterschied zu dieser Demokratie stecken in heutigen Demokratien meist alle drei Regierungsformen (Präsident/Kanzler + Parlament + Volk). Das Volk kann jedoch die Regierung erst bei der nächsten Wahl absetzen, in Deutschland nach vier Jahren. Darüber hinaus kann unsere Regierung nicht bestraft werden und muß nicht einmal offiziell Rechenschaft ablegen.

5. Sechserschema und Aristotelische Demokratietheorie.

Aristoteles' staatstheoretische Untersuchung besteht der Sache nach, wie schon oben im Vorwort gesagt wurde, aus zwei Teilen:

(1) Auseinandersetzung mit dem Sechserschema (s. Einleitung 3).

In Buch III, Kap. 7-8 folgt nach einer Aufzählung der drei guten (79a32-39) und der drei schlechten (79b4-10) Staatsformen eine Ankündigung (79b11-15):

> „Es ist nötig, jede dieser Staatsformen genauer zu besprechen."

Das beginnt in Buch III, Kap. 14 mit dem Königtum (84b35-88a37).

(2) Aristotelische Demokratietheorie. Sie wird in Buch I bereits vorausgesetzt und wird ab Buch III, Kap. 1 im einzelnen ausgeführt. Die beste Staatsform ist für Aristoteles eine (aus Oligarchie und Demokratie) gemischte Demokratie, in der die Partei der Oligarchen und die der Demokraten sich politisch die Waage halten. Für ihn sind Königtum, Aristokratie, Oligarchie (Herrschaft der Reichen) und Tyrannis historisch überholte Staatsformen.[11]

---

[11] Auf das aktuelle Königtum Philipps II. von Makedonien, durch den seit 338 (Schlacht bei Chaironeia) die Demokratie in Griechenland von einer souveränen Staatsform zu einer geduldeten Verwaltungsform wurde, geht Aristoteles mit keinem Wort ein. Die „Anti-Philipp-Reden" (*Philippika*) des Redners Demosthenes (384-322) muß er gekannt haben, vermeidet aber das für ihn heikle Thema, vermutlich wegen seiner engen Beziehungen zum makedonischen Königshof als ehemaliger sog. Erzieher Alexanders. Vielleicht glaubte er auch wie der Redner Isokrates (436-338), Philipp wolle nur die zerstrittenen griechischen Staaten einen und vor persischen Übergriffen schützen.

Das ist kein Problem, wenn ein Autor mit einem allgemeinen Überblick über Staatsformen (Sechserschema) beginnt und im Sinne einer historischen Entwicklung nacheinander über Königtum→Aristokratie→Oligarchie→gute Demokratie→schlechte Demokratie→Tyrannis spricht und danach zu seiner Demokratietheorie kommt.

Doch schwierig wird es, wenn der erste Teil (Untersuchung des Sechserschemas) irgendwie mit dem zweiten Teil (Demokratietheorie) verschränkt ist und der Leser mit stillschweigendem öfteren Wechsel zwischen zwei Konzeptionen mit unterschiedlicher Terminologie fertigwerden muß, vor allem der doppelten Bedeutung von Oligarchie. Da kaum denkbar ist, daß Aristoteles selbst für diese widersprüchliche Form der *Politik* verantwortlich ist, liegt es nahe, zwischen einer Aristotelischen ursprünglichen Textform und der uns erhaltenen überlieferten verschränkten Form zu unterscheiden.

6. Die Verschränkung des Sechserschemas mit der Aristotelischen Demokratietheorie.[12]

In Kapitel 1 von Buch III beginnt, wie gesagt, die Untersuchung der gemischten Demokratie, also die Aristotelische Demokratietheorie. In Kapitel 7 sind wir plötzlich bei der Untersuchung des Sechserschemas, d.h. den ungemischten Staatsformen, und im weiteren kommt es mehrfach zu einem stillschweigenden Wechsel zwischen den beiden Konzeptionen. Das führt zu zwei Fragen:

(1) Warum sollte Aristoteles auf das Sechserschema und damit auf in Griechenland weitgehend überwundene Staatsformen wie Königtum und Aristokratie zurückkommen, nachdem er bereits begonnen hat, über die zeitgenössischen Varianten der Demokratie zu reden? Als mögliche Erklärung wurde schon oben im Vorwort angedeutet, daß es Papyrusreste der im Text ursprünglich vorausgegangenen Diskussion des Sechserschemas sein könnten, die der erste Herausgeber irrtümlich mit der Behandlung der Demokratie verschränkt hat.

(2) Die Verschränkung der Trennung von Staatsformen (im Sechserschema) und ihrer Mischung (in der Demokratietheorie) führt unvermeidlich zu einem terminologischen Problem. Oligarchie und Demokratie sind im Sechserschema ungemischte Staatsformen, die einander ausschließen, während sie in der Demokratietheorie zwei Parteien sind, die wie ein Ehepaar miteinander auskommen müssen. Die Termini Oligarchie und Demokratie sind also doppeldeutig. Wenn die beiden Bedeutungen stillschweigend nebeneinander verwendet werden, ergeben sich automatisch Verständnisschwierigkeiten für den Leser. Hinzukommt, daß strukturierende Hinweise wie „das haben wir schon gesagt" sich manchmal nicht auf die überlieferte verschränkte Form

[12] Ein genauerer Überblick folgt als Vorbemerkung zu Buch III.

beziehen, sondern anscheinend eine Textform voraussetzen, in der die Untersuchung des Sechserschemas der Demokratietheorie voranging.[13]

7. Entstehung und Überlieferung der Aristotelischen *Politik*.

Aristoteles hat seine *Politik* nicht selbst veröffentlicht, d.h. der erhaltene Text kommt aus seinem Nachlaß oder dem Archiv seiner Schule. Daraus ergeben sich Fragen zur Entstehung und Überlieferung des Textes.

Zur Entstehung wird heute meist angenommen, es handle sich um Vorlesungsmanuskripte, die Aristoteles später ergänzt und zusammengefaßt habe. Es gibt jedoch Anzeichen dafür, daß es streckenweise Protokolle von lokkeren Unterrichtsgesprächen sind, in denen auch Beiträge von Schülern (Referate, Fragen, Einwände) enthalten sind. Dadurch lassen sich die öfter aphoristische Gedankenfolge, Gedankensprünge, überraschende Exkurse, umständliche Referate, passende und unpassende Einwürfe und gelegentliche Irrtümer erklären.

Die Überlieferung verdanken wir einem unbekannten Herausgeber.[14] Wir wissen nicht, in welchem Zustand er den Text vorgefunden hat. Da Papyrusrollen ein äußerst empfindliches Material sind, ist damit zu rechnen, daß sie bereits zu zerfallen begannen und teilweise nur als Bruchstücke erhalten waren. Der Herausgeber mußte daher das Erhaltene so schnell wie möglich abschreiben lassen und dazu den Abschreibern eine brauchbare Vorlage liefern. Seine ordnende Hand ist an strukturierenden Hinweisen zu erkennen. Auf ihn geht wahrscheinlich die überlieferte Bucheinteilung zurück.

Bevor der Text nach vielleicht mehr als sechs Jahrhunderten auf das dauerhaftere Pergament übertragen wurde, mußten gealterte Papyrusabschriften pro Jahrhundert mindestens ein- oder zweimal durch neue ersetzt werden. Da konnte es durch falsche Entzifferung schwer lesbarer Stellen und die irrtümliche Einfügung von Leser-Randnotizen zu allerlei kleineren Veränderungen kommen.

Die heutigen Ausgaben des griechischen Textes (die auf mittelalterlichen Pergamenthandschriften beruhen) und Übersetzungen wirken äußerlich, als ob wir es mit einer im großen und ganzen glatt voranschreitenden Abhandlung zu tun haben.[15] Dadurch wird beim unvorbereiteten Leser der Eindruck erweckt, die kleinen und größeren Unebenheiten, die kritische Leser zu sehen glauben, gebe es nicht.

---

[13] Vgl. 93b1-7 und 18b6-21.

[14] Er muß sich spätestens um 300 v.Chr. an die Arbeit gemacht haben. Namentlich bekannt sind Apellikon, Tyrannion und Andronikos, die sich über zweihundert Jahre später um die weitere Überlieferung Aristotelischer Schriften gekümmert haben.

[15] Die heutige Einteilung in Kapitel ist wahrscheinlich nicht antik.

8. Wege der neuzeitlichen Forschung.[16]

Inhaltliche und formale Schwierigkeiten im Text der *Politik*, an denen sich manche Leser schon im 16. Jh. stießen, versuchte man bis ins 20. Jh. durch die Umstellung von Büchern oder einzelnen Textstücken aufzulösen. Wie nicht anders zu erwarten, erwies sich das als Holzweg. Werner Jaegers berühmte Schichtenanalyse von 1923 war ein Schritt in die richtige Richtung, blieb aber einer sachfremden Sichtweise („Entwicklung") verhaftet. Solche Versuche, sozusagen zu einer Originalversion des Textes vorzudringen, sind von vornherein aussichtslos, weil die *Politik* inhaltlich zu vielschichtig und kompliziert ist.

Da die meisten heutigen Leser sich weniger für die eher philologische Frage nach der Form der *Politik* als den sachlichen Inhalt interessieren dürften, kann man nur dem Vorschlag von Olof Gigon folgen, zunächst den Inhalt zu klären und die Suche nach der ursprünglichen Form vorerst beiseite zu lassen.[17] Diese sachliche Klärung ist der Zweck dieses Kommentars.

9. Probleme der Terminologie.

Die griechische Terminologie in der Aristotelischen *Politik* ist uneinheitlich und öfter mehrdeutig, ein Problem, das durch Übersetzungen nicht gelöst werden kann und manchmal sogar verschärft wird. Die Doppeldeutigkeit von Oligarchie und Demokratie wurde schon genannt, aber es gibt eine ganze Reihe von Mehrdeutigkeiten:

Staat (*polis, politeía*).

Staatsform/Verfassung (meist *politeía*).

Aristokratie („Herrschaft der Besten"):

(1) Herrschaft der traditionell sog. Besten (alter Adel).

(2) Demokratie, in der die von der Volksversammlung gewählten Besten regieren.

Oligarchie („Herrschaft der Wenigen, einer Minderheit"):

(1) Traditionelle Herrschaft der Reichen.[18]

(2) Demokratie, in der von der Volksversammlung gewählte Reiche regieren.

Demokratie („Herrschaft des Volkes"):

(1) radikale Demokratie (die arme Mehrheit regiert),

(2) gemischte Demokratie (auch Reiche dürfen regieren).

(3) Alle Bürger sind gleich und regieren abwechselnd (Bürgerstaat).[19]

---

[16] Ausführlich dazu Schütrumpf in seiner Einleitung zu Buch I der *Politik*, S. 39-67.

[17] Gigon sinngemäß S. 21 in der Einleitung zu seiner Übersetzung, 6.Auflage 1986.

[18] Aristoteles benutzt nicht den bereits existierenden Terminus Plutokratie.

[19] Das ist die sog. „Politie" oder der „Bürgerstaat" (*polítes* = Bürger), vgl. oben S. 11, Fußnote 9. Aristoteles unterscheidet manchmal „Bürgerstaat" (in dem alle Bürger als gleich gelten) und „gemischte Demokratie" (in der alle Bürger gleichberechtigt sind), aber manchmal bedeuten beide Termini bei ihm einfach „Demokratie".

(4) Alle Bürger sind gleichberechtigt und die gewählten Besten regieren abwechselnd.

Volksversammlung (*ekklesía* = „Aufruf zur Versammlung“).

Dort saß nie das ganze Volk, sondern Männer, die Zeit und Interesse für die Politik hatten, weswegen es ein Quorum gab, damit die Zahl der Anwesenden als repräsentativ für das Volk gelten konnte.

Herrschaft (*despoteía*):

(1) autokratische (nicht rechenschaftspflichtige) Regierung, die dem Gemeinwohl dient (Hausvater, guter König),

(2) autoritäre despotische Regierung, die vor allem den Regierenden nützt (Tyrannis, radikale Oligarchie, radikale Demokratie).

Herr (*despótes*):

(1) Familienoberhaupt und König (autokratisch, aber wohlwollend regierend),

(2) Besitzer von Sklaven (autoritär regierend),

(3) Chef von freien Untergebenen (autokratisch regierend),

(4) Tyrann (illegal/autoritär/gewalttätig regierend).

Diener/Sklave (*doulos*):

(1) untergebener Befehlsempfänger,

(2) Sklave seiner Natur nach,

(3) Sklave nur dem Gesetz nach („unnatürlicher Sklave“).

Tugend/Tüchtigkeit (*areté*):

(1) ethisch/praktisch herausragendes Verhalten (der sog. Besten),

(2) praktisch herausragendes Verhalten (der Reichen),

(3) einfaches korrektes Verhalten (von Sklaven, Frauen, Kindern).

Gerechtigkeit (*dikaiosýne*):

(1) absolut, nivellierend, gleichmachend, arithmetisch,

(2) relativ, differenzierend, wertend, proportional.[20]

Freiheit (*eleuthería*):

(1) frei sind alle Bürger im Gegensatz zu Sklaven,

(2) frei sind die Reichen, weil sie von körperlicher Arbeit befreit sind,

(3) frei sind Bürger, die neben ihrer täglichen Arbeit Zeit für die Politik haben.

Oberschicht:

die Besten (*áristoi*), Guten (*agathoí*), Reichen (*ploúsioi*, *eú-poroi*), Freien (*eleútheroi*), Tüchtigen (*spoudaíoi*), Ordentlichen (*epieikeîs*), Angesehenen (*gnōrimoi*), Schönen und Guten (*kaloí kai agathoí*).

---

[20] Bei Platon „geometrisch“. Die Unterscheidung „arithmetisch/geometrisch“ stammt zwar aus der Mathematik, ist aber bei der Anwendung auf die Gerechtigkeit/Gleichheit nur noch eine Metapher.

Unterschicht:

die Schwachen (*phauloi*), Armen (*á-poroi*), Bauern (*georgoi*), Handwerker (*bánausoi*), die Mehrheit (*plethos*), d.h. alle, die für ihren Lebensunterhalt körperlich arbeiten müssen.

Barbaren:

(1) alle Nichtgriechen,
(2) sog. primitive Völker.

10. Inhaltliche Schichten.

In der Aristotelischen *Politik* kann man fünf inhaltliche Schichten unterscheiden:

(1) Allgemeine Staatstheorie,
(2) das Sechserschema der Staatsformen,
(3) die Demokratietheorie,
(4) kritische Betrachtung realer Staaten,
(5) fast zahllose Einzelthemen z.B. (Stellen im Register)

Politik: Gerechtigkeit, Gleichheit, Herrschaft, Mehrheitsprinzip, Stimmengewicht, Stimmengleichheit, Definition des Bürgers, Rolle der Frau, Einfluß von Berufsgruppen, Geltung der Gesetze, Anwendung und Auslegung von Gesetzen, materielle Voraussetzungen des Staates, Privateigentum, Gemeinschaftseigentum, Wettbewerb, Begrenzung des Reichtums, Steuerklassen, Staatenbund, private und staatliche Erziehung, Strafen, Sport, Musik.

Wirtschaft: Hauswirtschaft, Landwirtschaft, Handwerk, staatliche Wirtschaft, Handel, Tauschhandel, Geld, Zinsen, körperliche Arbeit, Sklavenhaltung.

Ethik: Absolute und relative Gerechtigkeit, gerechte und ungerechte Sklavenhaltung, ärztliches Ethos.

11. Was uns an Aristoteles nicht gefällt.

(1) Aristoteles hielt zwar die Demokratie für die beste Staatsform, betrachtete aber (wie damals Adlige/Reiche/Gebildete/Politiker und heute unsere Regierung) das politisch passive Volk als Menschen, die politisch eigentlich nicht mitreden sollten. Er fand es daher anscheinend nicht problematisch, daß viele davon wegen ihrer täglichen Arbeit kaum Zeit hatten, Volksversammlungen zu besuchen und gar (unbesoldete) Regierungsämter zu übernehmen. Die damaligen Demokratien waren daher praktisch eher Oligarchien, weil das Volk die Macht oft bereitwillig einer oligarchischen Regierung (politischen Elite) überließ.

Doch das ist kein Grund, heute hochmütig auf Aristoteles herabzublicken; denn in der deutschen Demokratie sieht die Praxis nicht anders aus. Bei uns muß man zwar nicht reich sein, um Abgeordneter und Bundeskanzler zu werden, aber wenn man gewählt ist, hat das Volk bis zur nächsten Wahl in vier

Jahren offiziell nichts zu sagen; denn wir haben eine repräsentative Demokratie, in der gewählte Abgeordnete das Volk vertreten. Aristoteles würde das als Oligarchie bezeichnen.

(2) Aristoteles war (wie damals die bürgerliche Ober- und Unterschicht) der Meinung, Sklavenhaltung sei natürlich und wirtschaftlich notwendig. Er scheint den Unterschied zwischen Freien, die für einen Chef arbeiten, und Sklaven, die einen Herrn (Besitzer) über sich haben, für eher nebensächlich gehalten zu haben; denn für beide benutzt er den neutralen Terminus *doulos*. Vielleicht hat er beim Unterricht nur an das Hauspersonal im Lykeion gedacht, das keine oft tödliche Schwerstarbeit (wie in einem Bergwerk) leisten mußte und vermutlich gut behandelt wurde.

Auch hier sollten wir ihn nicht hochmütig kritisieren; denn auch wir nehmen prekäre Arbeitsverhältnisse hin, die sich von Sklavenhaltung nicht sehr unterscheiden, um gar nicht zu reden von Menschen, die wir in sog. Billiglohnländern wie Sklaven für uns arbeiten lassen.

12. Was Aristoteles nicht sagt, weil er es für selbstverständlich hält.

Im antiken Griechenland waren die Menschen auf Grund von Erfahrungen – wie später Lord Acton – überzeugt, daß Macht dazu verleitet, immer mehr Macht zu erstreben und zugleich die eigenen Fähigkeiten zu überschätzen und Fehler zu machen. Daher wurde in Athen und anderen Demokratien die Regierung nur für ein Jahr gewählt und mußte danach Rechenschaft ablegen und konnte bestraft werden, wenn das Volk mit ihr nicht zufrieden war.[21]

Aristoteles hätte nicht geglaubt, daß es eines Tages Demokratien geben könnte, in denen Politiker für vier Jahre gewählt werden, nie Rechenschaft ablegen müssen und für politische Fehler nicht bestraft werden können. Das sei, würde er heute sagen, geradezu eine Einladung, kritische Stimmen oder Anregungen aus dem Volk nicht ernst zu nehmen. Ein Volk, das seiner Regierung einen solchen Freibrief ausstellt, hätte er als naiv und allzu obrigkeitsgläubig eingestuft.

13. Was Aristoteles an unserer Demokratie kritisieren würde.

(1) Er würde es äußerst seltsam finden, daß in Artikel 20 unseres Grundgesetzes zwar der Satz „Alle Staatsgewalt geht vom Volke aus" steht, aber das Volk sehr eingeschränkte Macht hat, weil es nur alle vier Jahre Abgeordnete wählen darf.

(2) Die Einrichtung von Rechnungshöfen, die nur folgenlos kritisieren dürfen, würde Aristoteles geradezu als Täuschungsversuch ansehen, um das Volk glauben zu machen, die Regierung sei ihm gegenüber rechenschaftspflichtig.

---

[21] Selbst der berühmte Perikles (man spricht vom Perikleischen Zeitalter) wurde einmal, wie der Historiker Thukydides (II, 65) berichtet, zu einer Geldstrafe verurteilt.

(3) Unverständnis hätte er für unser Verfassungsgericht, das – unter Berufung auf das (von ihm subjektiv interpretierte) Grundgesetz – vom Volk (den gewählten Volksvertretern) beschlossene Gesetze kassieren kann, obwohl es nur eine Kommission von juristischen Experten ist, die nicht das Volk repräsentieren. Für ihn ist die erste Gewalt im Staat selbstverständlich die das Volk vertretende Volksversammlung. Sie ist die oberste politische Instanz, die auch die Richter wählt und ihnen erlaubt, frei zu urteilen, aber jedes Gerichtsurteil, das Gesetze mißachtet oder mißversteht, aufheben kann. Er weiß natürlich, daß die Volksversammlung oft falsch entscheidet, aber er ist ebenso überzeugt, daß man sog. politischen oder juristischen Experten nicht blind vertrauen darf, weil auch sie wie alle Menschen Fehler machen und oft eher an Machterhalt als an das Gemeinwohl denken.

(4) Das Problem einer unkontrollierbaren Zuwanderung aus fremden Kulturkreisen kannte Aristoteles nicht, aber er sah schon in der Völkermischung in Hafenstädten keine Bereicherung, sondern eine Gefahr für die Einheit des Staates und den gesellschaftlichen Zusammenhalt, der für ihn die Grundlage der Demokratie ist.

Er nennt (3a25-b3) acht Staaten, in denen es zum Bürgerkrieg zwischen Einheimischen und Zuwanderern aus anderen griechischen Staaten gekommen war, wobei in drei Staaten die Einheimischen durch die Zugewanderten vertrieben wurden.

14. Was wir ihm entgegnen können.

Wir können sagen, daß unsere Demokratie im ganzen bisher zufriedenstellend funktioniert, müssen aber zugeben, daß das nicht immer so bleiben muß, wenn die Regierung sich anbahnende Gefahren ignoriert und Probleme jahrelang vor sich herschieben kann, weil sie keine Bestrafung fürchten muß.

Kommentar

Buch I

In Buch I handeln nur die ersten beiden Kapitel vom Staat. Die übrigen (3-13) sind der Hauswirtschaft und speziell der Sklavenhaltung (3-7 und 13) gewidmet, ohne genauer auf ihre Bedeutung für den Staat einzugehen.

I, Kap. 1

52a1-53a39 *Der Staat als politische Gemeinschaft* *(Demokratie, Kap. 1-2).*

52a1-7 Wir sehen, daß jeder Staat (*polis*) eine Gemeinschaft (*koinonía*) ist und jede Gemeinschaft etwas Gutes zum Ziel hat; denn jedes Handeln (*prattein*) hat ein Ziel, das der Handelnde für gut (*agathón*) hält. Daraus ist klar, daß alle Gemeinschaften etwas Gutes zum Ziel haben, und vor allem diejenige Gemeinschaft, die alle anderen umfaßt und als oberste Instanz (*kyriótaton*) über ihnen steht. Das ist das, was man als Staat und politische Gemeinschaft bezeichnet.

Eine „politische Gemeinschaft" ist eine Staatsform, in der es keine traditionelle Grenze zwischen Regierung und Volk gibt wie in Königtum und Aristokratie, sondern die Bürger einige Mitbürger als Regierung auf Zeit wählen. Das ist die Demokratie. Die Machtverteilung zwischen Volksversammlung und Regierung kann jedoch sehr unterschiedlich aussehen. Darum geht es in der Aristotelischen Demokratietheorie.

52a7-16 *Eine etwas entstellt überlieferte Passage.*
Diejenigen, die
(1) Demokratie (*politikón*)
(2) Königtum (*basilikón*)
(3) Hauswirtschaft (*oikonomikón*)
(4) Herrschaft (*despotikón*)
für dasselbe halten, irren sich; denn sie unterscheiden (Regierungsformen) nach der Zahl (*plethos*) und nicht nach der Art (*eidos*). Für sie sind die Regierten bei (4) wenige, bei (3) mehr, und noch mehr bei (1) oder (2), als ob ein großer Haushalt ein kleiner Staat ist. Sie sprechen von (2), wenn immer derselbe regiert, und von (1), wenn nach einer solchen Theorie (*epistéme*) Regierender (*árchōn*) und Regierter (*archómenos*) abwechseln. Das ist falsch.

Falsch daran ist nur, daß (4) als „Herrschaft über wenige" definiert wird, obwohl es „autokratische (nicht rechenschaftspflichtige) Herrschaft" bedeutet und nicht nur für Hausväter, sondern auch für für traditionelle Könige, Aristokraten, Oligarchen und besonders für Tyrannen gilt, die über viele herrschen.

Vermutlich hat ein Abschreiber, der in seiner teilweise unleserlichen Vorlage gerade noch die Begriffe (1, 2, 3, 4) entziffern konnte, einen systematischen Zusammenhang herstellen wollen, wobei ihm nur eine einfache Stufenfolge nach der Zahl der Regierten einfiel.
Im ursprünglichen Text wurde wahrscheinlich nur die Unterscheidung der Staatsformen nach der Zahl der Regierenden (einer | viele) als falsch kritisiert, weil es vor allem auf die Art des Regierens ankomme und zwischen despotischer (oder autokratischer) und politischer (demokratischer) Regierung unterschieden werden müsse. Während traditioneller König und Hausvater autokratisch regieren, d.h. nicht zur Rechenschaft gezogen werden können, regiert die Regierung in der Demokratie politisch, weil sie auf die Zustimmung des Volkes, das sie gewählt hat und jederzeit absetzen kann, angewiesen ist.
Die Theorie (a15), nach der Regierende und Regierte abwechseln, ist die Theorie der Demokratie („Volksherrschaft") bzw. der „Bürgerstaat" (Politie).

52a17-23 Ankündigung. Was mit dem Gesagten (52a1-7) gemeint ist, wird klarwerden, wenn wir – nach der bei der Untersuchung einer aus Teilen bestehenden Sache üblichen Methode – die Teile des Staates betrachten und prüfen, wie sie sich unterscheiden und ob sich etwas Wissenschaftliches (*technikón*) darüber sagen läßt.

I, Kap. 2

52a24-31 Wenn man etwas natürlich Entstandenes gründlich untersuchen will, ist es am besten, wie bei allem (was aus Teilen besteht) vorzugehen.
Ein Staat kann nur entstehen und existieren,
(1) wenn es – wie überall in der Natur – zwei Geschlechter, das weibliche und das männliche, und damit Fortpflanzung (*génesis*) gibt,

Frauen sind danach für den Fortbestand des Staates mindestens ebenso wichtig wie Männer, aber auf ihr bereits öffentliches[22] Drängen nach politischer Mitsprache geht Aristoteles nicht ein.

(2) wenn es von Natur aus Regierendes und Regiertes gibt, damit der Staat Bestand (*sotería*) hat (= dauerhaft funktionsfähig ist).

Ohne Regierung gäbe es keinen Staat, sondern nur eine bloße Ansammlung von Menschen.

52a31-34 Zum Regierenden (*archon*) ist von Natur aus geeignet, was Verstand (*diánoia*) besitzt und vorausschauend handeln kann, [und zum Herrschenden (*despózon*) gehört]. Was nur aufgetragene [körperliche] Arbeiten erledigen kann, ist Regiertes (*archómenon*) [und seiner Natur nach Dienendes (*doulon*). Das nützt beiden, dem Herrn und dem Dienenden.]

---

[22] Durch die Frauen in der Komödie *Frauen in der Volksversammlung* von Aristophanes.

Daß die Regierung Verstand und Voraussicht haben sollte und das regierte Volk die Entscheidungen der Regierung, die im Rahmen der ihr vom Volk zugestandenen Entscheidungsgewalt liegen, akzeptieren sollte, ist das Grundprinzip der Demokratie.

[...] [...] [...] Der Unterschied Regierendes/Regiertes wird hier mit dem Verhältnis Herr/Sklave vermischt, was Aristoteles nicht zuzutrauen ist und vermutlich von fremder Hand stammt.

52a34-b9 Das Weibliche und das Dienende (*doulon*) unterscheiden sich von Natur aus.

Bei den Barbaren (b5) ist dagegen beides dasselbe. Dort sind alle Frauen und Männer Dienende/Sklaven, weil sie nicht fähig sind zu regieren.

Die sog. Barbarenvölker waren aus griechischer Sicht primitiv und gehorchten ihren Königen wie Sklaven ihrem Herrn. Sie waren sozusagen von der Natur geschaffen, um den Griechen die nötigen Sklaven zu liefern.

In Griechenland durfte die Frau zwar in der Politik nicht mit-entscheiden und unterstand rechtlich dem Hausherrn, galt aber nicht als dessen Dienerin oder gar Sklavin und war als Bürgerin ebenso frei wie der Mann. Als Mutter von Kindern galt sie als Garantie für die fortdauernde Existenz des Staates.

52b9-30 ***Entstehung des Staates*** *(Haushalt → Dorf → Staat).*

52b9-15 Die Gemeinschaft von Mann und Frau ist ein auf Dauer (b13) angelegter Haushalt (*oikía* „Haus").

Das ist der erste Schritt auf dem Weg zum Staat. Mann und Frau bilden zusammen einen Haushalt, der ausreicht, einfachste Bedürfnisse (Nahrung und Kleidung für Eltern und Kinder) zu befriedigen. Als Helfer können sie sich höchstens einen Ochsen (b11) leisten. Heute nennt man das Subsistenzwirtschaft. Haushaltsvorstand ist natürlich der Mann.

52b15-16 Die des nicht alltäglichen Nutzens wegen aus mehreren Haushalten gebildete Gemeinschaft ist das Dorf (*kōmē*).

Der zusätzliche Nutzen besteht in der Arbeitsteilung, die für Aristoteles wie für Platon (und Adam Smith) als Voraussetzung für die Steigerung der politischen und wirtschaftlichen Effizienz gilt.

Das Dorf wird nur 80b40 noch einmal erwähnt, als Verwaltungseinheit und Teil des Staates.

52b16-27 Das Dorf ist eine natürliche Fortentwicklung des Haushalts (*ap-oikía*) zur sogenannten mehrere Generationen umfassenden Großfamilie (b16-19).

So wurde aus dem Familienvater der Dorfälteste und schließlich das Königtum (b19-22).

Das gilt für Menschen und Götter, wie man bei Homer lesen kann (b19-27).

Hier wird das Dorf nicht als Zusammenschluß mehrerer Haushalte verstanden, sondern als Folge der Zunahme der Bevölkerung durch neue Generationen.

52b27-53a2 Die Gemeinschaft mehrerer Dörfer ergibt den fertigen Staat (*polis*). Der Staat ist autark und ermöglicht statt des einfachen Lebens ein gutes Leben (b27-30).
Der Staat ist kein künstliches Gebilde, sondern er ist ebenso natürlich wie die ihm vorausgehenden kleineren Gemeinschaften. Er ist deren Ziel (*telos*), so wie ein Mensch erst fertig ist, wenn er erwachsen ist (b30-53a2).

Während Haushalt und Dorf für sich allein nur ein sehr bescheidenes Leben gewährleisten können, bietet der Staat innere und äußere Sicherheit und ermöglicht eine wirtschaftliche Entwicklung, die dem Menschen nicht nur ein materiell besseres Leben bietet, sondern ihn darüber hinaus zu einem geistigen Leben gelangen läßt, das ihn vom Tier grundsätzlich unterscheidet.

53a2-9 Der Mensch ist von Natur ein politisches Lebewesen (*politikón zōon*). Nur in einer politischen Gemeinschaft mit anderen Menschen ist er wirklich Mensch.

Die „politische" (bürgerliche = demokratische) Gemeinschaft bietet nicht nur Schutz und geselliges Beisammensein, sondern ein „gutes Leben", in dem der Einzelne seine individuellen Fähigkeiten entfalten kann und zugleich weiß, daß er als Bürger (*polítes*) für das Ganze verantwortlich ist. Das ist nicht zu verwechseln mit der heutigen auf das private Ich bezogenen sog. „Selbstverwirklichung". – Gigon übersetzt *politikón* mit „staatenbildendes", Schütrumpf mit „das zum staatlichen Verband gehört".

53a9-18 Im Unterschied zu Tieren hat der Mensch Vernunft/Verstand (*logos*). Er kann daher nicht nur wie ein Tier zeigen, ob ihm etwas nützt oder schadet, sondern hat ein Gefühl für Recht und Unrecht und dafür, was (ethisch) gut und schlecht ist. Erst dieser den Menschen gemeinsame Sinn (für Gerechtigkeit und Ethik) macht ein geordnetes und glückliches Zusammenleben als Familie und als Staat möglich.

logos ist Denkvermögen und Sprache, d.h. der Mensch hat die Fähigkeit, Begriffe zu bilden und als Sprache zu äußern. Aber darüber hinaus ist *logos* auch höhere Vernunft. Daher kann der Mensch über Gerechtigkeit und Ethik nachdenken und entsprechende Regeln einführen.

53a18-30 Der Staat hat von Natur aus einen höheren Rang als der Haushalt und jeder Einzelne von uns; denn das Ganze ist mehr als seine Teile.
Ohne Staat kann nur ein wildes Tier oder ein Gott auskommen (a27-29).

Im griechischen Mythos gab es auf dem Olymp einen Götterstaat, den Zeus regierte. In der Realität verehrten die Griechen jedoch diese olympischen und andere Gottheiten einzeln für sich genommen.

Alle Menschen haben einen unbewußten Drang (*hormé* a29) zu dieser Gemeinschaft.

Aber das heißt für Aristoteles natürlich nicht wie zeitweilig in Deutschland, daß die Menschen zu sich sagen sollen: „Du bist nichts, dein Volk ist alles".

53a30-33 Wer als erster einen Staat eingerichtet hat, schuf die Voraussetzung für die größten Güter des Menschen. Denn durch Gesetz und Recht wird der Mensch zum besten aller Lebewesen, ohne sie wird er zum schlechtesten.

Das ist der Unterschied zwischen einem Staat (Ordnung) und Anarchie (Chaos), in der das Recht des Stärkeren gilt.

53a33-37 Bewaffnetes Unrechttun (*adikía*) ist besonders schlimm. Wenn der Mensch bewaffnet ist, können Verstand (*phrónesis*) und Tugend/Tüchtigkeit (*areté* = ethisches Verhalten) zunehmen, aber auch ins Gegenteil umschlagen. Man sieht, daß der Mensch ohne ethisches Verhalten (*areté*) ein wildes Tier ist und hinsichtlich der Sexualität und des Essens schlechter als jedes Tier.

Die positiven Eigenschaften *phronesis* und *areté* können im Krieg zu negativen Eigenschaften wie Skrupellosigkeit und Mordlust werden.

In der Tierwelt gibt es keine Schürzenjäger und Gourmands.

53a37-39 Gerechtigkeit (*dikaiosýne*) ist etwas Politisches; denn das Recht (*dike*) ist eine Ordnung (*taxis*) der politischen Gemeinschaft, und die Gerechtigkeit ist der Maßstab, nach dem sich entscheiden läßt, was (im Einzelfall) gerecht ist.

Aristoteles war wie Platon überzeugt, daß der Mensch erst durch ein – wie man heute sagen würde – „funktionierendes Rechtssystem" sein eigentliches Wesen entfalten kann. Er hat dabei wahrscheinlich ganz allgemein an den wirtschaftlichen, zivilisatorischen und kulturellen Aufstieg der Menschheit gedacht.

I, Kap. 3

53b1-60b24 ***Hauswirtschaft*** *(Kapitel 3-13)*.

53b1-4 Da klar ist, aus welchen Teilen der Staat besteht, muß zuerst über die Hauswirtschaft (*oikonomía*) gesprochen werden; denn jeder Staat besteht aus Haushalten.

Als Teile des Staates wurden bisher Haushalt (Familie) und Dorf genannt. Auf die Behandlung des Dorfes als Teil des Staates wartet man vergeblich.

Später werden andere Teile des Staates genannt: die einzelnen Bürger, Regierende, Regierte, Berufsgruppen.

53b4-12 Im Haushalt gibt es drei zu untersuchende Herrschaftsverhältnisse:
(1) Herr – Sklave (*doulos*),

(2) Ehemann – Frau,
(3) Vater – Kind.
Die entsprechenden Wissenschaften heißen:[23]
(1) Herrenwissen (*despotiké*),
(2) Ehewissen (*gamiké*),
(3) Kindererzeugungswissen (*teknopoietiké*).

Dies dreifache Wissen braucht der Hausvater; denn er ist für Sklaven, Frau und Kinder verantwortlich. Darauf kommt Aristoteles in Kap. 12 (59a37-b4) noch einmal zurück. In Kap. 13 wird klargestellt, daß es sich bei Sklaven, Frau und Kindern nicht um bloße Befehlsempfänger handelt, sondern um Menschen, von deren guten Eigenschaften das Funktionieren des Haushalts abhängt.
Wirklich behandelt wird jedoch nur die Sklavenhaltung.
Dieselbe Dreiteilung auch 59a37-b4.

53b12-14 Zur Hauswirtschaft (*oikonomía*) gehört auch das Wissen, wie man das zum Leben Notwendige beschafft, der Erwerb (*chrematistiké*).

Damit wird die Untersuchung eines vierten, eigentlich übergeordneten notwendigen Wissens des Hausherrn angekündigt. Er muß nämlich für den Lebensunterhalt der Familie sorgen. Darum geht es in den Kapiteln 8-11.
chrema ist „Ding, Sache", aber auch das zum Erwerb von Dingen nötige „Geld".

53b14-55b40 *Sklavenhaltung.*

53b14-18 Wir wollen zuerst über das Thema Herr (*despótes*) und Sklave (*doulos*) reden und uns klarmachen, daß es diesen Unterschied notwendigerweise geben muß, und wollen sehen, ob wir dazu Besseres als das, was jetzt angenommen wird, finden können.

Im weiteren Sinne ist *doulos* jeder, der jemanden über sich hat, dessen Befehle er befolgen muß. Aristoteles ist überzeugt, daß ein florierendes Wirtschaftsleben nur möglich ist, wenn es Arbeitgeber und Arbeitnehmer gibt. Hier ist, da es im Folgenden um Besitz geht, eindeutig die Sklavenhaltung gemeint. Für Arbeitgeber war es oft kostengünstiger, Sklaven zu kaufen als Freie gegen Entlohnung anzustellen.
Aristoteles hält dies Wirtschaftssystem für gegeben und notwendig und verlangt nicht, die Sklavenhaltung abzuschaffen. Aber ihm gefällt nicht, daß es Sklaven gibt, die ihrer Natur (Intelligenz) nach eigentlich Freie sind. Doch er weiß keine Lösung für dieses ethische und juristische Problem.

---

[23] Es gab also zur Hauswirtschaft längst Lehrbücher von sog. Sophisten (vgl. 58b39-59a6).

In seiner Demokratietheorie fordert er eine staatliche Erziehung, durch die theoretisch alle Bürger das höchste Bildungsniveau erreichen. Das klingt geradezu modern, bedeutet aber, daß es für Arbeiten, die den Bürgern nicht zumutbar sind, genügend Sklaven geben muß (vgl. 83a23-26).

Dafür hat man heute oft bereits Maschinen und zunehmend Roboter, die fast schon wie Menschen denken können.

Oder man läßt in Staaten arbeiten, in denen es billigere Arbeitskräfte gibt, die unter sklavenähnlichen Verhältnissen gehalten werden.

53b18 Die einen halten Herrschaft (*despoteía*) für ein Wissen (*epistéme*).

Der Herr muß wissen, wie er seine Sklaven am besten einsetzt, und darüber hinaus, wie er erreicht, daß sie nicht weglaufen wollen oder rebellieren.

[**53b19-20** und sie halten Hauswirtschaft (*oikonomía*), Herrschaft (*despoteía*), Bürgerwissen (*politiké*) und Königswissen (*basiliké*) für dasselbe, wie wir anfangs sagten.]

„anfangs" bezieht sich auf 52a7-16. Der Verfasser dieses Zusatzes kennt nicht den ursprünglichen Text von 52a7-16, sondern nur die (falsche) Rekonstruktion durch einen Abschreiber (vgl. dort).

Zwischen Hauswirtschaft und Königtum besteht die Analogie, daß beide autokratische, aber wohlwollende Herrschaft sind. – Bürgerwissen (Demokratie) und Königswissen (Monarchie) sind dagegen einander entgegengesetzt.

53b20-23 Die anderen nennen die Sklavenhaltung unnatürlich und ungerecht, weil die Unterscheidung zwischen Sklaven und Freien nur auf Konvention (*nomos* „Gesetz") und Gewalt (*bia*) beruhe.

Sie waren der Meinung, daß niemand von Natur aus Sklave ist, sondern nur weil es üblich und sogar durch Gesetze vorgesehen war, Menschen (z.B. Kriegsgefangene und sog. Barbaren) zu versklaven. Diese antiken Menschenrechtler verlangten also, die Sklaverei ganz abzuschaffen, aber fanden kein Gehör.

Heute gibt es in Deutschland eine Diskussion über Leiharbeit und Befristung von Arbeitsverträgen. Die einen sagen, beides sei wirtschaftlich notwendig, die anderen halten beides für sozialethisch nicht vertretbar.

I, Kap. 4

53b23-54a13 ***Definition des Sklaven:*** Zum Haushalt gehört auch der Besitz (*ktesis*) von Werkzeugen (*órgana*). Das können Lebewesen oder leblose Dinge sein.

Sklaven sind lebender Besitz (b32), d.h. Werkzeuge, die Befehle verstehen (b34) und wie Roboter (*autómatoi* b36)[24] ausführen.
Ein Sklave ist ein praktischer Helfer (54a8). Er ist sozusagen ein Teil (der verlängerte Arm) seines Herrn (a8-13).

54a13-17 Daraus ist die Natur (*physis*) und die Fähigkeit (*dýnamis*) des Sklaven klar; [denn wer von Natur aus nicht sich selbst, sondern einem anderen Menschen gehört, ist von Natur aus Sklave.]

> Daß es Menschen gibt, die Befehle eines Arbeitgebers ausführen können, aber nicht geeignet sind, selbst Arbeitgeber zu sein, wird auch heute wohl niemand bestreiten.
>
> [...] Das ist nichts anderes als eine sog. *petitio principii*; denn da schließt jemand aus der Tatsache, daß ein Mensch Eigentum eines anderen, also Sklave ist, daß er von Natur aus und zu Recht Sklave ist. Diesen logischen Schnitzer kann Aristoteles sich nicht erlaubt haben. Wahrscheinlich handelt es sich um die Randnotiz eines überklugen Lesers.

Ein Sklave ist ein ausführendes und selbständig arbeitendes Werkzeug.

I, Kap. 5

54a17-55b40 *Gibt es Sklaven, die es ihrer Natur nach sind?*

54a17-20 Es ist zu fragen, ob Sklave-sein (*douleúein*) auch gerecht sein kann oder immer unnatürlich (und damit ungerecht) ist.

> Haben also „die anderen" (53b20-23) recht? Aristoteles antwortet auf diese grundsätzliche Frage nach der Berechtigung der Sklavenhaltung ausweichend, nämlich mit einer Differenzierung. Er hält es einerseits für natürlich und gerecht und notwendig, daß es Sklaven gibt, andererseits für unnatürlich und ungerecht, wenn Menschen Sklaven sind, die es ihrer Natur nach nicht sind, weil sie ebenso klug wie Freie sind.
>
> Aristoteles sieht also das Problem, hält aber wie seine Zeitgenossen die Sklavenhaltung im Prinzip für vertretbar, weil wirtschaftlich für unentbehrlich.

54a20-22 Das ist in Theorie und Realität nicht schwer zu entscheiden; denn daß es Regieren (*archein*) und Regiert-werden (*árchesthai*) gibt, ist nicht nur notwendig, sondern auch nützlich.

> Aristoteles hält „den anderen" (53b20) entgegen, daß Regieren und Regiert-werden die Voraussetzung für ein funktionierendes Wirtschaftsleben ist. Damit ist die Sklavenhaltung jedoch nicht zu rechtfertigen; denn alle Arbeiten, für die man Sklaven hielt, hätten auch von Freien übernommen werden können. Er geht von den damaligen Verhältnissen aus und scheint keinen nennenswerten Unter-

[24] Der Schmiedegott Hephaistos konstruierte Geräte auf Rädern, die sich selbstständig bewegten und im Götterhimmel Sklaven ersetzten (Homer, *Ilias* 18, 373-379).

schied zwischen einfachen freien Arbeitern und Sklaven zu sehen, weil beide jemand brauchen, der ihnen sagt, was zu tun ist.

Es folgen sechs Argumente, die die Sklavenhaltung rechtfertigen sollen, aber nur behaupten, daß es von Natur aus zwei Arten von Menschen gibt, Herren (Arbeitgeber) und Diener (Arbeiter). Wahrscheinlich sind es Argumente, die öfter von Sklavenbesitzern zu hören waren. Vielleicht referiert sie ein Schüler aus dem Buch eines Sophisten, der die Sklavenhaltung rechtfertigen wollte.

54a23-24 (1) Die einen sind schon von Geburt an zum Regiert-werden bestimmt, andere zum Regieren.

Das rechtfertigt nicht die Sklavenhaltung; denn wer von Natur aus nur zum Regiert-werden und nicht zum Regieren geeignet ist, muß deswegen nicht Sklave sein, sondern kann als freier Bürger für einen Chef arbeiten.

54a28-b2 (2) Bei allen Gemeinschaften gibt es von Natur aus das Regierende und das Regierte; so ist es bei allen Lebewesen (*émpsychois* a32).

Das ist dasselbe Argument wie (1).

Beim Lebewesen (*zōon* a34) herrscht von Natur aus die Seele über den Körper.

Das umgekehrte Verhältnis ist unnatürlich und krankhaft (a36-b2).

Auch so läßt sich die Sklavenhaltung nicht rechtfertigen; denn die Seele ist nicht Besitzer des Körpers. Sie kann ihn nicht wie einen Sklaven verkaufen und gegen einen anderen austauschen.

54b2-10 *Ein zusätzlicher psychologischer Exkurs, der aus Aristotelischer Sicht („wie wir sagen") die Sklavenhaltung rechtfertigen soll.*

Beim Lebewesen (*zōon*) sind, wie wir sagen, zuerst die despotische (autokratische) und die politische (demokratische) Regierung zu betrachten.

Denn die Seele herrscht despotisch über den Körper, die Vernunft (*nous*) politisch oder königlich über den Seelenteil Begehren (*órexis*).

Es ist also klar, daß es dem Körper nützt, von der Seele regiert zu werden, und dem emotionalen Seelenteil (*pathos*) nützt, von Vernunft (*nous*) und Verstand (*logos*) regiert zu werden. Das gilt für den Menschen und ebenso für die Tiere.

Die Seele ist zwar die oberste Instanz, aber der *nous* hat gegenüber der *órexis* keine absolute Befehlsgewalt wie ein Sklavenhalter, sondern muß sie durch Überzeugung oder Autorität zum Einlenken bewegen.

Nach 77a7 besteht die Seele aus *logos* und *órexis*. Hier werden darüber hinaus beim regierenden Seelenteil *logos* und *nous* unterschieden und beim regierten *órexis* und *pathos*. Doch weder die einfache noch die kompliziertere Psychologie ist ein Argument für die Sklavenhaltung.

Daß hier sogar den Tieren *nous* und *logos* zugestanden wird, ist erstaunlich, aber entspricht der Realität. Jeder Hase hat sozusagen hinreichend Einsicht und Verstand, um sich nicht auf einen Zweikampf mit einem Fuchs einzulassen.

54b10-13 (3) Haustiere sind ihrer Natur nach besser als Wildtiere. Für sie ist es besser, von Menschen regiert zu werden, weil sie dann länger leben.

Haustiere sind aus der Sicht des Menschen bessere Tiere, weil sie zahm und lenkbar sind und dem Menschen großen Nutzen bringen. Das ist kein Argument für die Sklavenhaltung; denn Freie können erfahrungsgemäß (aus Sorge um ihren Arbeitsplatz) ebenso zahm und lenkbar sein.

„länger leben". Diese Aussicht könnte Tiere nur anlocken, wenn das Angebot vom Inhaber eines Altenheims für Tiere käme. Daß Haustiere bessere Tiere sind und es besser haben als wilde, hat sich bis heute in der Tierwelt nicht herumgesprochen. Die meisten Tiere wollen nicht bessere Tiere sein und ziehen die Freiheit vor.

Daß Sklaven damals länger lebten als Freie, ist kaum anzunehmen, da viele zu sehr ungesunden Arbeiten (z.B. in Bergwerken) gezwungen wurden.

54b13-16 (4) Von Natur aus herrscht das stärkere männliche Geschlecht über das schwächere weibliche. So ist es zwangsläufig bei allen Menschen.

Auch das ist kein brauchbares Argument für die Sklavenhaltung. Aristoteles hatte 52a34-b9 die rechtliche Stellung von Frauen und Sklaven klar unterschieden.

54b16-26 (5) Menschen, die von anderen Menschen so weit entfernt sind wie die Seele vom Körper und wie der Mensch vom Tier und die nur zu körperlicher Arbeit fähig sind,
sind von Natur aus Sklaven und für sie ist es am besten, regiert zu werden. Sie sind von Natur aus Sklaven und als Besitz eines anderen geeignet, weil sie zwar Befehle verstehen können, aber selbst nicht Verstand (*logos*) haben.

Das würde auch für Freie gelten, die nur zu körperlicher Arbeit fähig sind.

54b27-32 (6) Die Natur hat dafür gesorgt, daß Freie und Sklaven sich körperlich unterscheiden. Sklaven sind stark und für die notwendigen Arbeiten (bei denen man sich bücken muß) geeignet. Freie gehen dagegen aufrecht und sind für solche niederen Arbeiten ganz ungeeignet, sondern führen ein Leben als Bürger und Politiker [und das in Krieg und Frieden].

[...] wohl eine ironische Leser-Randnotiz; denn die Freien mußten körperlich stark sein, weil sie im Krieg als Kämpfer körperliche Schwerstarbeit leisten mußten, während Sklaven nur in größter Not und mit dem Versprechen, freigelassen zu werden, zum Kriegsdienst herangezogen wurden.

54b32-55a1 Es kommt aber oft das Gegenteil vor, nämlich daß Sklaven den Körper oder sogar die Seele eines Freien haben.

Diese „unnatürlichen" Sklaven sind das Problem, das für Aristoteles in der Sklavenhaltung steckt.

Wenn äußere Schönheit das Kriterium wäre, müßten die weniger schönen Menschen einem Sklaven, der schön wie eine Götterstatue ist, als Sklaven dienen. Noch mehr würde das für seelische Schönheit gelten, aber die ist schwerer zu beurteilen.

Danach müßte ein Herr, dessen Sklave schöner und klüger als er selbst ist, den Platz mit ihm tauschen.

Das ist „schwerer zu beurteilen", weil jeder Einzelfall geprüft werden müßte, wobei die Kriterien sehr unterschiedlich sein können. Aristoteles hält es also für schwierig, immer klar zwischen natürlichen und unnatürlichen Sklaven zu unterscheiden.

55a1-3 Es ist also klar, daß es von Natur aus Freie und Sklaven gibt und dies für die Sklaven nützlich und gerecht ist.

Das ist die damals übliche pauschale Rechtfertigung der Sklavenhaltung. Sie entspricht der späteren Rechtfertigung des Absolutismus als natürlich und gottgewollt.

I, Kap. 6

55a3-b15 *Das Für und Wider der Sklavenhaltung.*

55a3-12 Daß auch diejenigen, die dem (daß es „natürliche" Sklaven gibt) widersprechen (53b20-23), in gewissem Sinne recht haben, ist leicht einzusehen; denn es gibt Sklaven, die nur nach dem Gesetz Sklaven sind, z.B. als Kriegsbeute. Dies (angebliche) Recht (*díkaion*) wird von vielen Gesetzestheoretikern für gesetzwidrig gehalten, weil es auf Gewalt beruht.

Diese Gewalt war ursprünglich das Recht des Stärkeren, das dann zu einer scheinbar selbstverständlichen Konvention und zum Gesetz wurde, dessen Einhaltung vom Staat überwacht wurde.

Aristoteles hält es für erlaubt, dies Recht des Stärkeren gegenüber Menschen anzuwenden, die ihrer Natur nach angeblich nichts anderes verdient haben.

Wir sind heute dagegen der Meinung, das widerspreche der Würde des Menschen und sei nur gegenüber Übeltätern erlaubt. Sie dürfe man gegen ihren Willen gewaltsam ins Gefängnis stecken.

55a12-21 Der tiefere Grund dieses Streits entgegengesetzter Meinungen (zur Sklavenhaltung) ist, daß in gewisser Weise Tugend/Tüchtigkeit (*areté*), wenn sie die Mittel dazu hat, auch vor allem Macht (*bia*) bedeutet und daß das Siegende immer irgendwie besser ist. Daher scheint die Macht auf Tugend/Tüchtigkeit zu beruhen und der Streit geht nur darum, wann sie gerecht ist.

Der Kapitän eines Schiffes versteht von der Seefahrt mehr als die Matrosen und darf daher entsprechende Befehle geben. Wenn er jedoch von ihnen verlangte, ihm die Hälfte ihres Lohns abzugeben, wäre das unzulässig.

Da *areté* überlegenes Wissen einschließt, kann man für den Spruch „Wissen ist Macht“ also Aristoteles zitieren statt – wie üblich – Francis Bacon.

Deswegen verstehen die einen unter Gerechtigkeit Wohlwollen (*eú-noia*[25] a17), die anderen das Recht des Stärkeren.

„die einen“ sind wie Aristoteles nicht gegen Sklavenhaltung, aber für wohlwollende Behandlung der Sklaven.

Wer streitend behauptet, das an Tugend/Tüchtigkeit Bessere dürfe nicht regieren und herrschen, vertritt eine haltlose und unglaubwürdige Position.

Eine Rechtfertigung der Sklavenhaltung ist das natürlich nicht; denn „regieren“ heißt nicht „besitzen“.

Daß beim politischen und wirtschaftlichen Wettbewerb der Tüchtigere sich durchsetzt, hält Aristoteles – wie wir heute – für normal und richtig, aber dabei sollte seiner Meinung nach die Tugend nicht zu kurz kommen. Der Mächtige sollte also „wohlwollend“, d.h. auch sozial denken. Das ist das, was man heute „soziale Verpflichtung“ nennt.

55a21-29 Manche unterscheiden und sagen, Kriegsgefangene seien zwar dem Gesetz nach Sklaven, aber der Anlaß zum Krieg dürfe nicht rechtswidrig sein und dadurch edle Menschen, die das nicht verdient haben, zu Sklaven machen. Das sei nur gegenüber Barbaren zulässig (a29).

Anscheinend kam es vor, daß ein griechischer Staat einen griechischen Nachbarn überfiel, um Gefangene zu machen und als Sklaven zu verkaufen. Gegenüber sog. Barbaren galt das als erlaubt, weil man auf sie als primitive Völker herabschaute, obwohl man natürlich wußte, daß nicht alle sog. Barbaren primitiv und ungebildet waren.

55a29-32 Das ist das, was wir immer schon gesagt haben; denn manche Menschen sind ihrer Natur nach überall Sklaven, andere sind es nirgendwo.

Das ist die Aristotelische Unterscheidung zwischen Menschen niederen und höheren Bildungsstandes bzw. zwischen „natürlichen“ und „unnatürlichen“ Sklaven. Bei den einen entspricht es nach Aristoteles ihrer Natur, wenn sie als Kriegsgefangene zu Sklaven werden, die anderen bleiben ihrer Natur nach Freie, auch wenn sie dem Gesetz nach Sklaven sind.

---

[25] Die Konjektur *á-noia* (statt des überlieferten *eú-noia*) von Ross ergibt keinen akzeptablen Sinn.

Aristoteles will wahrscheinlich nur sagen, daß es einen Unterschied macht, ob ein gefangener Bauer oder ein ehemaliger König auf dem Feld arbeiten muß, aber uns stört, daß er den natürlichen Wunsch des gefangenen Bauern, frei zu sein, einfach beiseite läßt. Wahrscheinlich denkt er an sog. Barbaren, die aus griechischer Sicht gewohnt waren, von ihrem König oder sonstigen Oberen wie Sklaven behandelt zu werden.

55a32-38 Ebenso steht es mit der edlen Abstammung. Die einen halten sich überall für edelgeboren, für Barbaren lassen sie das dagegen nur in deren Heimat gelten.

Als Beleg folgt ein Zitat aus einer nicht erhaltenen Tragödie: Die Griechin Helena, die nach der Eroberung Trojas wie edle Troerinnen als Sklavin gilt, protestiert dagegen und verweist auf ihre göttliche Abstammung. Anscheinend hielten sich zu Aristoteles' Zeiten griechische sog. Adlige immer noch für Nachkommen mythischer Heroen (Halbgötter) und daher bessere Menschen und hätten einen in seiner Heimat hochrangigen Barbaren nicht als gleichrangig anerkannt.

55a39-b4 Diejenigen, die dieser Meinung sind, behaupten nichts anderes, als daß es bei der Unterscheidung zwischen Freien und Sklaven und der zwischen edler und niederer Abstammung um den Unterschied zwischen Tugend/Tüchtigkeit (*areté*) und Schlechtigkeit (*kakía*, hier „Minderwertigkeit") gehe.

Dieser Unterschied sei von der Natur vorgegeben wie die Tatsache, daß Menschen von Menschen, Tiere von Tieren, Gute von Guten abstammen.

Danach sind Sklaven eine Gattung von Lebewesen, die von Sklaven abstammen und deren Nachkommen Sklaven sind.

Daß tugendhaft/tüchtige Väter tugendhaft/tüchtige Söhne haben, wäre natürlich, ist aber nicht immer der Fall.

Durch den Hinweis, daß tugendhaft/tüchtige Väter minderwertige Söhne haben können, wird die eben zitierte Meinung, daß Sklaven von Sklaven abstammen und Sklaven erzeugen, in Frage gestellt.

55b4-15 Zu diesem Streit der Meinungen ist es gekommen, weil der Unterschied zwischen dienenden Sklaven und herrschenden Freien (im praktischen Leben) offensichtlich nicht eindeutig klar ist (nämlich dann wenn ein Sklave seiner Natur nach eigentlich ein Freier ist). Das ist schwierig für beide, den Herrn und den Sklaven. Ein Ausweg wäre da ein gegenseitiges freundschaftliches Verhältnis (*philía*), wenn beide ihrem Wesen nach dafür geeignet sind. Andernfalls beruht ihr Verhältnis nur auf Gesetz und Gewalt.

Diese Freundschaft bedeutet nach Aristoteles nicht, daß der Herr dem Sklaven die Freiheit schenken müßte. Ein Chef kann mit einem Untergebenen befreundet sein, solange kein Zweifel aufkommt, wer der Chef ist. Aristoteles ermahnt also Sklavenbesitzer, mit ihren

Sklaven so menschlich und freundlich wie möglich umzugehen.

I, Kap. 7

55b16-20 Aus dem Gesagten ist klar, daß autokratische Herrschaft (*despoteía*) und politische Herrschaft (*politiké* = Demokratie) nicht dasselbe sind; denn die erste betrifft Sklaven, die zweite gilt für Freie. Keineswegs sind alle Formen des Herrschens identisch, wie manche sagen.

„manche sagen" vgl. 52a7-16 und 53b19-20. Despotisch (autokratisch) ist eine Herrschaft, wenn die Befehle des Herrschenden ohne Widerrede einfach befolgt werden müssen, wie beim Verhältnis Herr/Sklave. Politisch ist die Herrschaft der Regierung in der Demokratie, wo sie auf die Zustimmung der Volksversammlung angewiesen ist.

Haushaltsführung (*oikonomiké*) ist monarchisch, Bürgerpolitik (*politiké*) ist eine Herrschaft von Freien und Gleichen über Freie und Gleiche.

Der Hausvater herrscht wohlwollend autokratisch wie ein guter König über seine Familie (Frau, Kinder und Sklaven). In der Demokratie herrschen Bürger, die auf Zeit zum Regieren gewählt sind, politisch über Bürger.

55b20-22 Herr (*despótes*) heißt man nicht auf Grund einer theoretischen Definition, sondern weil man es praktisch ist. Das gilt für Sklaven und Freie.

Aristoteles konstatiert, daß der naturgegebene Unterschied zwischen Herren und dienenden Freien ebenso wie der zwischen Freien und Sklaven in der Realität nur von Bedeutung ist, wenn ein Mensch tatsächlich Diener bzw. Sklave ist. Es hilft einem Sklaven nicht, wenn man ihm sagt, er sei seiner Natur nach kein Sklave; denn nach dem Gesetz bleibt er Sklave.

Ebensowenig hilft es einem heutigen Arbeiter, der klagt, er werde wie ein Sklave behandelt, wenn man ihm sagt, bei uns sei Sklavenhaltung nicht erlaubt.

55b22-33 Es gibt Herrenwissen (*epistéme despotiké*) und Sklavenwissen (*epistéme douliké*).

Der Sklave muß wissen, wie Arbeiten auszuführen sind. Der Herr muß wissen, welche Arbeiten nötig sind, und die entsprechenden Befehle geben.

55b33-37 Herrenwissen erlaubt ein bequemes Leben; denn Herren brauchen nur zu wissen, was sie befehlen wollen, während der Sklave wissen muß, wie man den Auftrag ausführt. Sehr reiche Herren, die es sich leisten können, machen sich nicht einmal die Mühe, Befehle zu geben, sondern stellen einen Geschäftsführer (*epítropos*) ein und befassen sich selbst mit Politik oder Philosophie.

Da zitiert Aristoteles oder ein Schüler die unter Sklaven anscheinend verbreitete Meinung, daß ihre Besitzer ein bequemes kapitalistisches Rentnerdasein führten und ihren Hobbys nachgingen.

Aristoteles und seine Schüler wußten wahrscheinlich, daß Politik anstrengend sein kann und hielten möglicherweise auch die Philosophie für anstrengend, aber wußten zugleich, daß es Vergnügen bereitet, zu neuen Erkenntnissen zu kommen.

[**55b37-39** Von beiden Wissensarten unterscheidet sich das Wissen, wie man sich Sklaven verschafft, vergleichbar mit gerechtem Handeln wie Krieg oder Jagd.]

Ein fragwürdiger Zusatz; denn die Erbeutung von Sklaven ist kein drittes Wissen neben geistiger und körperlicher Arbeit, sondern erfordert beides. Ein Sklavenjäger muß wissen, wo sich die Jagd lohnt, und muß körperliche Gewalt anwenden, um sein Ziel zu erreichen.

Der Vergleich mit (angeblich gerechtem) Krieg und Jagd auf Tiere ist wahrscheinlich eine damals übliche Rechtfertigung des Sklavenfangs. Vgl. 56b23-26.

55b39-40 *Abschlußformel*. Soviel sei über den Unterschied zwischen Sklaven und Herren gesagt.

In Kapitel 13 kommt Aristoteles noch einmal auf die Sklavenhaltung zurück.

I, Kap. 8

56a1-60b24 ***Hauswirtschaft ganz allgemein.***

56a1-3 *Ankündigung*. Wir wollen nach dem Besitz an Sklaven zu allen anderen Arten von Besitz (*ktesis*) und Erwerben des Besitzes (*chrematistiké* „Erwerbswissen") kommen.

chrematistiké kann Heranschaffung von Geld (Reichtum) und von Nahrung zur Versorgung der Familie (*trophé*) bedeuten.

56a3-13 Zuerst könnte man fragen, ob Erwerben (*chrematistiké*) und Hauswirtschaft (*oikonomiké*) dasselbe sind.
Das ist nicht der Fall; denn Erwerben ist Heranschaffen, Hauswirtschaft ist Gebrauch des Herangeschafften (a10-13).

Bei der folgenden Begriffsuntersuchung handelt es sich um das sog. Dihairesisverfahren (*di-haíresis* Auseinandernehmen, Teilung), d.h. die Aufspaltung von Begriffen in Unterbegriffe und Unter-Unterbegriffe und so weiter, entsprechend das Auffinden von Oberbegriffen.

Das wirkt oft pedantisch oder gekünstelt, aber dahinter steckt die Hoffnung, ein hierarchisches Begriffssystem zu erreichen, an dessen Spitze das allumfassende Sein steht. Jeder Begriff wäre dann durch seine Stellung im System definiert und das System als Ganzes wäre ein Abbild der Welt und der absoluten Erkenntnis durch den Menschen.

Das Verfahren kann – wie sich schon damals zeigte – nicht für die Welt insgesamt funktionieren, ist aber für die Erkenntnis von Teilbereichen sehr nützlich, wie die heutigen Systeme der Tiere und der

Pflanzen zeigen. Platon benutzt es in seinem *Sophistes*, um den Sophisten zu definieren.

56a13-19 Doch es wird gestritten, ob der Erwerb eine Unterart der Hauswirtschaft oder eine eigene Art ist. Auch der Besitz umfaßt viele Unterarten, ebenso der Reichtum.
Daher ist zuerst zu fragen, ob der Ackerbau eine Unterart des Erwerbs oder eine eigene Art ist und allgemein die Sorge (*epiméleia*) für die Versorgung mit Nahrung (*trophé*).

56a19-22 Es gibt viele Arten von Ernährung und dementsprechend viele Lebensweisen von Tieren und Menschen; denn alle brauchen Nahrung.

56a23-29 Wilde Tiere leben teils in Rudeln, teils als Einzelgänger; die einen sind Fleischfresser, andere Pflanzenfresser, die dritten Allesfresser, je nach Erreichbarkeit und Bevorzugung (der Nahrung).

56a29-b6 Ebenso unterschiedlich sind die Lebensweisen der Menschen. Da gibt es Nomaden, Fallensteller, Fischer, Vogelfänger, Jäger. Die meisten Menschen leben jedoch von der Landwirtschaft. Etwa so viele Lebensweisen gibt es, abgesehen von Tausch und Kaufhandel. Wenn sie zwei Arten der Nahrungsbeschaffung nebeneinander betreiben, können sie ihr kümmerliches Leben verbessern.

56b6-10 So hängt die Lebensweise zwangsläufig vom Bedarf (an Nahrung) ab. Dieser Erwerb (von Nahrung) scheint von Natur aus zum Leben aller (Lebewesen) zu gehören von der Geburt bis zum Tod.

56b10-15 Denn die einen Lebewesen bringen ihren Nachwuchs als Wurm oder Ei zur Welt und mit hinreichend Nahrung versorgt, bis er sie sich selbst verschaffen kann. Die anderen gebären ihn lebend und haben in sich selbst die sog. Milch als Nahrung für ihre Jungen.

Es wird ovipare und vivipare Fortpflanzung unterschieden wie die der Vögel und Säugetiere. Unter „Wurm" (*skōlēx*) ist hier also ein Ei ohne Kalkschale wie etwa Froschlaich zu verstehen. Die übliche Übersetzung „Larven" ist irreführend; denn z.B. Kaulquappen oder Raupen tragen keinen Dottersack mit sich herum, sondern müssen selbständig Nahrung suchen.

56b15-22 Daher ist ebenso klar, glauben zu müssen, daß es Pflanzen wegen der Tiere und Tiere wegen der Menschen gibt; denn die Natur bringt nichts hervor, was keinen Zweck hat.

Danach hat die Natur Pflanzen und Tiere geschaffen, damit die Menschen etwas zu essen haben.
Der heutige Umgang mit Pflanzen und Tieren als Nahrung zeigt, daß die Menschen das immer noch glauben. Auch in den Staaten, die, wie man hört, der „Würde der Tiere" Verfassungsrang geben

(Schweiz, Luxemburg), dürfen Tiere den Menschen als Nahrung dienen.

56b23-26 Deswegen ist auch die Kriegführung, wovon die Jagd auf Tiere ein Teil (Unterbegriff) ist, in gewissem Sinne natürlicher Erwerb, nämlich um Menschen zu fangen, die ihrer Natur nach Sklaven sind, aber nicht gefangen werden wollen. Das gilt dann als natürlich und gerecht.

Damit sind die sog. Barbaren gemeint, vgl. 55a29. Die Sklavenjagd ist zwar Erwerb, aber nur sehr indirekt Teil der Hauswirtschaft; denn der Hausherr geht nicht selbst auf die Jagd nach Sklaven, sondern erwirbt sie von einem Sklavenhändler, der sie von Sklavenjägern gekauft hat.

56b26-37 Eine Unterart des Erwerbs ist die natürliche Vorratswirtschaft für [den Staat oder] den Haushalt. Das scheint der wahre Reichtum zu sein; denn um ein gutes Leben zu haben, genügt ein begrenztes Gewinnstreben. Deswegen tadelte Solon die grenzenlose Habsucht der Reichen. Reichtum ist ein vielseitiges Werkzeug, aber ein zu großes Werkzeug ist sinnlos.

Daß ein Bauer im Sommer und Herbst Vorräte für den Winter anlegt, ist natürlich. Unnatürlich ist es dagegen, wenn er mehr, als er selbst braucht, produziert, um durch den Verkauf zu Geld zu kommen und reich zu werden.

Geld ist ein äußerst vielseitig verwendbares „Werkzeug“. Geld kann auch durch sich selbst vermehrt werden (Zinsen). Wie man heute staunend hört, können Finanzjongleure sogar mit Geld, das nur theoretisch existiert, unermeßlich reich werden.

[...] Da wollte ein Leser – wie 56b37-39 und 58a19-27 – darauf hinweisen, daß auch der Staat eine Art Hauswirtschaft betreibt. Das ist zwar richtig, paßt aber nicht hierher, weil im Kontext eindeutig von der privaten Hauswirtschaft die Rede ist.

56b37-39 Daß es ein natürliches Gewinnstreben (*ktetiké*) der Hausherrn [und der Politiker] gibt, ist klar und auch, warum es das gibt.

Dies natürliche, aber begrenzte Gewinnstreben ist für alle nützlich, weil es zu Wettbewerb und wirtschaftlichem Fortschritt führt. Unnatürlich ist es, wenn es übertrieben wird und dadurch der Abstand zwischen Armen und Reichen ständig größer wird.

[...] vgl. 56b26-37 und 58a19-27.

I, Kap. 9

56b40-58a18 ***Handel und Geld.***

56b40-57a28 Meist wird einfacher Erwerb (*ktetiké*) mit unbegrenztem Gelderwerb (*chrematistiké*) gleichgesetzt (b40-57a3). Doch der erste ist natürlich, der zweite unnatürlich. Der unnatürliche entsteht, wenn Dinge nicht nur für den Eigenbedarf, sondern für den Tausch (*metabletiké* a9, a15) und Handel (*kapeliké* a18) erzeugt werden. Bei Barbarenstämmen (a25) ist der Tausch von Waren noch üblich.

Der Tauschhandel ist nur eine Vorstufe, Geld und Reichtum bringt erst der Verkauf von Waren.

57a28-41 Handel ist an sich nicht unnatürlich; er wird es erst dann, wenn nicht Waren gegen Waren, sondern über die Zwischenstufe Geld (*nómisma* a33, Münzen) getauscht werden. Geld erleichtert den Handel, weil die Händler dann nicht die Waren, sondern nur Münzen mit sich herumtragen müssen.

Tauschhandel ist natürlich, Geld ist unnatürlich, weil es selbst praktisch nutzlos ist, z.B. nicht eßbar ist (vgl. 57b10-30).

57a41-b10 Mit der Einführung des Geldes entstand der Beruf des Kleinhändlers (*kapelikón* b2, *kapeliké* b10), der Dinge kauft, um sie dann wieder zu verkaufen. Seitdem gilt als reich, wer viel Geld besitzt.

Ein Kaufmann ist nicht an den gekauften und verkauften Dingen, sondern an ihrem Geldwert interessiert.

57b10-30 Andererseits scheint Geld manchmal wertlos zu sein, weil es nicht überall anerkannt wird und man es, wenn man nichts Eßbares hat, nicht essen kann. Diejenigen, die so denken, halten Reichtum zu Recht nur dann für natürlich, wenn er auf wirtschaftlicher Produktion und nicht auf unproduktivem Handel beruht. Beim Handel geht es um nichts anderes als um Geld und Reichwerden.

57b30-32 Hauswirtschaft ist begrenzte Versorgungswirtschaft (*chrematistiké*).

Sie will keinen Gewinn auf dem Markt erzielen und beruht nicht auf Wettbewerb.

57b33-40 In der Realität sieht es anders aus; denn alle, die am Geldverdienen interessiert sind, wollen es vermehren. Das verwechseln manche mit der Hauswirtschaft.

57b40-58a2 Ursache dafür ist, daß die Menschen nur „leben" und nicht „gut leben" wollen. Sie wollen nur das einfache „leben" unbegrenzt verbessern.

Wer wirklich „gut leben" möchte, muß nach Aristoteles nicht besonders reich sein, sondern nur die Möglichkeit haben, sich geistigen Dingen wie Politik oder Philosophie zuzuwenden.

Heute verstehen die meisten Menschen unter „gut leben" weder Politik noch Philosophie, sondern denken im besten Fall an wissenschaftliche oder künstlerische Betätigung. Andere wollen etwas erleben und in der Welt herumreisen und wieder andere sogar nur „Spaß haben".

58a2-8 Andere, die ebenfalls sagen, daß sie „gut leben" möchten, verstehen darunter materielle Genüsse, und weil diese teuer und grenzenlos sind, wollen sie ständig möglichst viel Geld verdienen.

Diese Menschen verstehen offensichtlich unter „gut leben" etwas anderes als Aristoteles, nämlich materiellen Luxus.

58a8-14 Wenn sie nicht reich sind, versuchen sie, sich irgendwie Geld zu verschaffen, und mißbrauchen ihre natürlichen Fähigkeiten, z.B. als Arzt, zum Geldverdienen.

Nach Aristoteles sollte man nicht Arzt werden, um Geld zu verdienen, sondern um Kranke zu heilen. Das notwendige Geldverdienen, um seinen Lebensunterhalt bestreiten zu können, sollte nebensächlich sein.

58a14-18. Über den nicht-notwendigen Erwerb (*chrematistiké*), was er ist und warum es ihn gibt, haben wir gesprochen, ebenso über die notwendige und natürliche Hauswirtschaft, die für die Ernährung sorgt und nicht unbegrenzt, sondern begrenzt ist.

Der nicht-notwendige Erwerb ist Reichtum und Luxus im Unterschied zur notwendigen einfachen Hauswirtschaft.

I, Kap. 10

58a19-27 Damit ist der Streit (56a13-19), ob der Erwerb (*chrematistiké*) Teil der Hauswirtschaft [und der Politik] ist oder nicht, entschieden. Aber Erwerb heißt nicht Herstellen, sondern die Nahrung (*trophé*) liefert die Natur, nämlich vor allem die Erde und das Meer. Der Hausvater muß (was die Natur bietet) nur verteilen (*dia-theinai*).

[...] vgl. 56b26-37 und 37-39.

58a27-38 Man könnte fragen, warum der Erwerb Teil der Hauswirtschaft ist, die medizinische Versorgung durch Ärzte dagegen nicht. Die Antwort ist: Die medizinische Versorgung ist nur eine zusätzliche Hilfe (*hyp-eretiké*), die sich um die Gesundheit kümmert.

58a38-b4 Zur Hauswirtschaft gehört auch der notwendige und lobenswerte Tauschhandel (*kapeliké*). Tadelnswert ist dagegen das Schachern um Geld (*obolo-statiké*).

Darum ging es schon 56b40-57a28 und 57a28-41.

58b5-8 Zinsen (*tokos*) sind Selbstvermehrung des Geldes, sozusagen Kinder (*tekna*) des Geldes. Diese Art von Versorgung ist höchst unnatürlich.

Zinsen sind fragwürdig, weil sie weder auf einer Arbeitsleistung noch einem Warenwert beruhen, sondern nur auf Geldbesitz. Auf das praktische Problem der Verschuldung durch Kredite, wodurch die Kluft zwischen Reichen und Armen immer größer werden kann, geht Aristoteles nicht ein. An ein Zinsverbot aus ethischen Gründen („kanonisches Zinsverbot") dachte er wahrscheinlich nicht; denn 58b25 gehören Zinseinnahmen zur erweiterten natürlichen Versorgung des Haushalts.

I, Kap. 11

58b9-59b4 Die Praxis der Hauswirtschaft.

58b9-11 Vom Wissen (*gnōsis*) müssen wir zur Praxis (*chrēsis*) kommen. In diesen Dingen ist die Theorie (*theoría*) frei, aber die Praxis (*empeiría*, Erfahrung) zeigt, was unbedingt erforderlich ist.

Man kann sich einen theoretisch idealen Haushalt vorstellen, aber die Realität sieht anders aus.

58b12-21 Da der Hausvater für die Versorgung (*chrematistiké*) zuständig ist, muß er sich in der Landwirtschaft und auf dem Markt auskennen.

Er muß nicht Bauer oder Händler sein, aber wissen, was es an Nahrungsmitteln gibt und wo er sie bekommen kann.

58b21-35 Andere Arten des Handels und Erwerbs sind Großhandel über See und über Land, Kleinhandel, Zinsen, Lohnarbeit, Holzwirtschaft, Bergbau. Für jetzt genügt diese Aufzählung; genauer darauf einzugehen wäre pedantisch, wenn auch nützlich für diejenigen (Hausväter), die damit praktisch zu tun haben.

Mit den genannten Einkunftsarten muß sich der normale Hausvater nicht auskennen, aber es gibt Hausväter, die sich und ihre Familie dadurch ernähren.

58b35-39 Es gibt vier Stufen von Arbeit und abnehmender Tüchtigkeit (*areté*): Ingenieure, Facharbeiter, ungelernte Arbeiter (Sklaven), Hilfsarbeiter (Tagelöhner).

Der Hausvater muß wissen, wen er beauftragen muß, wenn er etwas nicht selbst machen kann oder will.

58b39-59a6 Zum Thema Erwerb (*chrematistiké*) gibt es nützliche Bücher verschiedener Autoren zur Landwirtschaft und anderen Erwerbszweigen und gelegentlich lehrreiche mündliche Berichte.

Aristoteles macht beiläufig darauf aufmerksam, daß er seinen Schülern nicht nur eigenes Wissen vorträgt und mit ihnen diskutiert, sondern auch die damals vorhandene wissenschaftliche Literatur heranzieht.

59a6-33 „Monopole" (a21 und a33) führen besonders leicht zu Reichtum.

Ein berühmtes Beispiel (a6-19): Der Philosoph Thales (6. Jh.) hatte sich ein Monopol für Ölpressen verschafft, um zu beweisen, daß ein Philosoph reich werden kann, wenn er es darauf anlegt.

59a33-36 Auch für Politiker ist wirtschaftliche Kompetenz nützlich; denn viele Staaten brauchen aus mehr Quellen Einnahmen (*chrematismós*) als ein Haushalt. Manche Politiker halten das für ihre einzige Aufgabe.

<u>I, Kap. 12</u>

59a37-b4 Ein Haushaltsvorstand muß dreierlei Wissen haben. Er ist Herr (*despótes*) und Vater und Ehemann.

Er herrscht über Sklaven, Kinder und Frau. Die drei Arten des Wissens wurden schon 53b4-12 unterschieden.

Frau und Kinder sind Freie, aber haben zu gehorchen, die Frau politisch (*politikōs*), die Kinder wie einem König (*basilikōs*).

„Frau politisch". Die Frau gehorcht ihrem Mann wie in einer Demokratie die Bürger der Regierung, weil der Mann für das Wohl der

Familie zuständig ist wie die Regierung für das Wohl der Bürger. Doch während Sklaven jeden (auch unangenehmen) Befehl einfach befolgen müssen, darf die Frau in häuslichen Angelegenheiten mitreden und auch die Kinder dürfen Wünsche äußern.
Aber Frau und Kinder können, obwohl sie die Mehrheit sind, den Hausvater nicht (wie die Volksversammlung die Regierung) absetzen und einen neuen wählen.

59b4-9 In den meisten Staaten, in denen alle Bürger als gleich gelten (= Bürgerstaat, Politie), wechseln sie sich beim Regieren ab.
Trotzdem gibt es zwischen den jeweils Regierenden und den jeweils Regierten Unterschiede: Amtstracht, Rederecht und Amtsgewalt.

Das ist der Unterschied zum Haushalt, wo es weder Abwechslung beim Regieren noch Amtszeichen gibt.

I, Kap. 13

59b18-60b24 ***Stufen der Tugend/Tüchtigkeit*** *(areté)*.

59b18-21 Für den Haushalt (z.B. einen Bauernhof) ist die Tugend/Tüchtigkeit (*areté*) der Menschen wichtiger als der Umfang des toten Besitzes (der Ländereien), den man Reichtum nennt. Und bei den Menschen kommt es mehr auf die Tugend/Tüchtigkeit der Freien (Hausherr, Frau, Kinder) an als die der Sklaven.

Der Besitz kann sich nicht selbst verwalten, sondern das können nur Menschen. Frau und Kinder helfen dabei entsprechend ihrer speziellen *areté* und im eigenen Interesse. Doch auch Sklaven müssen, um Befehle gewissenhaft und sachgemäß ausführen zu können, eine gewisse *areté* besitzen. Vgl. 60a24-36.

59b21-32 Grundsätzlich müßte man fragen (*aporía*): Sind Sklaven (*douloi*) nicht nur Werkzeuge, sondern Menschen mit Tugenden wie Besonnenheit, Tapferkeit, Gerechtigkeit und so weiter? Wenn das zweite zutrifft, unterscheiden sie sich nicht von Freien, wenn das erste, müßte man ihnen Menschsein und Verstand (*logos*) absprechen, was absurd wäre.

53b23-54a13 hatte Aristoteles Sklaven schon als lebende Werkzeuge bezeichnet, die – im Unterschied zu toten Werkzeugen – Befehle verstehen und selbständig ausführen können. Wenn sie darüber hinaus die genannten Tugenden haben, sie aber den Freien nicht gleichgestellt sein sollen, muß es zwei Stufen von Tugend/Tüchtigkeit (*areté*) geben. Die höhere gilt für Freie (und unnatürliche Sklaven), die niedere für (natürliche) Sklaven.

Das entsprechende Problem gibt es bei Frauen und Kindern; denn auch sie können besonnen, tapfer und gerecht sein.

Ihre Tugend/Tüchtigkeit ist eine Stufe zwischen der von freien Männern und der von Sklaven. Deswegen hält Aristoteles es für richtig, daß Frauen und Kinder zwar prinzipiell frei sind, aber dem

Hausvater gehorchen müssen und nicht zur Volksversammlung zugelassen sind. Die Frauen in Sparta, die ein freieres Leben als Frauen z.B. in Athen führen durften und beim Einfall der Thebaner Verwirrung gestiftet hatten, waren für ihn ein abschreckendes Beispiel (vgl. 69b12-70a15).

59b32-60a4 Ganz allgemein muß man klären, ob die Tugend/Tüchtigkeit des Regierten und des Regierenden identisch oder verschieden sind. Wenn alle Bürger dieselbe Tugend/Tüchtigkeit (*areté*) besitzen und sozusagen „Schöne-und-Gute" (politisch kompetente Oberschicht) sind, warum sollen dann die einen regieren und die anderen sich regieren lassen? Es muß also zwei Stufen von Tugend/Tüchtigkeit (*areté*) geben.

In der Demokratie sind für Aristoteles zwar alle Bürger gleichberechtigt, aber nur ein kleiner Teil ist erfahrungsgemäß charakterlich und intellektuell geeignet, den Staat zu regieren. Er unterscheidet also Bürger, die von Natur aus zum Regieren geeignet sind, von solchen, die das von Natur aus nicht sind.

76b16-35 unterscheidet Aristoteles den regierungsfähigen „guten Mann" und den einfachen „guten Bürger".

60a4-14 Das ist dasselbe Verhältnis wie zwischen dem vernünftigen (*logos*) und dem unvernünftigen (*á-logon*) Teil der Seele.
Von Natur aus gibt es Regierendes, das (die dazu nötige) Vernunft besitzt, und Regiertes ohne (diese) Vernunft, aber das Verhältnis ist unterschiedlich bei den Relationen Freie/Sklaven, Mann/Frau und Vater/Kind (vgl. 59a37-b4).
Der Sklave hat keinen beratenden (*bouleutikón*) Seelenteil (= Vernunft), Frauen haben ihn, doch hören nicht immer darauf, bei Kindern ist er noch nicht fertig ausgebildet.

Es gibt also zwei Arten von Männern, regierungsfähige und nicht-regierungsfähige, die aber politisch mitreden dürfen.

60a14-24 Ebenso muß man diese Stufen für die Charaktertugenden Besonnenheit, Tapferkeit und Gerechtigkeit annehmen. Sklaven, Frauen und Kinder müssen sie haben, aber nur entsprechend ihrer untergeordneten Stellung (im Haushalt).
Der regierende Hausvater muß sie in vollkommener Form besitzen.

Der Hausvater muß diese Tugenden haben, weil er für Frau, Kinder und Sklaven verantwortlich ist.

Frauen müssen sie in dem Maße haben, wie es ihre vielfältigen Pflichten als Hausfrau erfordern.

Kinder sollen schon lernen, daß es Tugenden gibt und man sich beim Spiel, kleinen Arbeiten und in der Schule danach richten muß.

Sklaven müssen diese Tugenden wenigstens ansatzweise haben, um ihre einfachen Arbeiten zufriedenstellend erledigen zu können. Wenn man zu ihnen „mach Feuer!" sagt, müssen sie verstehen, daß sie nicht das Haus in Brand setzen sollen.

60a24-36 Es genügt daher nicht, allgemein über Tugend/Tüchtigkeit (*areté*) zu reden und zu sagen, das sei Wohlbefinden der Seele oder Richtighandeln oder dergleichen.

Es gab also schon eine Diskussion und wahrscheinlich Bücher zum Thema *areté*.

Viel besser ist es, die Einzeltugenden aufzuzählen und dabei Frau, Kind und Sklave zu unterscheiden. Wir haben definiert, daß der Sklave nur für lebensnotwendige (= sehr einfache) Arbeiten nützlich ist. Er muß daher nur so viel Tugend/Tüchtigkeit (*areté*) haben, wie man braucht, um ordentlich und fleißig zu arbeiten.

Das ist die Definition des sog. natürlichen Sklaven. Vernunft und *areté* sind bei ihm angeblich nur für niedere Tätigkeiten ausreichend vorhanden.

60a36-b2 Man könnte zweifeln, ob das Gesagte richtig ist, und fragen, ob nicht auch (freie) Handwerker Tugend/Tüchtigkeit (*areté*) haben müssen, um nicht so oft nachlässig zu arbeiten, oder ob das etwas völlig anderes ist.

Wenn Sklaven und freie Arbeiter dieselbe *areté* haben müssen, um Aufträge zufriedenstellend erledigen zu können, sind sie ihrer Natur nach nicht zu unterscheiden. Das könnte der Einwand eines klugen Schülers gegen den Begriff „natürlicher Sklave" sein.

Der Sklave ist fast ein Familienmitglied, der (freie) Handwerker (*technítes* oder *bánausos*) ist sozusagen ein externer Sklave. Doch der Sklave ist von Natur (*physei*) Sklave, der Handwerker ist dagegen (juristisch) kein Sklave.

Auch wenn ein freier Bürger dieselben Arbeiten erledigt wie ein Sklave, wird er dadurch nicht zum Sklaven.

60b3-7 Der Herr (der Besitzer des Sklaven) muß dafür sorgen, daß der Sklave diese Stufe der Tugend/Tüchtigkeit (*areté*) erreicht, nicht dagegen der Lehrer, der Sklaven für ihre (künftigen) Arbeiten ausbildet.

Wer es sich leisten konnte, kaufte Sklaven, die bereits für spezielle Aufgaben ausgebildet waren, z.B. an einer Fachschule wie in Syrakus (55b23-27). Wahrscheinlich gab es Klagen, daß für teures Geld gekaufte Sklaven nicht so eifrig und ordentlich arbeiteten, wie ihre Besitzer das erwarteten. Aristoteles ist der Meinung, das könne kein Lehrer versprechen, sondern das hänge auch davon ab, wie die späteren Besitzer mit ihren Sklaven umgehen.

Wer glaubt, Sklaven müßten keinen Verstand (*logos*) haben und es genüge, ihnen zu sagen, was sie tun sollen, irrt sich; denn Sklaven muß man mehr ermahnen als Kinder.

Wenn ein ungeübter Sklave z.B. den Acker pflügen sollte, brauchte er genauere Anweisungen als ein Kind, das der Mutter in der Küche zur Hand gehen sollte.

Vielleicht dachte Aristoteles auch an Sklaven, die sich absichtlich dumm stellten und lieber lange Erklärungen und Ermahnungen anhörten, statt eifrig an die Arbeit zu gehen.

60b8-13 Das sei zum Thema Sklaven gesagt. Über die Relationen Mann/ Frau und Kinder/Vater und die speziellen Stufen der *areté* und Arten der Gemeinschaft und was daran falsch und nicht falsch ist und wie man es gut einrichten und Fehler vermeiden kann, muß im Zusammenhang mit den Staatsformen gesprochen werden.

Da erinnert jemand an 53b4-12, wo die Untersuchung der drei Arten der Befehlsgewalt des Hausvaters (Sklaven, Frau, Kinder) angekündigt worden war. Er fügt von sich aus hinzu, daß es dabei Fehler geben könne und wie sie zu vermeiden seien, und verspricht uns, das werde später folgen, was jedoch nicht der Fall ist.

Möglicherweise konstatiert hier der erste Herausgeber, daß zwei Punkte der Ankündigung noch nicht erledigt sind und daher eigentlich folgen müßten, wenn Aristoteles nach der Hauswirtschaft zur Staatstheorie kommt. Vielleicht fehlte diese Fortsetzung bereits in den ihm vorliegenden erhaltenen Papyrusrollen.

60b13-20 Der Staat besteht aus Haushalten. Die häusliche Erziehung von Knaben und Mädchen muß sich an ihrer (späteren) Bedeutung für den Staat orientieren; denn die Frauen sind die Hälfte der Freien und sollen tüchtige Frauen sein, die Männer sollen tüchtige Staatsbürger werden.

60b20-24 *Abschlußformel und Ankündigung*. Damit sei dies Thema (Stufen der Tugend/Tüchtigkeit) abgeschlossen. Wir wollen jetzt prüfen, was an Theorien über den besten Staat vorliegt.

Darum geht es in Buch II.

Buch II

Allgemeine Staatstheorie: Die Suche nach der besten Staatsform.

Entwürfe anderer Staatstheoretiker.

In Buch II werden vier Antworten von Staatstheoretikern kritisch besprochen: Platons *Staat* und *Nomoi* (*Gesetze*) und die Theorien von zwei Autoren aus dem 5. Jahrhundert, Phaleas und Hippodamos. Platons *Staat* wird als weltfremd und undemokratisch abgelehnt. Platons *Nomoi* versteht Aristoteles als Theorie einer guten – wenn auch im einzelnen verbesserungsfähigen – Demokratie. Bei den Theorien von Phaleas und Hippodamos handelt es sich nach Aristoteles' Darstellung um Ratschläge zur Ausgestaltung einer Demokratie.

Anschließend (Kapitel 9-11) geht es um drei real existierende Staaten, die oft als gut und vorbildlich galten (Sparta, Kreta, Karthago). Es sind Mischformen; denn in ihnen gab es Könige, Aristokraten und Volksversammlung. Aristoteles hätte sie wahrscheinlich nicht behandelt, wenn in ihnen das Volk, die Mehrheit, nicht schon irgendwie an der Regierung beteiligt wäre.

Seine eigene Theorie des besten Staates, zu der er in Buch III kommt, ist dann ganz dem Thema Demokratie gewidmet. Für ihn ist sie die einzige Staatsform, die vernünftig eingerichtet die Möglichkeit bietet, daß alle Menschen zufrieden und glücklich sind.

II, Kap. 1

60b27-36 ***Das wunschgemäße Leben als Ziel des Staates.***

Wir haben uns vorgenommen zu untersuchen, welche politische Gemeinschaft (Staatsform) am ehesten in der Lage ist, Menschen ein wunschgemäßes Leben zu bieten. Dazu müssen wir existierende Staatsformen prüfen, die als gut gelten, und, wenn es daneben von anderen vorgeschlagene Staatsformen gibt, sehen, ob sie gut und nützlich sind.

Wenn wir außerdem noch etwas anderes suchen, ist das keine sophistische Spielerei, sondern entspricht, wie wir glauben, unserer Untersuchungsabsicht, weil die vorhandenen Staatsformen nicht gut sind (33-36).

Schon Platon (*Staat* 419a1-421c7) glaubte, das Glücklichsein der Menschen hänge von der Staatsform ab. Aber er dachte dabei nur an das technisch gute Funktionieren des Staates, nicht an das Gefühl, frei zu sein, das nach Aristoteles zum Glücklichsein des Menschen gehört.

Unter „etwas anderes" ist wahrscheinlich die Staatsform zu verstehen, die Aristoteles für die beste hält, eine Zwei-Parteien-Demokratie mit starker Mitte (vgl. 95b34-96a21).

60b36-39 Wir beginnen mit der Frage, ob (im besten Staat) die Bürger alles gemeinsam haben sollen oder gar nichts oder nur manches und anderes nicht.

Daß zu große Unterschiede beim Privatbesitz[26] zu sozialen Spannungen führen, war spätestens seit Solon ein Thema der Staatstheorie. Da scheint auch schon jemand vorgeschlagen zu haben, Privateigentum ganz zu verbieten und so das soziale Problem der wachsenden Kluft zwischen arm und reich ein für allemal aus der Welt zu schaffen. Wir wüßten gern, wer dieser antike Vorläufer von Proudhon u.a. war. Doch Aristoteles nennt keinen Namen.

Platon hat diesen Gedanken in seinem *Staat* aufgegriffen, aber vor allem auf die Schicht der regierenden „Wächter" angewendet. Die Wächter sollen eine einzige Familie sein, in der es kein Privateigentum und daher keinen Egoismus und keinen Streit gibt. Diese Geschlossenheit ist vorbildlich für den ganzen Staat, weil ein Staat auf Dauer nur existieren kann, wenn innerer Friede herrscht. Doch andererseits unterscheidet Platon scharf zwischen Regierung und Volk, so daß Aristoteles ihm 64a22-29 entgegenhält, das seien eigentlich zwei einander entgegengesetzte Staaten.

60b39-61a1 Erstens ist das Staatsgebiet (*topos*) zwangsläufig Gemeingut; denn alle Bürger haben daran teil.

Da scheint ein Schüler die Frage nicht verstanden zu haben. Aristoteles will nicht wissen, ob es öffentliches Eigentum geben soll (wie Straßen, was selbstverständlich ist), sondern ob Privatbesitz, z.B. von Ackerland, erlaubt oder verboten sein sollte.

61a2-64b25 *Kritik an Platons ‚Staat'.*

Jeder Staat ist eine Einheit und zugleich ein Plural. Aristoteles sieht in Platons *Staat* einen Widerspruch zwischen Einheit und Plural: Einerseits gilt absolute Einheit (= kein Privateigentum), andererseits scharfe Trennung zwischen Regierung und Volk. Das Volk würde seiner Meinung nach irgendwann gegen eine weise, aber absolut herrschende Regierung rebellieren. Ihm ist das so selbstverständlich, daß er es nur beiläufig erwähnt (64a32-37, 64b6-15). Statt dessen geht er ausführlich auf die Frage ein, ob durch die Abschaffung des Privateigentums[27] die Einheit des Staates gefördert oder eher untergraben wird.

61a2-9 Darf in einem Staat, der gut sein soll, die Vergemeinschaftung für alles oder nur für einiges gelten? Sollen z.B. wie in Platons *Staat* Frauen und Kinder und darüber hinaus der ganze Besitz allen Männern gemeinsam gehören oder – wie es heute üblich ist – nicht Gemeingut sein?

Hier geht Aristoteles davon aus, daß das Verbot des Privateigentums nicht nur für die Wächter, sondern auch für das von ihnen regierte Volk gilt.

---

[26] Aristoteles unterscheidet nicht zwischen „Besitz" und „Eigentum".

[27] Die Frage war schon vorher ein in der Öffentlichkeit diskutiertes Thema, wie aus Aristophanes' *Ekklesiazusen* (*Frauen in der Volksversammlung*), die wahrscheinlich im Jahr 392 aufgeführt wurden, zu ersehen ist.

61a10-12 Sokrates' Gedanke (in Platons *Staat*), es fördere die Einheit des Staates, wenn die Frauen allen (Männern) gemeinsam sind, ist problematisch und schlecht begründet.

Darauf geht Aristoteles 61b16-62b36 näher ein.

II, Kap. 2

61a13-24 Zu Sokrates' Annahme, der Staat müsse in erster Linie eine Einheit sein, fehlt die Erklärung, wie die Einheit in sich zu gliedern (a14) ist; denn ein Staat besteht nicht aus Gleichen (a24).

In Platons *Staat* wird zwischen Wächtern und Volk klar unterschieden, aber Platon geht beim Volk nicht darauf ein, wie sich die wirtschaftlich notwendige Vielfalt (Arbeitsteilung) mit der Forderung nach Einheit verträgt.

61a24-b15 *Absolute Gleichheit und staatliche Ordnung sind unvereinbar.*

Dieser Abschnitt gehört der Sache nach nicht hierher; denn er betrifft nicht Platon, der klar zwischen Volk und Regierung unterscheidet, sondern den „Bürgerstaat" (Politie), in dem alle Bürger als gleich gelten.

61a24-31 Eine Einheit, die aus lauter Gleichen besteht, wäre kein Staat, sondern ein bloßes Bündnis oder ein Volksstamm (d.h. ohne eigentliche Regierung). Deswegen brauchen Staaten, um dauerhaft bestehen zu können, eine relative (differenzierende, proportionale) Gleichheit (*to ison to anti-peponthós* a30).

Andernfalls hätten sie keine Regierung. Dem Argument hätte Platon sofort zugestimmt.

61a32-39 Wenn alle frei und gleich sind, müßten eigentlich alle gleichzeitig regieren, was nicht möglich ist. Sie können daher nur nacheinander eine begrenzte Zeit, z.B. ein Jahr oder kürzer, regieren. Dann können zwar alle eine Zeitlang regieren, aber es wäre, als ob Schuhmacher und Zimmermann sich bei ihrer Arbeit abwechselten. Da es jedoch auch beim Staat besser ist, wenn jeder bei seiner Arbeit bleibt (für die er qualifiziert ist), ist es besser, wenn immer dieselben (die politisch Qualifizierten) regieren.

Im Bürgerstaat (Politie) gelten zwar alle Bürger im Prinzip als gleich, aber in der Praxis sind von Natur aus einige bessere Politiker als die Mehrheit. Wenn die Volksversammlung immer die besten Politiker als Regierung wählt, gibt es einen Wechsel nur innerhalb dieser Gruppe.

61a39-b6 Wo das nicht möglich ist, weil alle Bürger als von Natur aus gleich gelten und als gerecht gilt, daß alle an der Regierung beteiligt sind, ob nun gut oder schlecht regiert wird, müssen sie, obwohl alle als gleich gelten, folglich zwischen Regieren und Regiert-werden abwechseln und jedesmal sozusagen andere (Menschen) werden.

Wenn alle Bürger als gleich gelten, müßte das Los entscheiden, wer regieren soll, so daß auch politisch unqualifizierte Bürger regieren dürfen. Dann betrifft der Wechsel alle und die Bürger gelten dann abwechselnd als regierungsfähig (wenn sie regieren) und als nicht-regierungsfähig (wenn sie einfache Bürger sind).
Sie wären abwechselnd ein „guter Mann" und ein „guter Bürger" (vgl. 76b16-77b32), was Aristoteles für einen naturgegebenen Unterschied und deswegen einen solchen Wechsel für unmöglich hält.

61b6-9 Daraus ist klar, daß die Behauptung einiger, durch die allgemeine Gleichheit werde auf natürliche Weise die Einheit des Staates erreicht und die Einheit sei das höchste Gut der Staaten, nicht richtig ist, weil diese Einheit den Staat aufhebt. Sie kann also nicht gut sein; denn ein Gut (schadet nicht, sondern) bewahrt.

„einiger" = Platon und andere. Absolute Einheit widerspricht dem Begriff des Staates; denn in jedem Staat gibt es die Regierung und das Volk, wobei die Macht zwischen ihnen unterschiedlich aufgeteilt sein kann.

61b10-15 Auch in anderem Sinne ist klar, daß die zu weit gehende Vereinheitlichung des Staates keine Verbesserung ist. Der Staat ist autarker als ein einzelner Mensch und als ein Haushalt, gerade weil er eine Gemeinschaft von Vielen und weniger einheitlich ist. Und die größere Autarkie ist einer geringeren vorzuziehen.

Die Autarkie, die eigenständige Funktionsfähigkeit des Staates; beruht auf Differenzierung, d.h. Arbeitsteilung, und diese führt nach Platon, Aristoteles, Adam Smith u.a. bekanntlich zu Wohlstand.

II, Kap. 3

61b16-62b36 *Gemeinsamkeit der Frauen und Kinder dient nicht der Einheit.*

61b16-27 Wenn alle im Staat „mein" und zugleich „nicht-mein" sagen, ist das – anders als Sokrates glaubt – kein Zeichen für die Einheit des Staates.

Wenn jemand „das ist mein Sohn" sagt, bedeutet das zugleich „das ist nicht mein Sohn", weil auch jemand anders der Vater sein könnte.

Denn „alle" hat doppelte Bedeutung. Einerseits könnte jeder Mann zwar – was Sokrates möchte – zu allen Söhnen und Frauen sagen: „Du bist mein Sohn und du meine Frau." Aber da es sich um Gemeinbesitz handelt, dürfte niemand so reden.

Beim Gemeinbesitz kann „alle" sowohl „jeder einzelne" als auch „alle zusammen" bedeuten. Dasselbe gilt für „mein". – Aristoteles macht darauf aufmerksam, daß bei Gemeinbesitz niemand das Wort „mein" im üblichen Sinne benutzen dürfte, ohne gegen die Staatsraison zu verstoßen.

61b27-30 Bekanntlich können Begriffe wie „alle“, „beide“, „ungerade/gerade ‘ in Streitgesprächen zu falschen Schlüssen benutzt werden.

Der Grund: Sie können relative und absolute Bedeutung haben.[28]
Wenn jemand sagt „alle sind eingeladen“ und damit seine Freunde meint, können auch Fremde das auf sich beziehen.
Wenn jemand sagt „beide sind ertrunken“, kann es sich um einen gemeinsamen oder zwei getrennte Unglücksfälle handeln.
Wenn jemand sagt „die Zahl 7 ist ungerade“, kann man ihm erwidern, sie bestehe aus 3 und 4, sei also ungerade und gerade.

61b30-32 Bei „alle“ ist es also dasselbe wie bei den Floskeln „(was du sagst, ist) schön, aber unmöglich“ oder „darüber kann man streiten“.

Das Spiel mit einer Doppeldeutigkeit und diese Redensarten sind zwar zwei formal sehr unterschiedliche (auch heute gängige) faule Tricks, aber beide sollen ein überlegenes Wissen vortäuschen, um den Gesprächspartner als naiv und unwissend erscheinen zu lassen.

61b32-40 Privateigentum wird besser gepflegt als Gemeingut. Wenn jeder Bürger (möglicherweise) tausend Söhne hat, diese aber nicht einzelnen Bürgern zuzuordnen sind, werden sie von allen in gleicher Weise vernachlässigt.

Die Erfahrung, daß Privateigentum besser behandelt wird als Gemeingut, gilt nach wie vor.

62a1-14 Bei der Anonymität der Abstammung hätte die Aussage „mein Sohn“ tausendfache Bedeutung und könnte sogar leer sein, weil kein Mann wissen kann, ob er überhaupt Vater eines Sohnes ist. Mögliche und tatsächliche Verwandtschaft sind dann nicht zu unterscheiden. Doch ein echter Neffe zu sein ist besser als ein möglicher Sohn.

62a14-24 Die Anonymität ist übrigens unsicher, weil die Ähnlichkeit zwischen Kindern und Erzeugern auf individuelle Verwandtschaft schließen lassen kann.

II, Kap. 4

62a25-32 Wenn Eltern und Kinder sich nicht kennen, ist kaum zu verhindern, daß es zwischen ihnen (wie zwischen Fremden) zu Streit und Beschimpfungen und gar zu Totschlag und Mord kommt.

62a32-40 Die Anonymität könnte zu homosexuellen Beziehungen zwischen Vätern und Söhnen und zwischen Brüdern führen, was äußerst häßlich wäre. Unverständlich ist, daß Platon die Homosexualität nicht wegen des möglichen Inzests ablehnt, sondern weil er praktizierte Homosexualität für eine unzulässige Kapitulation vor der Macht der Lust (*hedoné* a38) hält.

---

[28] In Platons *Euthydemos* (298d-e) benutzt ein Pseudo-Sophist die Doppeldeutigkeit von „Vater“, um einem arglosen Hundebesitzer, dessen Hund Vater von Welpen ist, zu beweisen, daß der Hund (weil er ihm gehört) sein Vater und er der Bruder der Welpen ist.

Die sog. Knabenliebe (*paiderastía*) ist für Platon eine freundschaftliche pädagogische Beziehung zwischen einem Erwachsenen und einem Heranwachsenden. Wenn sie sexuell wird, ist das seiner Meinung nach als primitiv und unkultiviert zu tadeln (*Staat* 402d1-403c3).

62a40-b24 Durch die Gemeinsamkeit von Frauen und Kindern wird das Gegenteil von dem, was Sokrates will, erreicht. Das Regieren würde zwar leichter, wenn es im Volk keine speziellen Freundschaften (z.B. Familienclans mit eigenen politischen Interessen) gibt, aber die übergeordnete, alle Bürger umfassende Freundschaft (*philía* b7), die unserer Meinung nach das höchste Gut für den Staat ist, wird dadurch „verwässert" (*hydarê* b15). Denn die Menschen pflegen und lieben (*phileîn*) am meisten das, was sie privat besitzen und wertschätzen (*ídion kai agapetón* b23).

Aristoteles ist wie Platon der Meinung, daß private familiäre und freundschaftliche Bindungen politisch keine Rolle spielen sollten, hält aber eine übergeordnete Freundschaft aller Bürger untereinander, die den Staat zusammenhält, für notwendig. Diese allgemeine politische Sympathie setzt keine persönliche Bekanntschaft voraus.

[**62b24-29** Um Bürgerkinder zu den Wächterkindern und umgekehrt versetzen zu können (wie *Staat* 415c vorgesehen), müßte man die Eltern kennen.]

Eine verfehlte Randnotiz; denn die Eltern der Kinder, die in die andere Klasse versetzt werden sollen, muß man nicht kennen, weil es nur darauf ankommt, ob ein Kind zum Wächter geeignet ist oder nicht. Der Einwand kann nur von jemand stammen, der Platons *Staat* nicht genau gelesen hat.

62b29-35 Die genannten Beschimpfungen wie auch Inzest und Mord zwischen eng Verwandten würden dabei zwangsläufig eher auftreten; denn wer in die andere Klasse versetzt worden ist, würde die Mitglieder seiner neuen Klasse nicht als Verwandte betrachten und sich nicht vor solchen Verfehlungen hüten.

Wenn es üblich ist, Kinder einer Klasse in die andere zu versetzen, hat schon seit Generationen eine Vermischung der Klassen stattgefunden und jedes Kind kann am neuen Ort auf Blutsverwandte treffen.

62b35-36 *Abschlußformel*. Das sei unsere Auseinandersetzung mit dem Thema Gemeinsamkeit von Frauen und Kindern.

II, Kap. 5

62b37-64a22 *Es muß Gemeinbesitz und Privatbesitz geben.*

62b37-63a8 Anschließend ist beim Besitz zu untersuchen, ob er im besten Staat gemeinsam oder privat sein soll? Die Gemeinsamkeit von Frauen und Kindern können wir beiseite lassen.

63a3-8 Bei fremden Völkern oder Barbaren gibt es drei Varianten:
(1) Der Acker ist Privateigentum einzelner Besitzer, die Ernte wird gemeinsam verbraucht.
(2) Der Acker ist Gemeingut und wird gemeinsam bearbeitet, die Ernte wird geteilt.
(3) Acker und Ernte sind Gemeingut.

Bei diesen Völkern/Barbaren wird zwischen gemeinsamem Besitz (*ktesis*) und der privaten Nutzung (*chresis*) unterschieden. Selbst wenn die Ernte Gemeingut ist, muß sie für die private Nutzung aufgeteilt werden. Auch bei gemeinsamen Mahlzeiten muß jeder Einzelne selber essen.

63a8-15 Wenn ein Bauer seinen Acker von „anderen" (Sklaven oder Pächtern) bearbeiten läßt, ist klar, ob der Acker Privatbesitz oder Gemeingut ist.

Es kann keinen Streit darüber geben, wem der Acker gehört.

Wenn Bauern dagegen ihren Acker selbst bestellen, könnte es in der Frage des Besitzes eher zu Mißhelligkeiten kommen; denn wenn die einen mit wenig Arbeit großen Ertrag erzielen, andere mit viel Arbeit geringen, gibt es zwangsläufig Klagen.

Bei der Neugründung von Staaten (sog. Kolonien) und der Aufteilung des Ackerlandes waren Klagen und Beschwerden vermutlich an der Tagesordnung, wenn die Qualität des Bodens sich als zu unterschiedlich erwies.

63a15-21 Enges Zusammenleben und tägliche Gemeinschaft sind besonders schwierig. Das zeigt sich bei Reisegesellschaften, wo die meisten sich über Kleinigkeiten streiten.
So ärgern wir uns am ehesten über Bedienstete, die täglich um uns sind.

Dann ist die freundschaftliche Einheit besonders gefährdet. Vielleicht ist das eine unpassende Bemerkung eines Schülers; denn das sind keine Beispiele für Besitzstreitigkeiten, sondern für psychische Probleme, die bei ungewohntem engen Zusammenleben auch heute auftreten können.

63a21-22 Das und dergleichen sind Schwierigkeiten beim Gemeinbesitz.

63a22-27 Am besten für einen Staat ist eine durch Brauch und gute Gesetze geregelte Kombination von Gemeinbesitz und Privatbesitz. Es muß Gemeinbesitz geben, aber im allgemeinen sollte Privatbesitz gelten.

63a27-29 Wenn jeder sein Privateigentum hat, um das er sich kümmert, wird es weniger Streit geben und außerdem das private Vorankommen fördern.

Richtig ist, daß klare Besitzverhältnisse an sich keinen Anlaß zu Streit bieten, aber schon wenig später (63b24-27) wird vorausgesetzt, daß Privateigentum Streitigkeiten nicht ausschließt.
In Deutschland gibt es angeblich die meisten Streitigkeiten zwischen benachbarten Hausbesitzern.

63a29-40 In manchen guten Staaten steht das Privateigentum auch der Allgemeinheit zur Verfügung. In Sparta kann man sich von ihren Besitzern Sklaven, Pferde und Hunde ausleihen, als ob sie einem selbst gehören. Der Gesetzgeber muß das regeln.

Das klingt nach unserem „Eigentum verpflichtet" (Grundgesetz Artikel 14).

63a40-b7 Von Natur aus freut man sich, wenn man etwas sein Eigentum nennen kann, aber Eigenliebe (*phílauton*) ist zu tadeln. Anderen helfen zu können, ist ein ganz besonderes Vergnügen; das ist nur möglich, wenn man Privatbesitz hat.

63b7-14 Gemeinbesitz hat zwei Nachteile: Er schadet der Besonnenheit (*sophrosýne*) den Frauen gegenüber und macht private Freigebigkeit (*eleutherótes*) unmöglich.

In Platons *Staat* ist (jedenfalls bei den Wächtern) die Beziehung zwischen Männern und Frauen streng reglementiert, um unbesonnenes Verhalten möglichst auszuschließen.

Wer wie Platons Wächter keinen Privatbesitz hat, kann nicht privat freigebig sein. Als dritter Nachteil hätte hier wieder erwähnt werden können, daß erfahrungsgemäß viele Menschen mit Gemeinbesitz wenig pfleglich umgehen (vgl. 61b32-40).

63b15-27 Oberflächlich betrachtet wirkt der Gemeinbesitz sehr attraktiv, weil dadurch anscheinend eine Freundschaft aller mit allen erreicht wird und es keine Streitigkeiten wie beim Privatbesitz gibt. Doch nicht die Besitzverhältnisse sind Ursache des Streits, sondern die Schlechtigkeit (*mochthería* b23) von Menschen. Deswegen zanken sich Menschen sogar eher, wenn sie etwas gemeinsam besitzen.

Ein Beispiel sind heutige Eigentümergemeinschaften, bei denen egoistische Interessen Einzelner öfter zu juristischen Problemen führen.

63b27-29 Man darf nicht nur über Vorteile reden, die der Gemeinbesitz mit sich bringt, sondern muß auch die Nachteile sehen. Es zeigt sich, daß Leben (wenn es kein Privateigentum gibt) ganz unmöglich ist.

Es gäbe dann kein Privatleben, keinen Wettbewerb, keine wirtschaftliche Entwicklung und keinen zivilisatorischen und kulturellen Aufstieg.

63b29-35 Sowohl ein Haushalt als auch ein Staat muß eine Einheit sein, aber nicht in jeder Hinsicht (*pantōs*), wie Sokrates glaubt.

In Platons *Staat* ist zwar die Einheit, d.h. allseitige Zustimmung zur vorhandenen Staatsform, eine Voraussetzung für das dauerhafte Bestehen des Staates, aber ebenso wichtig ist die klare Unterscheidung zwischen Volk und Regierung. Vgl. 61b6-9.

63b36-40 Da der Staat ein Plural ist, muß man ihn durch Erziehung (*paideía*) zu einer Einheit und zu einem guten Staat machen. Aber das ist nicht durch dergleichen (wie die Frauen- und Kindergemeinsamkeit und Gemeinbesitz) zu erreichen, sondern durch Gewohnheit (*ěthos*), Denken (*philosophia*) und Gesetze, wie Gesetzgeber in Sparta und Kreta den Besitz durch die Syssitien („gemeinsame Mahlzeiten") sozialisierten.

Zu Syssitien kamen in alten Zeiten vermutlich die Dorfältesten mehrerer Dörfer zur Kontaktpflege zusammen. Später waren es in großen Staaten wie Sparta anscheinend sozusagen Clubs von Honoratioren mit vielleicht 15 Mitgliedern und sehr hohen Mitgliedsbeiträgen, die keine offizielle politische Funktion hatten, aber wahrscheinlich einen gewissen Einfluß auf die Politik hatten.
Im Text der *Politik* hat jemand, der sie für politisch wichtig hielt, nachträglich öfter Hinweise dazu eingefügt.

64a1-11 Man muß alte Gewohnheiten kennen; denn fast alles ist schon gefunden worden, und darunter ist auch Gutes, das man nicht versteht oder absichtlich nicht nutzt. Das ist an der Praxis eines solchen Staates (wie Sokrates ihn in Platons *Staat* einrichtet) am ehesten zu erkennen; denn Sokrates könnte das nicht, ohne zu differenzieren [nach Syssitien, Phratrien und Phylen]. Daher braucht er vor allem ein Gesetz, daß die Wächter nicht zugleich Bauern sein dürfen, wie es jetzt auch in Sparta üblich ist.

[...] Ein verfehlter Zusatz von fremder Hand; denn Aristoteles meint mit Differenzierung nicht untergeordnete politische Einheiten, sondern die Arbeitsteilung.
Die Wächter in Platons *Staat* dürfen (wie die Spartaner) keinen privaten Beruf ausüben, um jederzeit kampfbereit zu sein.

64a11-22 Sokrates redet nicht darüber, ob in seinem Staat die Bauern (= das Volk) Privateigentum haben sollen oder nicht, ebensowenig darüber, ob für sie die Frauen- und Kindergemeinsamkeit gelten soll. Angenommen er meinte das, dann gäbe es keinen Unterschied zwischen Bauern und Wächtern. Warum sollten die Bauern dann die Wächter regieren lassen und sich nicht dagegen auflehnen? Die Wächter müßten sich einen Unterschied ausdenken wie die Kreter, die den Sklaven untersagen, Sport zu treiben und Waffen zu besitzen.

Aristoteles ist überzeugt, die Bauern würden, wenn sie wie die Wächter Sport treiben und Waffen besitzen dürfen, verlangen, an der Regierung beteiligt zu werden.

64a22-29 Wenn aber, wie in den anderen (den realen) Staaten, zwischen Volk und Regierung unterschieden wird, gibt es bei Platon zwangsläufig zwei einander entgegengesetzte Staaten, auf der einen Seite die Wächter wie eine (fremde) Besatzung, auf der anderen die Bauern und Handwerker und die übrigen Bürger.

Diese scharfe Trennung ist nach Aristoteles für das Volk ein besonders naheliegender Grund, sich gegen die Regierung aufzulehnen, besonders in Zeiten, in denen das Wort Demokratie und demokratisches Denken längst allgegenwärtig waren.

64a29-32 Für Stadtverwaltung, Handel usw. hält Sokrates nicht viel gesetzlich vorgeschriebene Erziehung nötig, sondern nur für die Wächter.

Um die Erziehung der Wächter geht es Platon *Staat* 518b6-541b5.

64a32-37 Er macht die Bauern zu Besitzern (von Land) und zu Steuerzahlern. Dann würden sie wahrscheinlich eher an Aufruhr denken als die Heloten (in Sparta) und Besitzlose und Sklaven. Ob das so sein muß oder nicht, sagt er nicht.

In Platons *Staat* ist von Steuern (*apo-phorá*) nur zur Versorgung der Wächter die Rede, aber es gab natürlich andere öffentliche Aufgaben, für die der Staat Geld brauchte. Aristoteles weiß anscheinend aus Erfahrung, daß Bauern ungern Steuern zahlen und auf die Regierung schimpfen.

64a37-b6 Auf damit zusammenhängende wichtige Probleme wie Staatsstruktur, Erziehung und Gesetze geht Sokrates nicht ein. Wie kann eine Frau Gemeingut sein und zugleich Hausfrau in einem bestimmten Haushalt?

Das ist ein echter Widerspruch; denn keine Frau kann gleichzeitig in mehreren Häusern am Herd stehen und ihre Kinder versorgen.

64b6-15 Daß Sokrates immer dieselben regieren läßt, ist riskant; denn dadurch werden auch einfache Menschen rebellisch und vor allem mutige und kriegstüchtige. Er ist dazu gezwungen, weil für ihn die Regierenden von Natur aus zum Regieren bestimmt sind.

Sokrates hatte (*Staat* 414d-415c) einen Mythos eingeführt, der die Menschen glauben lassen soll, wie es in der Erde Gold, Silber und Eisen/Bronze gebe, so gebe es von Natur aus regierende Wächter, helfende Wächter und das Volk.

64b15-24 Wenn Sokrates sagt, der Staat müsse glücklich sein, aber die Wächter müßten das nicht, ist das ein Widerspruch.

Das ist nicht richtig; denn Platons Wächter besitzen zwar keine Dinge, die normale Menschen glücklich machen, aber sie sind nach Platon sogar besonders glücklich, weil sie dafür sorgen dürfen, daß möglichst alle Menschen im Staat glücklich sind (*Staat* 420b-421c).

64b24-25 *Abschlußformel*. In der Staatsform (*politeía*), über die Sokrates (in Platons *Staat*) redet, stecken also diese und weitere, wenn auch kleinere Probleme. **II, Kap. 6**

64b26-66a30 ***Kritik an Platons ,Nomoi' (,Gesetze').***

Während die ideale Staatsform in Platons *Staat* eine Aristokratie ist (in der die Besten, die sog. Philosophenkönige, autokratisch regieren), geht es in den *Nomoi* um die beste real mögliche

Staatsform. In ihr gibt es keine Philosophenkönige, die ein fast göttliches Wissen haben, sondern sie wird von der irdischen Vernunft der Bürger getragen. In den *Nomoi* ist die beste Staatsform für Platon also die Demokratie („Volksregierung“) oder Politie („Bürgerstaat“). Daß man die *Nomoi* so verstehen muß, hält Aristoteles für selbstverständlich und kaum erwähnenswert. Nur ganz beiläufig wird es 65b26-33 kurz ausgesprochen. – Aristoteles' Kritik an den *Nomoi* betrifft daher nicht die demokratische Staatsform, sondern nur einzelne Gesetze.

64b26-28 Ähnlich verhält es sich mit den später geschriebenen *Nomoi*. Daher ist es besser, auch dort die Staatsform (*politeía*) kurz zu betrachten.

Nicht die Staatsformen von Platons *Staat* und *Nomoi* sind „ähnlich“, sondern nur manche Gesetze. In beiden geht es darum, die beste Staatsform zu finden, im *Staat* die ideale, in den *Nomoi* die beste realisierbare.

64b28-65a1 In Platons *Staat* redet Sokrates vor allem über die Gemeinsamkeit der Frauen und Kinder und des Besitzes und die staatliche Ordnung, bei der er drei Teile unterscheidet: Bauern, Krieger und Regierung. Ob Bauern und Handwerker irgendwie mitregieren und Kriegsdienst leisten, darüber sagt er nichts. Aber auch Frauen, meint er, sollten mitkämpfen und ebenso erzogen werden wie die männlichen Wächter. Im übrigen bietet er Exkurse, auch über die Erziehung der Wächter.

In Platons *Staat* sind es die Wächter, die regieren und Kriegsdienst leisten, während Bauern und Handwerker ihrer normalen Erwerbstätigkeit nachgehen.

65a1-10 In Platons *Nomoi* spricht Sokrates[29] hauptsächlich über Gesetze und kaum über die Staatsform, die eher den (realen) Staaten (= den Demokratien des 5. und 4. Jh.) entspricht; daher kommt er nur gelegentlich auf den anderen Staat (= den idealen Staat in Platons *Staat*) zurück. Außer der Gemeinsamkeit der Frauen und Kinder und des Besitzes stimmen die beiden Staatsformen (in der Gesetzgebung) überein. Die Erziehung ist dieselbe, und das Leben der Bürger soll nicht allein aus lebensnotwendiger Arbeit bestehen. Anders ist nur, daß im *Staat* [auch Frauen an den Syssitien teilnehmen und] es 1000 Bewaffnete gibt, in den *Nomoi* dagegen 5000. Man sollte sich keine Theorien ausdenken, die offensichtlich ganz unrealistisch sind.

Daß es in Platons *Staat* nur 1000 Bewaffnete geben soll, wird dort nicht ausdrücklich gesagt, läßt sich aber aus 423a erschließen. In den *Nomoi* (737e) sind 5040 Bewaffnete („Gesetzesschützer“) vorgesehen, die jedoch im Gegensatz zum *Staat* nicht besitzlose „Wächter“, sondern selbständige Bauern, also einfache Bürger sind.

---

[29] In den *Nomoi* ist nicht Sokrates Gesprächsteilnehmer, sondern ein „Athener“, der von Aristoteles mit Sokrates identifiziert wird.

In einer guten Demokratie muß jeder Bürger neben seiner Arbeit mindestens Zeit haben, zu Volksversammlungen (heute nur noch wählen) zu gehen.

[...] Der Syssitienspezialist weiß anscheinend nicht, daß in den *Nomoi* (780e-781d) der Athener dafür plädiert, Syssitien für Frauen einzurichten. Im *Staat* (416e) werden beiläufig Syssitien der Wächter erwähnt, wo aber wahrscheinlich nur gemeint ist, daß sie ständig wie im Kriegseinsatz Gemeinschaftsverpflegung erhalten.

65a10-18 Was Sokrates (der Athener in den *Nomoi*) sagt, ist außergewöhnlich und scharfsinnig; er schneidet neue Fragen an und untersucht sie sehr genau. Aber daß er immer recht hat, kann man kaum behaupten.
Es wäre z.B. ein riesiger Staat mit entsprechend zahlreicher Bevölkerung nötig, um 5000 „Müßiggänger" (*argoí*) zu ernähren.

Die (von einem Schüler?) vorgebrachte Kritik ist falsch, weil die 5040 Bewaffneten nicht „Müßiggänger" sind, sondern Bauern, die für ihren Lebensunterhalt arbeiten müssen. Der Kritiker verwechselt das mit Platons *Staat*, wo die Bewaffneten (die Wächter) ihren Lebensunterhalt nicht durch normale Arbeit bestreiten, sondern vom Staat versorgt werden.

Das konnte, wie man sieht, schon damals (trotz der vermutlich sehr bescheidenen Alimentation) Anstoß erregen. Darum müssen bei uns heute Beamte wie alle anderen Berufe Einkommensteuer zahlen, was eigentlich paradox ist, weil sie aus Steuern finanziert werden,.

65a18-28 Es heißt (*Nomoi* 704a-708d), der Gesetzgeber müsse Land und Menschen berücksichtigen. Da hätte hinsichtlich der angrenzenden Gebiete hinzugefügt werden müssen, ob der Staat nach außen politisch aktiv sein und sich nicht abschotten soll. In diesem Fall braucht er Waffen nicht nur für die innere Ordnung, sondern auch für Kriege. Wenn man kein solches (nach außen aktive) private und staatliche Leben (sondern ein abgeschottetes) annimmt, muß der Staat trotzdem gegen eindringende und heranziehende Feinde gerüstet sein.

Auch diese Kritik ist unberechtigt; denn die 5040 Bewaffneten sind selbstverständlich nicht nur für die innere Ordnung, sondern auch für die Abwehr von Feinden zuständig. Vielleicht handelt es sich um die Bemerkung eines Schülers, der glaubte, eine sachliche Lücke entdeckt zu haben.

65a28-38 Der Umfang des (privaten) Besitzes sollte genauer festgesetzt werden, als von Sokrates vorgesehen. Er sollte nicht nur für ein besonnenes (*sophrónōs*) und sogenanntes gutes Leben ausreichen, wie es selbst Arme haben können, sondern sollte erlauben, darüber hinaus „frei" (*eleútheros*, freigebig) sein zu können.

Die Kritik scheint auf *Nomoi* 737d zu zielen. Aristoteles ist der Meinung, in der guten Demokratie müsse jeder Bürger mehr als das zum Leben Notwendige besitzen, um sein Leben „frei“ gestalten zu können und hinreichend Zeit für politische und sonstige geistige Interessen zu haben und großzügig sein zu können.

65a38-b12 Unsinnig (*átopon*) ist es auch, gleichen Besitz für alle zu fordern, aber dabei nicht die Zahl der Bürger und der Kinder zu berücksichtigen. Ist nämlich die Zahl der Kinder zu groß, entsteht Armut, wenn beim Tod des Vaters das Vermögen unter beliebig viele Kinder aufgeteilt wird oder eins von ihnen alles erbt und die anderen leer ausgehen. Armut führt zu Aufruhr und Kriminalität.

Auch diese Kritik ist verfehlt; denn in den *Nomoi* (737c) geht es um die Gleichheit des Besitzes bei der Neugründung eines demokratischen Staates, wodurch soziale Konflikte prinzipiell ausgeschlossen werden sollen. Daß später Erbteilung zum Problem werden kann, ist eine andere Sache.

Im überlieferten Text steht als Folge der Erbteilung „keiner ist arm“ (*oudeís a-poreî* b3). Das wäre nur möglich, wenn das vererbte Vermögen so groß ist, daß alle Erben als reich gelten können. Aber das widerspricht dem Gedanken, die Kindererzeugung dürfe nicht „unbegrenzt“ (*a-hóriston* a40) sein, weil dadurch Armut entstehe. Es muß daher heißen „keiner ist reich“ (*oudeís eu-poreî*).

65b12-16 In Korinth glaubte ein früher Gesetzgeber, die Zahl der Haushalte und der Bürger müsse konstant bleiben, auch wenn die zu Anfang ausgelosten Anteile (an Land) ungleich waren. In den *Nomoi* ist es umgekehrt.

Der Gesetzgeber in Korinth scheint die Erbteilung verboten zu haben, wodurch die Zahl der Armen wuchs, wenn ein Bürger mehrere Kinder hatte, aber nur einer erbte. In den *Nomoi* haben anfangs alle Bürger einen gleichen Besitz, aber wenn der eine nur einen Sohn hat, der andere seinen Besitz unter mehrere Kinder aufteilt, gibt es von Generation zu Generation immer mehr arme Bürger, und die Kluft zwischen reich und arm wird ständig größer.

65b16-17 Was wir zur Lösung des Problems meinen, folgt später.

Die Lösung des Problems ist die Geburtenbegrenzung. Aristoteles kommt 66b8-14 darauf zurück.

65b18-21 In den *Nomoi* wird nicht klar zwischen Regierenden und Regierten unterschieden, obwohl Platon von Schuß und Kette wie bei einem Gewebe spricht (*Nomoi* 734e).

Diese Kritik kann nur jemand äußern, dem nicht klar ist, daß in der Demokratie diese klare Unterscheidung nicht möglich ist, weil in ihr alle Bürger gleichberechtigt sind und nur durch Wahlen entschieden wird, wer von ihnen eine Zeitlang regieren darf.

65b21-23 Beim allgemeinen Besitz (*ousía*) läßt Sokrates Zunahme bis zum Fünffachen zu. Warum dann nicht beim Landbesitz (*gē* „Erde“)?

In den *Nomoi* (744e-745a) ist Zunahme des Vermögens bis zu einer bestimmten Höhe zugelassen; was darüber hinausgeht, fällt an den Staat.[30] Der Verkauf und Kauf von Land ist verboten (741b-c); denn die Zahl der landwirtschaftlichen Betriebe (und damit die Zahl der eigentlichen Bürger) soll konstant gehalten werden.

65b24-26 Daß jeder Bürger zwei Grundstücke haben soll – eins bei der Stadt, eins an der Staatsgrenze (*Nomoi* 745c-e) –, würde für die Bewirtschaftung ungünstig sein.

Diese Maßnahme soll die Einheit des Staates fördern, weil dadurch alle Bürger im Krieg in gleichem Maße betroffen sind.

65b26-30 Die Gesamtordnung (die Staatsform in den *Nomoi*) ist weder Demokratie noch Oligarchie, sondern eine Mischung aus beiden (*Nomoi* 693d), der sogenannte „Bürgerstaat" (*politeía* b28 = sog. Politie); denn sie besteht aus den waffentragenden Bürgern. Wenn Platon meint, das habe für alle griechischen Staaten gegolten, die in den 492 beginnenden Perserkriegen wie Freunde (*Nomoi* 699c1) zusammenhielten, ist das vielleicht richtig.

Platon benutzt die paradox klingende Definition „die Demokratie ist eine Mischung aus Oligarchie und Demokratie" wie eine längst gängige Formulierung und versteht hier unter „Staat" (*politeía*) den „Bürgerstaat" (Politie).

65b31-33 Aber daß sie die zweitbeste nach der besten ist, kann man bestreiten; denn mancher würde vielleicht eher Sparta loben, weil es aristokratischer sei.

Die beste ist die theoretisch beste, die zweitbeste ist die praktisch mögliche beste. Vgl. 88b35-39.

Sparta galt als aristokratisch, weil dem Anschein nach von der Volksversammlung immer „Beste" (*áristoi*), d.h. reiche Spartaner, als Regierung gewählt wurden.

65b33-66a1 Einige sagen, die beste Staatsform sei aus den drei Staatsformen Oligarchie, Monarchie, Demokratie gemischt. So gebe es in Sparta Könige (Monarchie), einen Rat der Alten (Oligarchie), die Ephoren (Demokratie), weil die Ephoren das Volk vertreten.
Andere sagen, das Ephorat sei eine Tyrannis, aber sonst gehe es in Sparta demokratisch zu.

Die Ephoren waren ursprünglich ein von der Volksversammlung gewähltes Aufsichtsgremium, das die Einhaltung der Gesetze überwachen sollte. Sie hatten jedoch immer mehr Macht an sich gezogen und waren im 5. Jh. praktisch zur Regierung geworden und nutzten

[30] Das ist weltfremder Idealismus; denn das wäre heute ein Steuersatz von 100%, was den wirtschaftlichen Wettbewerb erlahmen lassen würde. In Deutschland endet die Steuerprogression deswegen seit Jahren deutlich unter 50%.

ihre Macht, wie Kritiker meinten, skrupellos. Die Volksversammlung war im übrigen praktisch machtlos, weil sie keine die Ephoren bindenden Beschlüsse fassen konnte.
In Deutschland entspricht dem Ephorat das Verfassungsgericht, das eigentlich nur die Einhaltung des Grundgesetzes überwachen soll, aber inzwischen sehr mächtig geworden ist, weil das Volk (der Bundestag) ihm erlaubt, das Grundgesetz nach Gutdünken zu interpretieren. Aristoteles hätte unser Verfassungsgericht für eine Fehlkonstruktion gehalten, weil es nicht direkt vom Volk gewählt ist und nur aus juristischen Experten besteht, was dazu führt, daß manchmal Politik und Rechtsprechung verwechselt werden.

66a1-5 In den *Nomoi* wird behauptet, die beste Staatsform müsse eine Mischung aus Demokratie und Tyrannis sein. Doch niemand würde Tyrannis und (radikale) Demokratie als Staatsformen bezeichnen oder, falls doch, als die allerschlechtesten. Da ist es schon besser, wie 65b33 mehr als zwei (nämlich drei) zu mischen.

Da hat jemand (ein Schüler?) die *Nomoi* mißverstanden. Dort (693d) behauptet der Athener, daß die meisten (griechischen) Staaten aus Demokratie und Monarchie gemischt sind; d.h. in ihnen gab es eine Volksversammlung und eine Regierung mit einer herausragenden Persönlichkeit an der Spitze. An anderer Stelle (709e) meint er, der beste Staat wäre am leichtesten zu erreichen, wenn e i n m i t a l l e n g u t e n E i g e n s c h a f t e n a u s g e s t a t t e t e r T y r a n n seine absolute Macht benutzt, um den besten Staat einzurichten. Das ist ein aus Oligarchie+Demokratie oder Monarchie+Oligarchie+Demokratie gemischter Staat, in dem „alle Bewaffneten" (753b, = die Volksversammlung) die Regierung wählen, also nach heutigem Sprachgebrauch eine Demokratie, in der alle Bürger gleichberechtigt sind. Das entspricht der deutschen Demokratie (Bundeskanzler+Minister+Bundestag).

66a5-7 In Wirklichkeit ist (beim besten Staat) nichts Monarchisches dabei, sondern die Mischung besteht nur aus Oligarchie und Demokratie.

„nichts Monarchisches". In den Demokratien, die Aristoteles kannte, gab es demnach keinen offiziellen Regierungschef. In Athen sah Perikles jahrelang wie ein Regierungschef aus (Thuydides 2,65,9 „es war dem Namen nach eine Demokratie, praktisch jedoch eine Herrschaft unter dem ersten Mann"), weil es ihm durch seine Redegabe immer wieder gelang, für seine Anträge die Zustimmung der Volksversammlung zu erreichen.

66a7-22 Wie die Besetzung der politischen Ämter zeigt, tendiert eine Mischung (aus Demokratie und Oligarchie) eher zur Oligarchie.

Gemischte Staaten sind im Prinzip D e m o k r a t i e n, weil die sog. Armen die Mehrheit sind. Aber da arme Bauern und Handwerker keine höheren (unbesoldeten) Ämter übernehmen konnten, bestand die Regierung zwangsläufig aus Reichen, die jedoch nicht autokratisch regieren konnten, weil sie die Zustimmung der Volksversammlung brauchten.

66a22-25 Daß man nicht sagen darf, diese Staatsform (die Demokratie) sei aus Demokratie und Monarchie zusammengesetzt, ist aus dem Gesagten und dem, was später noch dazu gesagt wird, klar.

„später". Im Folgenden ist die Demokratie für Aristoteles immer eine Mischung aus Oligarchie und Demokratie ohne einen Regierungschef.

66a26-28 Auch ist es riskant, die regierenden Beamten durch abgestufte Vorwahlen zu bestimmen (*Nomoi* 753b-d), weil sich dann durch Absprachen eine Minderheit (die Oligarchen) immer durchsetzen könnte.

Das ist der Fall, wenn die Partei der Oligarchen geschlossen für ihre Kandidaten stimmt, während die demokratische Partei uneins ist und ihre Stimmen aufsplittert.

66a28-30 *Abschlußformel*. So steht es mit dem Staat in den *Nomoi*.

II, Kap. 7

66a31-36 Es gibt weitere Staatsentwürfe von Bürgern, Philosophen und Politikern. Sie stehen den existierenden Staatsformen näher als die beiden genannten; denn keiner führt die Gemeinsamkeit der Kinder und Frauen ein [und Syssitien der Frauen], sondern sie beschränken sich auf das Wesentliche („Notwendige").

[...] Ein Zusatz des Syssitienspezialisten.

66a37-39 Einige halten den Besitz (*ousía*) für das größte Problem, weil es dadurch (= den Unterschied zwischen arm und reich) am ehesten zu Unruhen kommt.

66a39-67b21 ***Kritik an Phaleas.***

66a39-b5 Phaleas (5.Jh.) hat als erster Gleichheit des Besitzes gefordert. Er sagt (in seinem Buch), bei der Neugründung von Staaten sei das (bei der Landaufteilung) leicht zu erreichen, schwerer bei fertigen Staaten. Bei diesen müßten die Kinder der Reichen die der Armen heiraten, wobei die reichen Väter Mitgiften geben.

Phaleas wollte danach durch ein entsprechendes Ehe-Gesetz die Gleichheit des Besitzes erreichen. Nach Aristoteles wäre dadurch nur eine gewisse Annäherung zwischen reich und arm möglich.

66b5-8 Platon will in den *Nomoi* eine Obergrenze für den Besitz einführen.

Das würde den Wettbewerb in der Wirtschaft begrenzen und ist daher praktisch nicht möglich (vgl. 65b21-23, Fußnote). Dagegen ist Phaleas' Vorschlag vergleichsweise realistisch, weil er nur wie schon Solon den Abstand zwischen reich und arm verkleinern wollte.

66b8-14 Dann hätte Phaleas jedoch die Kinderzahl beschränken müssen, um zunehmende Armut zu verhindern; denn wenn die Zahl der Kinder größer ist als der Besitz, kann das Gesetz (über die Gleichheit des Besitzes) nicht eingehalten werden, was zu Armut und zu politischen Unruhen führen würde.

Die Erbteilung würde zur zunehmenden Verarmung der nächsten Generationen führen.

66b14-31 Für alle ein gleiches mittleres Vermögen anzusetzen würde nichts nützen; denn dazu müßte man vorher das Mehr-haben-wollen (*epithymía* b29, Begierde = Wettbewerb) durch gemeinsame Erziehung (b30) abschaffen.

Das staatlich verordnete „gleiche mittlere Vermögen" ist – weil man dafür arbeiten soll – nicht dasselbe wie das heute von manchen propagierte „bedingungslose Grundeinkommen", aber es würde in ähnlicher Weise Wettbewerb und wirtschaftliche Entwicklung bremsen und damit schwächen.

Auch Aristoteles hält einen „mittleren Besitz" (95b3-5) für das beste, aber er will keine allgemeine Obergrenze einführen, sondern will damit nur sagen, daß ein starker Mittelstand (vgl. 95b1-24) für den Staat am besten ist.

66b31-67a2 Vielleicht meint Phaleas, daß es in den Staaten Gleichheit des Besitzes und der Erziehung geben müßte. Doch da müßte er sagen, welche Erziehung er meint; denn für die einen hat die Erziehung Besitz (Reichwerden) zum Ziel, für andere (öffentliches) Ansehen (*timé*) oder beides (b37).

Aristoteles kritisiert, daß Phaleas nicht ausdrücklich verlangt, die Söhne der Ober- und Unterschicht müßten gemeinsam erzogen werden. Vgl. 37a21-32.

Zu Streitigkeiten führen kann Ungleichheit sowohl beim Besitz als auch beim Ansehen; denn da besteht ein Gegensatz (b39). Das einfache (arme) Volk („die Vielen" b40) ärgert sich über Unterschiede beim Besitz, die (reichen) Gebildeten (*charíentes* 67a1) sind gegen Gleichmacherei beim Ansehen.

Phaleas hielt also die Unterschiede bei Besitz und Ansehen für das Grundproblem der Politik und sah in einer Angleichung die Voraussetzung für ein friedliches Zusammenleben. Die Vergemeinschaftung von Frauen und Kindern hatte er anscheinend nicht vorgesehen.

67a2-18 Die Menschen tun Unrecht nicht nur für das zum Leben Notwendige, sondern auch um reich zu werden und sorglos ihren Freuden nachgehen zu können (a2-9).

Gegen Kriminalität aus Armut hilft hinreichender Besitz und Arbeit, gegen darüber hinausgehendes Begehren hilft Besonnenheit (a9-10).

[**a10-12** Bei dritten, die in sich selbst Zufriedenheit suchen, hilft nur die Philosophie (a12), während es bei den beiden anderen um die Beziehung zu Menschen geht].

Eine unpassende Bemerkung eines Schülers oder Randnotiz eines Lesers, der nicht verstanden hat, daß Aristoteles nur Kleinkriminalität und kriminelle Habgier unterscheiden will und ein der reinen

Philosophie gewidmetes Leben höchstens als asozial, aber nie als kriminell bezeichnet hätte.

Phaleas redet nur über die Verhinderung von Kleinkriminalität (= das Stehlen von lebensnotwendigen Dingen und nicht über kriminelle Habgier).

67a19-37 Phaleas sagt nichts über den Besitz (*ktesis* a22), den ein Staat haben muß, um Angriffe von außen abwehren zu können.

Aristoteles fügt hinzu, der Staat müsse reich und stark genug sein, um auch stärkere Staaten von Angriffen abzuhalten.

Platon hält staatlichen Reichtum für gefährlich, weil er im Staat und bei Nachbarn Begehrlichkeiten erregt. Angriffe von außen, meint er, könne ein armer Staat durch ein Heer von gut ausgebildeten Berufssoldaten (Wächter) oder geschickte Bündnispolitik abwehren (*Staat* 422a-d).

67a37-b9 Gleicher Besitz hilft gegen innere Unruhen, Das ist leicht gesagt; denn die Gebildeten (*charíentes* a40, die Reichen) wollen nicht gleich sein. Dazu kommt die unersättliche Schlechtigkeit (*ponería* b1), die allgemeine angeborene Habgier.

Man müßte also die Angesehenen (*epieikeîs* b6, die Reichen) dazu zu bringen, nicht nach Vätersitte immer noch mehr haben zu wollen und den Armen (*phauloi* b7) das (mehr haben wollen) unmöglich zu machen, und sie überzeugen, daß (gleicher Besitz) gerecht ist.

Aristoteles hält also die absolute Gleichheit des Besitzes für eine Illusion, weil man dazu die Natur des Menschen (der Reichen und der Armen) ändern müßte, was unmöglich ist. Er sieht die Lösung in einem Kompromiß, einer Demokratie, in der Reichwerden (Wettbewerb) erlaubt ist, aber die Armen nur noch vergleichsweise arm sind, d.h. reich genug sind, um ein gehobenes Bürgerleben führen zu können.

67b9-13 Nicht richtig ist auch, daß Phaleas unter Gleichheit des Besitzes nur Landbesitz versteht, aber Sklaven, Vieh und Geldvermögen nicht berücksichtigt. Er müßte entweder alles dazu zählen oder einen angemessenen Teil oder gar nichts.

Heute verweisen Gegner einer Vermögenssteuer auf das Problem, angesichts von ständigen Preisschwankungen bei Aktien und Sachen (z.B. Kunstgegenständen) die Höhe eines Vermögens genau zu bestimmen.

67b13-19 Aus seiner Gesetzgebung ergibt sich, daß er einen kleinen Staat plant, weil die Handwerker wie Sklaven nicht Teil des Volkes sind.

Aristoteles bezeichnet den Staat des Phaleas als „klein“, weil zur Volksversammlung anscheinend nur Landbesitzer und keine Handwerker zugelassen sind.

Das ist die „Bauerndemokratie", die Aristoteles 18b9-19a19 für die älteste Form der Demokratie hält.

67b19-21 *Abschlußformel*. Das ist etwa das, was man am Staat des Phaleas gut oder nicht gut finden kann.

II, Kap. 8

67b22-68b25 ***Kritik an Hippodamos.***

67b22-30 Auch Hippodamos (5. Jh.) äußerte sich zur Frage nach dem besten Staat (b29-30).

Als Stadtplaner trat er für schachbrettartige Ordnung ein.

67b30-37 Er begrenzte den Staat auf 10000 Bürger und unterschied Handwerker, Bauern und Bewaffnete.

67b37-68a6 Beim Strafrecht unterschied er Verfahren wegen Kränkung (*hybris*), Schädigung und Tötung und führte ein übergeordnetes Appellationsgericht ein.

68a6-14 Er wollte verdiente Bürger ehren, und – als erster – Kriegswaisen auf Staatskosten versorgen. Regierung und Beamte ließ er vom Volk wählen.

68a14-b4 Als erstes könnte man Hippodamos' Einteilung des Volkes in Handwerker, Bauern und Bewaffnete kritisieren; denn dann sind die anderen beinahe Diener/Sklaven (a20) der Bewaffneten. Wenn alle wichtigen Ämter (a23) mit Bewaffneten besetzt sind, wie haben dann die anderen teil am Staat (a29-b3)? All das ist sehr unklar.

68b4-22 Bei ihm soll ein Richter (*dikastés*) – auch wenn die Klage eindeutig ist – nicht einfach entscheiden, sondern eher Schiedsrichter (*diaitetés*) sein. Das kann zu Schwierigkeiten führen, wenn der Richter die Klage nur teilweise anerkennen will oder mehrere Richter zu einem gemeinsamen Urteil kommen müssen.

Anscheinend dachte Hippodamos sehr modern und wollte, daß Richter wie heute auch die Interessen des Beklagten berücksichtigen, also Gesetze flexibel auslegen und dem Beklagten z.B. mildernde Umstände zuerkennen.
Aristoteles hält nichts davon, weil seiner Meinung nach die Rechtsprechung dadurch noch subjektiver wird, als sie ohnehin ist (vgl. 86a14-21), und allgemeine Rechtsunsicherheit entsteht.

68b22-25 Sein Gesetz über die Ehrung von Bürgern, die sich um den Staat verdient gemacht haben, sieht besser aus, als es ist; denn dabei kann es zu Verleumdungen und politischen Auseinandersetzungen kommen.

Man vermißt eine Abschlußformel zu Hippodamos.

68b25-69a28 *Exkurs: Wann darf oder muß man Gesetze ändern?*

68b25-31 Das führt zu einem anderen Problem, das untersucht werden muß:

Wann darf man Gesetze ändern? Wenn eine Änderung als Verbesserung vorgeschlagen wird, ist zu fragen, ob sie dem Staat schadet oder nützt.

> Die Vorschläge von Phaleas und Hippodamos erfordern Gesetzesänderungen, was Aristoteles für ein grundsätzliches Problem hält und darum exkursartig darauf eingeht. Vgl. die Abschlußformel 69a27-28.
>
> Anscheinend gab es damals wie heute immer wieder Theoretiker, die Reformen vorschlugen, ohne viel über deren praktischen Nutzen oder Schaden nachzudenken.

68b31-38 Da wir schon dabei sind, wollen wir etwas genauer darauf eingehen. Änderung von tradierten Regeln scheint gut zu sein, wie sich beim Fortschritt von Medizin und Sportwissenschaft gezeigt hat. Offensichtlich muß das auch für politische Regeln (Gesetze) gelten.

68b38-69a8 Bei einfachen und barbarischen Gesetzen aus Urzeiten ist das selbstverständlich; denn da will niemand das Alte bewahren, sondern alle wollen das Gute (bessere Gesetze) haben.

69a8-13 Außerdem sind Gesetze oft zu allgemein formuliert und passen nicht mehr für die konkreten Einzelfälle.
Daraus ist klar, daß bestimmte Gesetze manchmal zu ändern sind.

69a13-18 Andererseits ist äußerste Vorsicht geboten. Häufige kleine Verbesserungen können daran gewöhnen, Gesetze leichtfertig zu ändern. Man sollte daher nicht jede ungeschickte Formulierung in alten Gesetzen korrigieren; denn der Schaden wäre größer als der Nutzen. Wenn das Ändern von Gesetzen zur Gewohnheit wird, kann das in einer Art Anarchie enden.

69a19-24 Die Beispiele Medizin/Sport täuschen. Fortschritt der Wissenschaft und Änderung von Gesetzen sind nicht zu vergleichen. Die Kraft des Gesetzes beruht auf Gewöhnung, die viel Zeit braucht. Wenn vorhandene Gesetze leichthin durch neue ersetzt werden, schwächt das die Kraft des Gesetzes.

> Damit wendet sich Aristoteles ganz allgemein gegen undurchdachte Reformvorschläge und Gesetzesänderungen, durch die eine Demokratie nach und nach ruiniert werden kann.

69a24-27 Und wenn sie geändert werden müssen, ist zu fragen, ob alle und im ganzen Staat und wer sie ändern soll, ob irgend jemand oder ein bestimmtes Gremium, was ein großer Unterschied wäre.

69a27-28 *Abschlußformel*. Deswegen beenden wir diese Untersuchung (ob Gesetze geändert werden dürfen); denn sie gehört eigentlich nicht hierher.

II, Kap. 9

69a29-74b28 ***Drei als gut geltende Staaten*** *(Sparta, Kreta, Karthago).*

69a29-34 Bei der spartanischen und kretischen Staatsform und bei fast allen anderen Staatsformen ist zweierlei zu fragen:
(1) Wie nahe kommen sie der besten Staatsform?

(2) Wie nahe kommen sie ihrem theoretischen (*hypóthesis*) Ideal?

Wenn Staaten als „gut“ gelten, ist zu fragen, ob sie „absolut gut“ oder wenigstens „relativ gut“ sind. Wie sich im Folgenden zeigt, sind Sparta, Kreta und Karthago für Aristoteles höchstens „relativ gut“, weil sie zwar als stabil gelten können, aber im einzelnen allerlei zu kritisieren ist.

Bei diesen drei Staaten gab es nach Aristoteles eine Oberschicht von Aristokraten (Könige eingeschlossen) und Reichen, wobei die Volksversammlung politisch mitreden und manchmal auch entscheiden durfte.

Für Aristoteles sind es Varianten einer Kombination aus Aristokratie und Demokratie, die in mancher Hinsicht eher der Oberschicht und mancher Hinsicht eher dem Volk nützten. Vgl. 73a2-17.

69a34-71b19 ***Sparta.***

69a34-b12 In einem gut eingerichteten Staat muß es neben der lebensnotwendigen Arbeit auch Freizeit (*scholé*) geben, damit die arbeitende Bevölkerung nicht rebelliert. Die Spartaner müssen immer mit Aufständen (b10) der (unterworfenen und für sie arbeitenden) Heloten (a38, b12) rechnen und dürfen nicht Hilfe von Nachbarstaaten (b3) erwarten, weil sie mit allen verfeindet sind. Sie verstehen nicht, mit den Heloten richtig umzugehen.

69b12-70a15 Schädlich für den Staat ist, daß die strengen Gesetze nur für die Männer gelten, was zu der Zügellosigkeit (*án-hesis* b13, a1) der Frauen, die doch die Hälfte des Staates ausmachen (b18), geführt hat. In Wirklichkeit herrschen in Sparta die Frauen (b33), weil Reichtum (b24, a14) und Sexualität (b31) dort eine so große Rolle spielen. Durch ihre Aufsässigkeit (*thrasýtes* b35) stifteten die Frauen Verwirrung beim Einfall der Thebaner (unter Epaminondas in den Jahren 369-362).

70a15-29 Mit den Frauen und dem Erbrecht hängt auch die tadelnswerte Kluft zwischen den wenigen reichen und den vielen armen Spartanern zusammen; die Frauen besitzen fast zwei Fünftel des Landes.

Nach der Eroberung weiter Teile der Peloponnes erhielt jeder Spartaner ein gleichgroßes (gleichwertiges) Stück Land; Verkauf war verboten. Doch durch Vererbung und über illegale Wege waren im Laufe der Zeit die einen reicher geworden, andere verarmt. Wenn es keinen männlichen Erben gab, behielten Töchter in Sparta anscheinend – anders als z.B. in Athen – auch nach ihrer Heirat die Verfügungsgewalt über ihr Erbe.

70a29-b6 Sparta ist aus Mangel an Spartanern (*olig-anthropía* a34, „Menschenmangel“) zugrunde gegangen. Der Versuch, die Zahl der Männer durch Besitzausgleich zu erhöhen, wurde durch das Gesetz, das die Kinderzahl pro Familie vergrößern sollte, konterkariert; denn das vermehrte die Zahl der Armen.

Die Aufteilung von großen Gütern verschaffte mehr Familien eine Lebensgrundlage, aber bei größerer Kinderzahl ging diese durch Erbteilung wieder verloren.

70b6-17 Auch das Ephorat ist problematisch. Es ist das wichtigste Amt, aber da arme Spartaner gewählt werden können, sind manche Ephoren bestechlich (b12).

70b17-28 Doch das Amt trägt zur Stabilität des Staates bei, weil die Ephoren von der Volksversammlung gewählt werden und das Volk dadurch an diesem wichtigsten Amt teilhat. Denn die Staatsform kann nur erhalten bleiben, wenn alle Teile des Staates mit ihr zufrieden sind.
In Sparta haben die „Könige" eine hohe Ehrenstellung, die „Schönen und Guten" (die reiche Oberschicht) sitzen wegen ihrer Tüchtigkeit im Rat der Alten und das „Volk" ist stolz, weil es sozusagen das Ephorat ist, da jeder zum Ephor gewählt werden könnte. Daß es bei der Wahl nicht auf die Tugend/Tüchtigkeit (*areté*) ankommt, ist allerdings allzu naiv (*paidariódes* „kindisch").

Zum Ephorat als demokratische Institution vgl. 65b33-66a1.

70b28-31 Da die Ephoren sehr wichtige Entscheidungen treffen, aber die Zusammensetzung des Ephorats zufällig ist, wäre es besser, wenn sie nicht nach ihrer persönlichen Meinung, sondern nach dem Buchstaben des Gesetzes entschieden.

Im deutschen Verfassungsgericht sitzen nur Juristen, die sich auf den (von ihnen interpretierten) Text des Grundgesetzes berufen. Aristoteles würde wahrscheinlich sagen, daß dort auch echte Volksvertreter hingehören, damit die politischen Auswirkungen von juristischen Entscheidungen nicht übersehen werden.

70b31-35 Der Lebenswandel der Ephoren entspricht nicht dem Willen des Staates (d.h. den Gesetzen). Ihr eigner Lebenswandel ist allzu locker, gegenüber anderen sind sie übertrieben hart, während sie selbst dem nicht gewachsen sind und das Gesetz mißachtend sich heimlich körperlichen Lüsten hingeben.

Die Ephoren predigen danach Wasser und trinken Wein. Andere Übersetzer nehmen anscheinend an, allein das Volk verstoße heimlich gegen die Gesetze, während die Ephoren im Rahmen der Gesetze nur „allzu locker" leben.

70b35-71a18 Auch der Ältestenrat ist problematisch. Die Besetzung auf Lebenszeit ist falsch, weil manche Mitglieder dem Amt nicht mehr gewachsen sind. Andere sind von vornherein nicht hinreichend qualifiziert. Falsch ist, daß sie selbst nicht rechenschaftspflichtig sind, aber andere Ämter ihnen gegenüber Rechenschaft ablegen müssen. Das unkritische Wahlverfahren ist naiv (weil jeder beliebige kandidieren kann), ebenso daß sie sich bewerben müssen. Wer ein Amt anstrebt, ist prinzipiell ungeeignet, weil er ehrgeizig (*philótimos*) ist, und Ehrgeiz verleitet zu Verfehlungen.

71a18-26 Ob das Königtum für die Staaten besser oder nicht ist, sei jetzt dahingestellt. Aber besser (als das Erbkönigtum in Sparta) wäre es, zu prüfen, ob die beiden Könige charakterlich für das Amt qualifiziert sind. Die Spartaner hielten es deswegen zur Erhaltung des Staates für notwendig, daß sie miteinander verfeindet sind.

> Die spartanischen Könige (ein Doppelkönigtum) waren offiziell zwar nur Feldherren, aber nicht ohne politischen Einfluß. Um diesen zu relativieren, kamen sie aus verschiedenen, d.h. rivalisierenden Familien.

71a26-37 An den Syssitien ist falsch, daß jeder Teilnehmer (finanziell) dazu beitragen muß. Wer zu arm dazu ist, wird nicht zugelassen. Das widerspricht dem Ziel der Syssitien, die eigentlich eine demokratische Einrichtung sind. Nach alter Tradition verlieren die Ausgeschlossenen politische Rechte.

> Danach durften arme Spartaner zwar in der wohl eher machtlosen Volksversammlung (Apella) mitreden, aber kamen für höhere politische Ämter nicht in Frage.

71a37-41 Die Flottenkommandanten und die Könige (die Führer des Landheeres) sind gleichrangig und daher politische Rivalen, was zu Streit (*stasis*) führt.

71a41-b6 Schon Platon hat in den *Nomoi* Sparta kritisiert, weil dort Kriegstüchtigkeit als höchste Tugend galt. Sparta ging zugrunde, weil es nicht wußte, wie man Ruhe (= Frieden) erreichen und bewahren kann.

71b6-10 Ein nicht geringerer Fehler ist es, daß sie eine richtige Methode für ein falsches Ziel einsetzen. Sie glauben zwar, beim Kampf um irgendwelche Güter dürfe man keine unlauteren Mittel anwenden, sondern nur die (praktische) Tüchtigkeit (*areté*) – was richtig ist –, aber daß sie diese (äußeren) Güter als Ziel ansehen und nicht die (seelische) Tugend (*areté*), ist falsch.

71b10-17 Schlecht ist auch, daß die Staatskasse meist leer ist, weil die Spartaner den Eingang der Steuern nicht gegenseitig kontrollieren; denn alle zahlen ungern Steuern und wollen lieber reich sein.

71b17-19 *Abschlußformel.* So viel über Sparta und seine Hauptfehler.

II, Kap. 10

71b20-72b22 ***Kreta.***

71b20-32 Ähnlich sieht die Verfassung von Kreta aus; es heißt, Sparta habe sie übernommen und nur genauer ausgearbeitet.

71b32-40 Das Reich des mythischen Kreterkönigs Minos.

71b40-72a12 Im einzelnen sind sich die beiden Verfassungen sehr ähnlich, aber es gibt einen wichtigen Unterschied; denn die kretische Volksversammlung kann (keine eigenen Vorschläge machen, sondern) nur über die Anträge der oberen Behörden abstimmen.

72a12-27 Die Syssitien sind besser eingerichtet als in Sparta (vgl. 71a26-37), weil sie vom Staat finanziert werden.

72a27-b1 Die Aufsichtsbehörde (*kosmoi*) ist schlechter als das Ephorat der Spartaner, weil die Mitglieder nicht wie die Ephoren vom Volk gewählt werden, sondern aus bestimmten Familien kommen. Sie sind nicht rechenschaftspflichtig, haben ihr Amt auf Lebenszeit und müssen sich nicht an den Gesetzestext halten, sondern können nach Gutdünken entscheiden. Das Volk akzeptiert, nicht beteiligt zu sein, was aber nicht bedeutet, daß das Verfahren in Ordnung ist. Im Unterschied zu den Ephoren sind die *kosmoi* unbestechlich, weil sie auf einer Insel wohnen, fern von allen, von denen sie bestochen werden könnten.

Die *kosmoi* entsprechen den deutschen Verfassungsrichtern. – Daß sie nicht durch über See angereiste (als Fremde auffallende) Agenten anderer Staaten bestochen werden konnten, dürfte zutreffen. Aber daß es keine Bestechungsversuche durch Einheimische gegeben haben soll, ist sehr unwahrscheinlich.
Vielleicht ist unter „Insel" nicht Kreta zu verstehen, sondern ein gegen die Öffentlichkeit abgeschirmter Bezirk, um Bestechungen möglichst zu verhindern.

72b1-7 Die (gelegentlich vorkommende) Heilung (*iatreía*) des Fehlers ist sinnwidrig, weil sie nicht politisch (*politiké*) ist, sondern auf Gewalt (*dynastiké*) beruht. Oft werden die *kosmoi* nämlich durch eine Verschwörung von Mitgliedern oder Außenstehenden zum Rücktritt gezwungen. Sie können auch von sich aus zurücktreten. Da wäre eine gesetzliche Regelung besser als der Wille von Menschen; denn auf den kann man sich nicht verlassen.

72b7-16 Am schlimmsten ist die Absetzung (*a-kosmía*) durch Mächtige, die fürchten, belangt zu werden, so daß es zu einer Tyrannis (*dynasteía*, *monarchía*) und fast zum Bürgerkrieg kommt. So ein Zustand lädt Feinde geradezu ein, den Staat anzugreifen.

72b16-22 Doch da Kreta eine Insel ist und es dort wenig Fremde gibt, kommt es eher in Sparta zu Aufständen der Heloten. Erst in jüngster Zeit wurde Kreta in einen auswärtigen Krieg hineingezogen, wo sich dann auch die Schwäche der kretischen Gesetze zeigte.

II, Kap. 11

72b24-73b24 *Karthago.*

72b24-33 Auch die Verfassung von Karthago gilt als gut; sie und die kretische und die spartanische sind besser als die anderen. Man erkennt das an der Zufriedenheit des Volkes, das sich keine andere Verfassung wünscht; es gab bisher keine nennenswerte politische Unruhe und auch keinen Tyrannen.

Obwohl die Karthager keine Griechen, also Barbaren, waren, müssen griechische Staatstheoretiker schon vor Aristoteles erstaunlich gut über ihre Staatsform informiert gewesen sein. Das hing sicher mit der Rivalität der Karthager und Griechen in Sizilien zusammen.

72b33-73a2 Es gibt Entsprechungen zu Sparta: zu den Syssitien, den Ephoren, den Königen und dem Rat der Alten.

73a2-17 Das meiste, was man (an Karthago) kritisieren kann, betrifft auch Sparta und Kreta. Sie sind Abweichungen von zwei angenommenen (*hypóthesis* a4) idealen theoretischen Formen (vgl. 69a29-34). Karthago ist nämlich eine Kombination aus Aristokratie und Bürgerstaat (*politeía* a5), die teils eher oligarchisch, teils eher demokratisch ist.

Aristokraten/Oligarchen regieren, aber in bestimmten Fragen entscheidet die Volksversammlung.

73a17-30 Aristokratisch ist, daß (hohe) Beamtenstellen nicht durch Los, sondern durch Wahl vergeben werden. Doch wer gewählt werden will, muß nicht nur als tugendhaft/tüchtig (*aristínden* a23) gelten, was aristokratisch wäre, sondern zugleich reich sein, was oligarchisch ist. Arme gelten als politisch inkompetent, weil sie (wegen ihres Berufs) nicht die Zeit haben, sich mit Politik zu befassen. So ist die karthagische Verfassung ein Drittes zwischen Aristokratie und Oligarchie. Wer zum König oder zum Heerführer gewählt werden will, muß als tugendhaft/tüchtig gelten und reich sein.

„ein Drittes zwischen“ = eine Mischung aus.

73a31-b7 Ein Fehler des Gesetzgebers ist es, wenn die Aristokratie (Herrschaft der Besten) zur Oligarchie (Herrschaft der Reichen) wird. Die Besten müssen (für die Politik) Zeit haben und dürfen nicht durch körperliche Arbeit (als Bauern oder Handwerker) davon abgehalten werden.
Aber schlecht ist es, wenn (wie es in Karthago der Fall ist) die höchsten Ämter, König und Heerführer, praktisch käuflich sind. Dann zählt Reichtum mehr als Tugend/Tüchtigkeit (*areté* a38), was den Staat korrumpiert. Wer ein Amt gekauft hat, wird versuchen, das investierte Geld wieder hereinzuholen. Da die Fähigsten regieren sollten, müßte der Gesetzgeber dafür sorgen, daß sie, wenn sie nicht reich sind, Zeit haben (ein Amt zu übernehmen).

Das heißt, sie müßten besoldet werden.

73b8-17 Schlecht ist auch die in Karthago übliche Ämterhäufung. Erstens ist die Konzentration auf ein Amt effizienter, und zweitens ist es demokratischer, wenn möglichst viele Bürger politische Ämter und Aufgaben übernehmen. Das zeigt sich im Krieg und auf See, wo Befehlen und Gehorchen hierarchisch klar geordnet sind.

73b18-24 Da die (karthagische) Verfassung oligarchisch ist (= eine reiche Oberschicht regiert), fürchten sie einen Aufstand von Neureichen (die mitregieren wollen) und verteilen sie regelmäßig auf die Landstädte und festigen so die Staatsform. Aber das ist ein Notbehelf; denn zur Verhinderung von Aufständen wäre eine gesetzliche Regelung nötig. Jetzt haben sie für den Fall eines Aufstandes des Volkes gegen die Regierung kein gesetzliches Mittel, um wieder Ruhe herzustellen.

Die Aristokraten/Oligarchen von Karthago nahmen also keine Neureichen in ihren Kreis auf, was anderswo vorkam und dort allmählich zur Demokratie führte. Vgl. 92a41-b4.

73b24-26 *Abschlußformel*. So steht es mit der spartanischen, kretischen und karthagischen Staatsform, soweit sie zu Recht als gut gelten.

II, Kap. 12

73b27-35 Einige derjenigen, die sich zum Thema Staatsform geäußert haben, waren (nicht Politiker, sondern) Privatleute. Was über sie zu sagen lohnt, haben wir gesagt.

Das gilt für Platon, Phaleas und Hippodamos.

Manche entwarfen nur einzelne Gesetze, andere arbeiteten Verfassungen aus wie Lykurg (in Sparta) und Solon (in Athen).

73b35-74a21 Einige halten Solon für einen guten Gesetzgeber. Er machte aus der Oligarchie eine Demokratie durch die Mischung von oligarchischen, aristokratischen und demokratischen Elementen.

Die traditionellen Aristokraten und die Reichen durften sich nach demokratischen Spielregeln an der Politik beteiligen.

Die Versklavung von Bürgern schaffte er ab. Andere werfen ihm vor, daß die von ihm eingeführte Demokratie so radikal geworden ist, wie sie dann unter Perikles (74a7-11) war. Solon wollte das wahrscheinlich nicht, aber nach den Perserkriegen kam es dazu, als Demagogen das Volk gegen die Regierung aufhetzten.

74a22-b26 Andere Gesetzgeber waren Zaleukos, Charondas, Onomakritos?, Philolaos, Platon, Drakon, Pittakos, Androdamas.

Eine ganz unsystematische Aufzählung. Vielleicht hatte Aristoteles seine Schüler im Unterrichtsgespräch aufgefordert, Namen von Gesetzgebern zu nennen.

74b26-28 *Abschlußformel zu Buch II.* So viel über Staatsformen, die wichtigsten (real existierenden) und die von einigen (theoretisch) entworfenen.

In Buch II wurde nach der besten Staatsform gefragt (vgl. 60b27-36). Doch bei der Untersuchung von vorhandenen theoretischen Entwürfen und von als gut geltenden realen Staaten hatte sich keine Staatsform als die beste erwiesen. Deutlich geworden ist jedoch, daß für Aristoteles die beste Staatsform demokratisch sein muß.

Buch III

Vorbemerkung

In Kap. 1 geht Aristoteles kurz auf eine Diskussion über den Oberbegriff „Staat" (polis) ein, kommt aber nach wenigen Zeilen (ab 74b38) zu seiner Demokratietheorie, die das übergeordnete Thema bis zum Ende der Politik ist. Er beginnt mit der Definition des Bürgers.

Der Sache nach ist das eine Theorie der „guten Demokratie" aus dem Sechserschema. Dabei geht es um die unterschiedliche Machtverteilung zwischen Volk und Regierung, wodurch sich Varianten der Demokratie ergeben.

Bei der Suche nach der besten Variante unterscheidet Aristoteles zwischen der für Menschen nicht erreichbaren theoretisch idealen Variante und der besten praktisch möglichen. Die bestmögliche ist durch die charakterliche und intellektuelle Unzulänglichkeit des Menschen ständig gefährdet; denn in der Politik gibt es subjektive Interessen und kein objektives Wissen, sondern nur subjektive Vermutungen. Gesetze sind die unentbehrliche Grundlage der Demokratie, aber da sie von Menschen gemacht und angewendet werden, sind auch sie subjektiv und keine objektive Instanz. Daher gilt in der Demokratie das Mehrheitsprinzip, bei dem es nicht auf das Wissen der Abstimmenden ankommt, sondern auf ihre subjektive Überzeugung.

Die Demokratie ist nach Aristoteles die beste Staatsform, weil in ihr die Menschen eine selbstgewählte Regierung haben und daher relativ frei sind und wirklich glücklich sein können. Sie ist jedoch nur für Menschen geeignet, die bereits einen höheren Bildungsstand haben.

Aristoteles ist überzeugt, daß es von Natur aus Menschen gibt, die klüger als andere sind und deswegen von der Volksversammlung als Regierung gewählt werden sollten. Aber da auch sie kein absolutes Wissen haben und irren können, dürfen sie nur in enger Abstimmung mit der Volksversammlung, die jederzeit eingreifen kann, regieren. Die letzte politische Verantwortung liegt nach Aristoteles immer beim Volk.

Ein Sonderfall der Demokratie ist „der über alle herausragende Einzelne", der eigentlich wie in mythischen Zeiten zum König gewählt werden müßte. Aber auch ihm will Aristoteles nicht erlauben, frei von jeder Kontrolle zu regieren. Er hält sogar die Verbannung auf Zeit, den Ostrakismus („Scherbengericht"), für zulässig.

Die Verschränkung von Sechserschema und Demokratietheorie

Der „herausragende Einzelne", der früher „König" gewesen wäre, hat in der Demokratie keinen Platz, aber man kann dabei an den König des Sechserschemas denken. Das hat den ersten Herausgeber der Politik, wie es aussieht, veranlaßt, erhaltene Bruchstücke aus der ursprünglich vorausgegangenen Untersuchung des Sechserschemas in die Demokratietheorie einzufügen.

Buch III

*79a22-25	„Die sechs Staatsformen müssen untersucht werden."
*84b35-86a14	„Königtum."

Buch IV

*89a26-b12	„Nach Aristokratie und Königtum soll über Bürgerstaat (Politie), Oligarchie, Demokratie und Tyrannis gesprochen werden."

	Die Untersuchung der Aristokratie fehlt.
(*)91b30-93a34	*Enge Verschränkung der Demokratietheorie mit der (schlechten) Demokratie und der Oligarchie aus dem Sechserschema.*
*93b22-31	„Wir müssen noch über Bürgerstaat (Politie) und Tyrannis sprechen."
*95a1-24	„Tyrannis."
Buch V	
*10a39-16a1	„Untergang und Erhaltung von Königtum und Tyrannis."

III, Kap. 1

74b32-38 Allgemeine Staatstheorie *(Vgl. 52a1-53a39, 76a6-b15, 78b15-79a21).*

Wer einzelne Staatsformen (*politeía*) untersuchen will, muß wohl an erster Stelle fragen, was der Staat (*polis*) ist; denn dazu gibt es jetzt einen Streit. Die einen behaupten, handeln könne nur der Staat (*polis*). Andere sagen, das könne nicht der Staat (*polis*), sondern nur die Oligarchie oder der Tyrann (= eine konkrete spezielle Staatsform, also eine *politeía*). Wir sehen jedoch, daß Politiker und Gesetzgeber sich immer mit dem Staat (*polis*) befassen.

Bei dem Streit geht es nicht um die Definition des Staates, sondern um die Frage, ob es den Staat überhaupt gibt. Die „anderen" sind sozusagen antike Nominalisten. Sie halten den Oberbegriff *polis* für leer, weil es in der Realität nur die *politeía* gebe, nämlich unterschiedliche Staatsformen.

Aristoteles hält den Streit für müßig, weil alle Staatsformen mindestens eine gemeinsame Eigenschaft haben müssen, um als *polis* zu gelten. Er hat den Staat (*polis*) am Anfang von Buch I, 52a1-7 als politische Gemeinschaft (*koinonía politiké*) definiert, d.h. als Gegensatz zu einer bloßen Ansammlung von Menschen.

Die Staatsform (*politeía*) ist eine Ordnung (*taxis*) der Bewohner des Staates (*polis*).

Vor allem muß es eine Regierung geben, die für Ordnung sorgt; denn ohne politische Ordnung gäbe es keinen Staat, sondern Anarchie. Regieren kann „einer" (König) oder „einige" (Aristokratie) oder „viele" (Demokratie).

In der Demokratie wählt die Volksversammlung „einige Bürger" als Regierung für eine begrenzte Zeit. Aristoteles hält die Demokratie für die beste Staatsform.

74b38-76a6 Demokratietheorie *(Definition des Bürgers).*

In einer Monarchie oder Aristokratie ist der Bürger Untertan der Regierung, „Bürger" hat also diskriminierende Bedeutung. In der Demokratie gibt es nur Bürger, d.h. Könige und Aristokraten müssen sich damit abfinden, nur noch Bürger unter Bürgern zu sein. Der Begriff „Bürger" hat nun positive Bedeutung und ist sozusagen ein

Ehrentitel, der den Bürger vom „Sklaven" oder „Fremden" unterscheidet.

74b38-75a5 Der Staat (*polis*) besteht aus Teilen; denn er ist ein Plural von Bürgern. Daraus ergibt sich die Frage „Wer ist Bürger (*polítes*)?"
In Demokratie und Oligarchie wird die Frage verschieden beantwortet.

Wie der Terminus *polítes* zeigt, sind die demokratisch bzw. oligarchisch regierten Demokratien gemeint. In der Demokratie zählt jeder, der zur Volksversammlung zugelassen ist und politisch mitreden darf, als Bürger. In einer sog. Oligarchie ist der Begriff enger gefaßt. In ihr gelten z.B. nur Steuerzahler als Bürger, wobei es Steuerklassen mit unterschiedlichen Rechten geben kann.

75a5-19 Bürger des Staates ist nicht jeder, der in dem Staat seinen Wohnsitz hat. Ortsansässige Fremde (*mét-oikoi*) und Sklaven sind keine Bürger. Heranwachsende und Alte sind es noch nicht bzw. nicht mehr im eigentlichen Sinne.

Auch Frauen sind für Aristoteles nicht Bürger im eigentlichen Sinne (sie sind nicht zur Volksversammlung zugelassen), haben aber Bürgerrechte. In Athen und sicher auch anderswo verlangten die Frauen längst politische Mitsprache. In Aristophanes' *Frauen in der Volksversammlung* (wahrscheinlich im Jahr 392 aufgeführt) ist das schon ein Komödienthema.

75a19-34 Der eigentliche Bürger (*haplôs polítes*) ist an der Entscheidung (*krisis*, in der Volksversammlung) und Regierung (*arché*) beteiligt.

Das ist für Aristoteles das Prinzip der Demokratie. Die Volksversammlung ist die höchste politische Instanz; sie wählt die Regierung. Wer an ihr teilnehmen darf, entscheidet über Gesetze und kann für politische Ämter kandidieren.

75a34-b21 Staatsformen unterscheiden sich durch unterschiedliche Definition des Bürgers. Den Bürger, wie wir ihn definieren, gibt es strenggenommen nur in der Demokratie (b5-6).

In der Demokratie, wie Aristoteles sie versteht, gibt es nur eine Klasse von Bürgern, weil auch die Regierenden ein Teil des Volkes, d.h. selbst einfache Bürger sind.

In anderen Staatsformen (oligarchisch regierten Demokratien) sieht das anders aus. Da gibt es z.B. den Fall, daß nicht die Volksversammlung die eigentliche politische Macht hat, sondern die gewählten Beamten (b6-17).

Das waren z.B. Demokratien, in denen das Volk hauptsächlich aus Bauern bestand, die wegen ihrer täglichen Arbeit nicht viel Zeit für die Politik hatten, weswegen Volksversammlungen nur selten stattfanden (vgl. 18b9-21) und man die Regierung bis zur nächsten Volksversammlung (heute in Deutschland bis zur nächsten Wahl in vier Jahren) ungehindert regieren ließ.

Nach unserer Definition können alle echten Bürger (in der Volksversammlung) mitberaten und sich zum Richter wählen lassen (b18-19).

Die Volksversammlung als oberste politische Instanz im Staat erläßt Gesetze, wählt die Regierung und die Richter. Die Regierung unterliegt der ständigen Aufsicht der Volksversammlung und kann korrigiert und bei Versagen bestraft werden. Die Richter sind Repräsentanten der Volksversammlung und sind niemandem Rechenschaft schuldig, aber die Volksversammlung kann bei Gesetzesverstößen eingreifen.

III, Kap. 2

75b22-34 Die übliche (formale) Anerkennung als Bürger, weil schon beide Eltern oder sogar deren Eltern und so weiter von Bürgern abstammen, ist zu einfach; denn diese Definition wäre bei der Neugründung eines Staates nicht anwendbar.

Bei einer Neugründung ergab sich das Bürgerrecht allein aus der Anerkennung als Bürger des neuen Staates.

75b34-76a2 Ebensowenig (kann sie gelten) wenn die Staatsform (*politeía*) geändert wird und auch Fremde und freigelassene Sklaven als Bürger anerkannt werden.

Dann kann man nur noch streiten, ob die Maßnahme rechtens war.

Die Staatsform wird dann nicht selbst geändert, sondern nur bestimmte Gesetze, damit auch Fremde und freigelassene Sklaven Bürger sein können. Ein Grund für diese Erweiterung des Bürgerrechts konnte z.B. sein, bei Kriegsgefahr die Zahl der zum Kriegsdienst Verpflichteten zu erhöhen.

76a2-6 Der Bürger ist dadurch definiert, daß er in irgendeiner Form an der rechtmäßigen Regierung teilhat.

Das sind die Mitglieder der Volksversammlung. Dabei gab es jedoch Varianten. So konnten z.B. arme Bürger, die wenig oder gar keine Steuern zahlten, von Wahlen für Regierungsämter oder sogar von der Volksversammlung ausgeschlossen werden. Die Zulassung nach Steuerklassen oder Berufsgruppen konnte in jeder Demokratie anders aussehen.

III, Kap. 3

76a6-b15 *Allgemeine Staatstheorie*: *Worin besteht die Identität eines Staates?*

76a6-18 Ist bei einer Änderung der Staatsform, z.B. von der Oligarchie oder Tyrannis zur Demokratie, der Staat noch derselbe oder ein anderer?

Manche glauben, die neue Regierung müsse die von der vorhergehenden geschlossenen Verträge (a10) nicht anerkennen.

Nach dem Wechsel von einer Tyrannis zur Demokratie war das vermutlich oft nötig, aber bei einem Regierungswechsel (zwischen Oligarchen und Demokraten) in der Demokratie galt wahrscheinlich damals wie heute meist die Regel *pacta sunt servanda*.

76a18-b9 Ganz oberflächlich ist die Frage, ob ein Staat noch derselbe ist, wenn er den Ort gewechselt hat oder eine neue Generation von Menschen herangewachsen ist.

Bei kleineren griechischen Stadtstaaten ist Ortswechsel (Auswanderung) öfter vorgekommen. Sogar die Athener hatten 480 v.Chr. ihre Stadt verlassen, als das persische Landheer nach Attika vordrang, konnten jedoch nach dem Seesieg bei der Insel Salamis zurückkehren.

76b9-15 Daraus folgt, daß die Identität eines Staates weder von seinem Ort noch von seiner Bevölkerung abhängt, sondern auf seiner Staatsform beruht. Ob ein Staat nach einem Wechsel der Staatsform verpflichtet ist, die von der früheren Regierung geschlossenen Verträge einzuhalten, ist ein anderes Thema.

Dies „andere Thema" kommt in der *Politik* sonst nicht vor. Für Deutschland ergab es sich durch die Demokratisierung nach den verlorenen Weltkriegen.

III, Kap. 4

76b16-79a21 ***Demokratietheorie*** *(bis 78b5 weiter über den Bürger).*

76b16-77b32 *Der „gute Mann" und der „gute Bürger".*

76b16-35 Eine anschließende Frage: Ist die Tugend/Tüchtigkeit (*aretḗ*) des guten (*agathós*) Mannes dieselbe wie die des guten (*spoudaíos*) Bürgers?[31]
Die Bürger haben – wie Mannschaft und Kapitän eines Schiffs – verschiedene Funktionen im Staat, aber als gemeinschaftliche Aufgabe die Erhaltung der Staatsform (der Demokratie).
Je nach Staatsform (Variante der Demokratie) hat der gute Bürger eine spezielle Tugend/Tüchtigkeit, während der gute Mann alle zusammen hat.

Wie der Kapitän für das Schiff verantwortlich ist, so der regierende Politiker für den Staat.

76b35-77a25 Ein Problem des besten Staates: Daß alle Bürger dieselbe Tugend/Tüchtigkeit (*aretḗ*) besitzen, ist unmöglich, weil die Tugend/Tüchtigkeit des guten (*spoudaíos*) Bürgers eine andere ist als die des guten (*agathós*) Mannes.

In der Demokratie gibt es für Aristoteles gute (politisch aktive) und sehr gute (regierungsfähige) Bürger.
Im besten Staat gibt es natürlich keine politisch passiven Bürger, die damals den Volksversammlungen fernblieben und heute keiner Partei angehören und auch nicht zur Wahl gehen.

Der tüchtige (*spoudaíos*) Regierende muß (charakterlich) gut (*agathós*) und wissend (*phrónimos*) sein (77a15-16), der Bürger muß nicht (ebenso) wissend

[31] *agathós* und *spoudaíos*, die oft ohne erkennbaren Unterschied „gut" bedeuten, werden hier zur Differenzierung von zwei Stufen von „gut" benutzt.

sein. Manche sagen, daher müsse auch die Erziehung (*paideía*) verschieden sein.

Statt *spoudaíos* müßte es analog zu 76b16-35 eigentlich *agathós* heißen.

Es gibt also zwei Arten der Tugend/Tüchtigkeit, die des regierenden guten Mannes und die des einfachen Bürgers, der regiert wird (77a20-23).

[**77a24-25** Iason, der Tyrann (von Pherai), soll einmal gesagt haben: „Wenn ich nicht Tyrann wäre, würde ich Hunger leiden, weil ich nicht weiß, was jeder Privatmann weiß.“]

Ein Tyrann weiß nicht, wo der nächste Bäckerladen ist. Ein hübsches Beispiel, aber im Kontext (Demokratie) völlig unpassend. Vielleicht der Beitrag eines vorlauten Schülers oder ein Zusatz von fremder Hand.

77a25-32 Es gilt als lobenswert, sowohl gut regieren zu können als auch sich regieren zu lassen. Das ist die Tugend/Tüchtigkeit (*areté*) des angesehenen (*dókimos* a26) Bürgers.

Das ist die Theorie des „Bürgerstaats“ (Politie), wonach alle Bürger gleich sind und abwechselnd regieren und sich regieren lassen. 61a39-b6 hatte Aristoteles Zweifel geäußert, daß Menschen sozusagen ihre geistige Identität wechseln können.

Wenn wir dagegen die *areté* des guten Mannes als Regierungsfähigkeit definieren und die des Bürgers als beides (*amphō*?), sind die beiden (Arten der *areté*) nicht gleich lobenswert.

Statt des ersten überlieferten „beides“ in Zeile a29 müßte es im Kontext eigentlich „als Fähigkeit, sich regieren zu lassen“ heißen; denn Aristoteles selbst glaubt nicht, daß alle Bürger gleich sind, sondern unterscheidet den „guten Mann“, der regierungsfähig ist, und den „Bürger“, der das nicht ist, und damit zwei Arten von *areté*. Vielleicht hat ein Abschreiber *amphō* eingesetzt, weil er an den „Bürgerstaat“ (Politie) gedacht hat, in dem alle Bürger theoretisch gleich sind und abwechselnd regieren und sich regieren lassen, also beides können (vgl. 79a8-10). Dabei ist ihm entgangen, daß dann der „gute Mann“ nur regierungsfähig ist, während der normale „Bürger“ beides ist, abwechselnd guter Mann und einfacher Bürger. Das ist die im Gedanken der Gleichheit aller Bürger steckende Paradoxie: Wenn alle Bürger qualifiziert sind, den Staat zu regieren, müßten eigentlich alle gleichzeitig regieren. Da das technisch nicht möglich ist, müssen sie abwechselnd regieren. In der Praxis dürfen also einige Bürger für eine begrenzte Zeit regieren und werden regelmäßig durch andere ersetzt.

77a32-b5 So wie ein autokratisch (*arché despotiké*) regierender Chef einfache lebensnotwendige Arbeiten von Untergebenen erledigen läßt, aber nicht selbst auszuführen verstehen muß, weil das sklavenhaft wäre,

Parenthese: Darunter verstehe ich die unterstützende Arbeit der einfachsten freien Handarbeiter (*chernétes*), weswegen der einfache Handwerker (*bánausos*) in manchen Staaten nicht mitregieren durfte, bevor es zur vollendeten Demokratie (*demos éschatos*) kam.

Freie, die von ihrer Hände Arbeit lebten, waren in manchen älteren Formen der Demokratie nicht zur Volksversammlung zugelassen.

so muß der gute Politiker und der gute Bürger nicht dasselbe können wie das Volk (die einfachen Bürger), das von ihm regiert wird.

Im besten Staat (76b35-77a25) ist der „gute Bürger" nicht regierungsfähig, sondern nur der „sehr gute Bürger". In der realen Demokratie (hier und 77b7-17) gibt es außerdem das einfache Volk und jeder „gute Bürger" gilt als regierungsfähig.

[**77b5-7** Manche Tätigkeiten kann der Politiker nicht Untergebenen überlassen, sondern muß sie selbst ausüben, wie auch der Herr eines Sklaven manches selbst erledigen muß.]

Das klingt nach einer überklugen Randnotiz. Kein Chef hat jemals zu einem Untergebenen gesagt: „Ich habe Hunger, iß etwas!".

77b7-17 Aber es gibt ein Regieren über Gleiche und Freie. Das nennen wir „politische Regierung" (*politiké arché* b9).

Wenn alle Bürger als gleich gelten, ist das der Bürgerstaat (Politie), wenn nur als gleichberechtigt, ist es die gemischte Demokratie, was aber in der Praxis dasselbe ist, weil alle Bürger kandidieren dürfen und (hoffentlich) die Besten als Regierung auf Zeit gewählt werden.

Der Regierende muß das Regieren dadurch erlernen, daß er sich vorher hat regieren lassen. Der gute Bürger muß beides kennen; denn das ist seine Tugend/Tüchtigkeit (*areté*).

In der Demokratie muß der nicht gewählte „gute Bürger" sich willig unterordnen, um als gewählter Regierender zu wissen, daß er über gute Bürger regiert.

77b17-20 Es gibt (in der Demokratie) also zwei Stufen von Wissen (*phrónesis*) und Gerechtigkeit (*dikaiosýne*), die des Regierenden und die des Regierten. Der regierende Bürger muß (da er abwechselnd einfacher Bürger ist) beide besitzen.

Er muß als Regierender klug regieren können und, wenn er wieder einfacher Bürger ist, so klug sein, sich bereitwillig regieren lassen, weil er den Wechsel für notwendig hält.

Der Bürger glaubt also, daß es differenzierende (bei Platon geometrische) und nivellierende (arithmetische) Gerechtigkeit gibt.

[**77b20-25** Zu vergleichen ist der Unterschied zwischen männlicher und weiblicher Klugheit und Tapferkeit.]

Eine unpassende Randnotiz; denn Mann und Frau wechseln sich nicht beim häuslichen Regieren ab.

77b25-32 Klugheit/Wissen (*phrónesis*) ist die dem Regierenden eigentümliche Tugend/Tüchtigkeit (*areté*). Die anderen Tugenden/Tüchtigkeiten (z.B. Mut, Besonnenheit) sind den Regierenden und den Regierten gemeinsam.
Der Regierende hat Klugheit/Wissen (*phrónesis*), der Regierte hat nur zutreffende Meinung (*doxa alethés*).

Der letzte Satz klingt eher nach Platon (der in seinem *Staat* den regierenden Wächtern/Philosophen ein fast göttliches Wissen zugesteht) als nach Aristoteles; denn für Aristoteles hat auch die Regierung nur Meinungen, die vielleicht zutreffender sind, wenn sie auf besseren Informationen beruhen, aber niemals als absolut richtig gelten können.

Der regierende gute Mann und der regierte gute Bürger haben also eine verschiedene Tugend/Tüchtigkeit (*areté*).

Anders als Platon glaubt Aristoteles nicht, daß es Menschen geben kann, die absolut selbstlos und absolut wissend sind. Daher hält er es für richtig, daß die Regierenden regelmäßig durch andere Beste ersetzt werden und bei Versagen zur Rechenschaft gezogen werden können.
Wenn heutige Politiker so oft „Ich bin überzeugt, daß …" sagen, wollen sie den Eindruck erwecken, über sicheres Wissen zu verfügen. Aristoteles hätte das als typische Redensart von Demagogen eingestuft. Er war überzeugt, den Worten von Politikern sei nie zu trauen und das Volk müsse der Regierung genau auf die Finger sehen.

III, Kap. 5

77b33-78b5 *Gibt es zwei Klassen von Bürgern?*

77b33-78a8 Sind Bürger nur diejenigen, die an der Regierung teilhaben, oder gehört auch die arbeitende Bevölkerung (*bánausoi*) zu den Bürgern? Im ersten Fall besitzen nicht alle Bürger die Tugend/Tüchtigkeit, durch die der eigentliche Bürger definiert ist. Sind diese dann Fremden oder gar Sklaven gleichgestellt?
Nicht jeder, ohne den ein Staat nicht existieren könnte, kann deswegen Bürger sein, z.B. Kinder (78a4). In alten Zeiten waren und noch heute sind Handarbeiter in manchen Staaten Sklaven oder Fremden politisch gleichgestellt.

Vgl. die Parenthese in 77a32-b5. In der von Oligarchen regierten Demokratie gibt es zwei Klassen von Bürgern. Die einen besitzen angeblich die notwendige politische *areté* und dürfen regieren; das sind die eigentlichen Bürger. Die anderen besitzen sie angeblich nicht und dürfen nicht regieren.

78a8-13 Der beste Staat würde keinen Ungebildeten (*bánausos*) zum Bürger machen; denn diesen fehlt die eben genannte besondere Tugend/Tüchtigkeit (*areté*) ebenso wie Sklaven und freien Handwerkern, die für ihren Herrn bzw. den Staat arbeiten.

Ein *bánausos* lebt von seiner Hände Arbeit und hat keine Zeit, sich um Politik und höhere Bildung zu kümmern.

Aristoteles spricht damit das Problem des idealen (utopischen) Staates an. Alle Bürger sind hochgebildet und reich genug, um nicht wie ungebildete Arme (die es im idealen Staat natürlich nicht gibt) körperlich arbeiten zu müssen.

Aber wer erledigt dann notwendige Arbeiten wie z.B. als Bauer oder Schuhmacher? Dazu fallen ihm und anderen nur die „natürlichen" Sklaven (54a17-20) ein. Vgl. 29a17-26.

78a13-25 Je nach Staatsform gibt es verschiedene Arten des Bürgers. In der (traditionellen) Aristokratie (a18) sind die Ungebildeten (*bánausoi*) nicht Bürger, weil ihrem Leben die Tugend/Tüchtigkeit (*areté*) fehlt.

In der traditionellen Aristokratie bedeutet *areté* die Zugehörigkeit zur Schicht der angesehenen alten Familien; die sog. Aristokraten brauchen also nicht nachzuweisen, daß sie wirklich „Beste" (*áristoi*) sind.

In der Oligarchie (a22) können Ungebildete (*bánausoi* a24) Bürger sein, wenn sie reich sind.

Reich gewordene Bauern und Handwerker steigen gesellschaftlich auf und gehören zu den regierenden Oligarchen. Ihr Reichtum ist sozusagen der Nachweis ihrer *areté*.

78a25-40 In den existierenden (demokratischen) Staaten ist das Bürgerrecht unterschiedlich eng gefaßt. In manchen zählen auch Fremde oder Söhne aus gemischter Ehe als Bürger. Daher gibt es offensichtlich mehrere Arten von Bürgern (a35).

Aber wo es keine eindeutige Definition des Bürgerrechts gibt, bedeutet das Täuschung (*apáte*) der Mitbewohner (a38-40).

Unter Berufung auf das (möglichst eng gefaßte) Bürgerrecht konnten die regierenden Oligarchen behaupten, die Armen seien zwar Mitbewohner, aber keine Bürger und hätten deswegen politisch nicht mitzureden.

Aristoteles will damit wahrscheinlich sagen, daß die Regierung eines Staates es leichter hat, nach Gutdünken autokratisch zu regieren, wenn dem Volk nicht klar ist, wer politisch mitreden darf.

78a40-b5 Aus dem Gesagten ist klar, daß in manchen Staaten die Tugend/Tüchtigkeit des guten (*agathós*) Mannes und die des guten (*spoudaíos*) Bürgers dieselbe, in anderen dagegen verschieden ist (vgl. 76b16-77b32).

Die Identität von gutem Mann und gutem Bürger gilt für den idealen Bürgerstaat (Politie) und die ideale gemischte Demokratie. Dort sind alle Bürger durch ihre Erziehung geeignet, die Regierung zu übernehmen. In der Realität können die Bürger die besten „guten Männer" als Regierung wählen.

Klar ist auch, daß ein „guter Mann" nicht jeder ist, sondern nur wer – allein oder zusammen mit anderen – geeignet ist, für das Gemeinwohl zu sorgen (= gut zu regieren).

In der Demokratie gilt theoretisch jeder Bürger als befähigt, ein Regierungsamt zu übernehmen. In der Praxis werden jedoch solche Bürger gewählt, denen man zutraut, besser als andere regieren zu können. Daher kann man eine nominelle Demokratie auch als Oligarchie oder Aristokratie bezeichnen oder sogar als Monarchie „des ersten Mannes" (Thukydides II,65 über Perikles).

Aristoteles würde unsere heutige Demokratie als fast radikale Oligarchie definieren, weil eine Oberschicht (die sich als „politische Elite" versteht) regiert und das Volk sich jahrelang bis zur nächsten Wahl geduldig regieren läßt.

III, Kap. 6

78b6-14 ***Gibt es Varianten der Demokratie?***

78b6-8 Als nächstes ist zu untersuchen, ob es nur eine oder mehrere Staatsformen (Varianten der Demokratie) gibt, und wenn das der Fall ist, welche und wie viele es sind und welche Unterschiede zwischen ihnen bestehen.

78b8-10 Die Staatsform ist die (politische) Ordnung (*taxis*) des Staates, d.h. die Art der Regierung und der einzelnen regierenden Ämter. Vgl. 74b32-38.

„Art der Regierung" = Demokratie mit den Varianten oligarchisch/demokratisch und deren Varianten = die sehr unterschiedliche Machtaufteilung zwischen Regierung und Volk in der Demokratie.

78b10-13 In jedem Staat (= jeder Variante der Demokratie) herrscht das politisch Aktive (*to políteuma*). Daraus ergibt sich die Staatsform. Wenn das Volk herrscht, ist es eine Demokratie. Wenn wenige regieren, ist es eine Oligarchie.

Das sind die beiden grundsätzlichen Varianten der (aus Demokratie und Oligarchie gemischten) Demokratie, nämlich die demokratisch bzw. oligarchisch regierte Demokratie. Im zweiten Fall wählt die Volksversammlung Oligarchen (wegen ihrer vermuteten größeren politischen Kompetenz) als Regierung.

78b13-14 Wir unterscheiden von diesen beiden eine weitere Staatsform (*politeía*).

Damit ist der Bürgerstaat (Politie) bzw. die gemischte Demokratie gemeint, wo alle Bürger als gleich gelten bzw. gleichberechtigt sind, aber in der Praxis diejenigen als Regierung gewählt werden, die als die besten Politiker gelten und gemeinsam oder im Wechsel für das Gleichgewicht zwischen Wirtschaft und sozialem Ausgleich sorgen.

78b14-15 Ebenso werden wir auch über die anderen sprechen.

Mit „anderen" sind sowohl reale Varianten der Demokratie gemeint als auch, wie sich *79a22-25 zeigt, die undemokratischen Staatsformen Königtum, Aristokratie, Oligarchie und Tyrannis aus dem Sechserschema. – Wahrscheinlich handelt es sich um einen Hinweis des ersten Herausgebers.

78b15-79a21 ***Nur die Demokratie kann die Menschen glücklich machen.***

78b15-17 Wir müssen von der Frage ausgehen, was das Ziel einer Staatsgründung ist und wie viele Arten der Regierung (*arché*) es für das gemeinschaftliche Leben gibt.

Das Ziel ist für Aristoteles das glückliche Zusammenleben der Menschen, wie es nur in einer guten gemischten Demokratie möglich ist. Varianten ergeben sich, wenn Wirtschafts- und Umverteilungspartei abwechselnd regieren, aber am besten ist es, wenn sie nicht gegeneinander arbeiten, sondern beide das Gemeinwohl als Ziel haben.

78b17-19 Zu Anfang (in Buch I) haben wir Hauswirtschaft (*oikonomía*) und Herrschaft (*despoteía*) unterschieden.

Diese Unterscheidung bezieht sich auf den entstellt überlieferten Text 52a7-16 (vgl. dort den Kommentar).

Ein Haushaltsvorstand (Hausvater) herrscht autokratisch, aber nicht wie ein Tyrann zum eigenen Nutzen, sondern zum Glücklichsein seiner Familie.

78b19-25 Dort haben wir (wenig später) gesagt, daß der Mensch von Natur aus ein politisches Lebewesen (*zōon politikón*) ist. Er sucht das Zusammenleben, ohne gegenseitige Unterstützung zu erwarten. Aber auch der Nutzen führt zusammen, nämlich die Verbesserung der Lebensqualität. Deswegen bilden Menschen die politische Gemeinschaft.

„politisches Lebewesen", vgl. 53a2-9. Die bessere Lebensqualität beruht auf der Arbeitsteilung, die zu wirtschaftlicher und kultureller Entwicklung führt, so daß die Menschen zufrieden und glücklich sein können.

Daß zum Nutzen auch der Schutz vor inneren und äußeren Feinden gehört, setzt Aristoteles stillschweigend voraus.

78b25-30 Doch schon das bloße Leben kann halbwegs schön sein, wenn es nicht zu mühselig ist. Viele Menschen ertragen Leiden, weil sie das Leben lieben.

Das ist ein Einwand gegen Aristoteles' Vorstellung, zum wahren Glücklichsein gehöre geistiges Tätigsein. Er könnte von einem Schüler stammen, der aus einem schlichten Elternhaus kam und wußte, daß auch Menschen glücklich sein können, die keine Bücher gelesen haben.

Aristoteles hätte ihn daraufhin eigentlich fragen müssen, ob ein Philosophiestudent, wenn er zu neuen Erkenntnissen kommt, nicht glücklicher ist als ein Bauer, der eine gute Ernte eingebracht hat. Das hätte zu der Erkenntnis führen können, daß Glücklichsein eine subjektive Empfindung ist und man begründen muß, warum eine Glücksempfindung objektiv wertvoller als andere ist.

78b30-79a8 Herrschaft (*despoteía*) nützt dem Herrn, beiläufig (*kata symbebekós* b36) auch seinem Diener/Sklaven (*doulos* b32).

Ein Unternehmer und Arbeitgeber läßt andere für sich arbeiten und kann dadurch reich werden. Von seinem Reichtum muß er seinen Arbeitern so viel abgeben, daß sie davon leben können und für ihn arbeiten wollen.

Die sogenannte Hauswirtschaft (*oikonomiké*), die Herrschaft über Kinder und Frau, nützt dagegen den Regierten, beiläufig auch dem Regierenden.

Der gute Hausvater sorgt für den Unterhalt der Familie und bekommt so auch selbst etwas zu essen. Ebenso sorgt in der guten Demokratie die Regierung für das Glücklichsein des Volkes und damit zugleich für ihr eigenes.

79a8-10 In den Staaten, die auf der Gleichheit (*isótes*, *homoiótes*) der Bürger beruhen, wollen die Bürger abwechselnd regieren.

Im Bürgerstaat (Politie) und der gemischten Demokratie sind alle Bürger als „gute Männer" glücklich, wenn sie regieren, und als „gute Bürger" glücklich, wenn sie gut regiert werden. Vgl. 76b16-77b32.

79a10-16 Früher wechselten die Regierenden – zum Nutzen der Gemeinschaft – zwischen Staatsdienst und Leben als Privatmann. Jetzt suchen sie den persönlichen Vorteil und wollen daher dauernd im Amt bleiben.

Das Streben der Politiker nach politischer Macht ist für Aristoteles ein Zeichen des Niedergangs der Demokratie. In der guten Demokratie wechseln die regierenden Politiker zwischen Politik und ihrem privaten Beruf, d.h. Politik und Geldverdienen sind zeitlich getrennt. In der schlechten Demokratie gibt es Berufspolitiker, die ihre politischen Beziehungen wirtschaftlich nutzen wollen und deswegen wiedergewählt werden möchten, also nur an Machterhalt und ihr eigenes Wohlbefinden denken.

Da in Deutschland politische Ämter besoldet sind, können Arme von der Politik leben, wenn auch nicht so reich werden, daß sie zu den wirklich Reichen gehören. Ein Wechsel von der Wirtschaft zur Politik (wie in den USA) kommt in Deutschland selten vor. Öfter dient ein hohes politisches Amt als Sprungbrett für eine lukrative Position in der Wirtschaft.

79a17-21 Staatsformen, die das Gemeinwohl zum Ziel haben, sind richtig und gerecht; denn der Staat (= die Demokratie) ist eine Gemeinschaft von Freien.

Im Bürgerstaat (Politie) und der gemischten Demokratie sind die Bürger glücklich, weil sie frei sind, d.h. keinen Despoten über sich haben, sondern nur von ihnen auf Zeit gewählte Bürger.

Man erwartet, daß Aristoteles weiter über Varianten der Demokratie sprechen will. Doch vorher geht es in Kapitel 7 um das Sechserschema.

III, Kap. 7

79a22-b19** ***Sechserschema.

***79a22-25** *Ankündigung*. Anschließend ist zu untersuchen, wie viele Staatsformen es gibt und welche das sind, und zuerst die richtigen; denn auch die verfehlten (*par-ek-báseis*) sind daraus zu erkennen.

Das ist das Sechserschema:
richtig = Königtum, Aristokratie, gute (gemischte) Demokratie,
verfehlt = Tyrannis, Oligarchie, schlechte (radikale) Demokratie.

***79a25-32** „Staatsform" (*politeía*) und „politische Aktivität" (*políteuma*) bedeuten dasselbe, nämlich „Regierung" (*kýrion* „das Entscheidende"), und das sind entweder einer oder einige oder viele.

Gut sind diese Formen, wenn die Regierung das Gemeinwohl zum Ziel hat, schlecht, wenn die Regierung vor allem ihr Eigeninteresse verfolgt; denn entweder darf man die (an der Regierung) nicht teilhabenden Bürger nicht Bürger nennen oder (wenn man sie Bürger nennen will) muß das Gemeinwohl das Ziel des Staates sein.

Der Bürger (*polítes*) ist, wie der Name sagt, ein Teil des Staates (*polis*). Aber die Frage ist, wer als Bürger zählt und politisch mitreden darf. In einer traditionellen radikalen Oligarchie hat die Volksversammlung nur die Aufgabe, Anweisungen der Regierung widerspruchslos zur Kenntnis zu nehmen. Dort sind die Mitglieder der Volksversammlung (das einfache Volk) nur Bürger im Sinne von Untertanen.

***79a32-39** Drei Staatsformen sind gut, weil die Regierung das Gemeinwohl zum Ziel hat; das sind Königtum, Aristokratie und diejenige Staatsform, die den für alle Staatsformen geltenden Namen „Staat" (*politeía*) trägt (d.h. „Bürgerstaat", die sog. Politie).

Die „Aristokratie" wird hier als gute Staatsform verstanden, in der seit jeher die sog. Besten (*áristoi*) herrschen und für das Wohlergehen des Volks sorgen. Aristoteles spricht daher auch positiv von Aristokratie, wenn in der Demokratie gewählte Beste regieren.

Bürgerstaat (Politie) und gute (gemischte) Demokratie sind hier identisch. Der Bürgerstaat beruht auf der Gleichheit aller Bürger, die gemischte Demokratie dagegen auf der vernünftigen Mischung von Oligarchen und Demokraten. Im Ergebnis macht das bei Abstimmungen keinen Unterschied, weil jeder Bürger nur eine Stimme hat. Vgl. 19a16-18.

***79a39-b2** Die allgemeine (für das Regieren nötige) Tugend/Tüchtigkeit kann einer oder einige haben. Der Mehrheit (*pleious* = Volk) ist sie nur bedingt zuzusprechen, weil sie vor allem kriegstüchtig ist.

Das ist die Meinung von Gegnern der Demokratie (Monarchisten/Aristokraten/Oligarchen), für die das Volk nur geeignet ist, Steuern zu zahlen und Kriegsdienst zu leisten.

[**79b2-4** Wenn die waffentragenden Bürger politische Mitsprache haben, ist die Staatsform in erster Linie auf Krieg ausgerichtet.]

Wohl ein späterer Zusatz von jemand, der an Sparta dachte, das von Aristoteles (71b1-3) und von Platon (*Nomoi* 626c-630d) deswegen kritisiert wird. Alle Spartaner waren ständig bewaffnet, um jederzeit gegen innere (die unterworfenen Heloten) und äußere Feinde gerüstet zu sein. Für sie ist der Krieg sozusagen ein Dauerzustand. – Dagegen greifen die Bürger in der Demokratie nur zu den Waffen, wenn ein konkreter Anlaß besteht.

***79b4-10** Die negativen Gegenstücke zu Königtum, Aristokratie und Politie sind Tyrannis, Oligarchie und (radikale) Demokratie.
Sie sind schlecht, weil die Regierung nur dem Tyrannen bzw. den Reichen bzw. den Armen und keine dem Gemeinwohl nützt.

Damit ist das Sechserschema komplett.

III, Kap. 8

***79b11-19** Es ist nötig, jede dieser (sechs) Staatsformen etwas genauer zu besprechen; denn da gibt es gewisse Probleme (*aporíai*). Zum wissenschaftlichen Forschen gehört nicht nur die Untersuchung der Praxis, sondern auch die Suche nach der Wahrheit.
Die Tyrannis ist eine monarchische despotische Herrschaft über eine politische Gemeinschaft. In der (radikalen) Oligarchie herrschen die Reichen, in der (radikalen) Demokratie herrschen die Armen.

Genaugenommen herrscht ein Tyrann über eine ehemalige politische Gemeinschaft, weil er dem Volk das Recht genommen hat, politisch mitzureden.
Die hier angekündigte Untersuchung der einzelnen Staatsformen des Sechserschemas beginnt in Kapitel 14 (*84b35) mit dem Königtum.

79b20-84b34 ***Demokratietheorie*** *(Probleme der Definition und Terminologie).*

79b20-34 Ein Problem (*aporía*) ist erstens die Definition (*di-hormismós*). Wenn die Reichen die Mehrheit sind und regieren, widerspricht das der Definition der Demokratie („Volksregierung“), wo die arme Mehrheit regiert.

Wenn in der Demokratie von der Volksversammlung Reiche für Regierungsämter gewählt wurden, sprach man damals auch von Oligarchie und meinte damit eine von Oligarchen regierte Demokratie. Sie darf nicht mit der undemokratischen traditionellen Oligarchie, in der die Volksversammlung nur Befehlsempfänger war, verwechselt werden.

Das gleiche Problem gibt es, wenn die Armen trotz ihrer Minderheit politisch stärker sind als die Reichen und den Staat regieren. Dann darf man nicht von Oligarchie sprechen.

Das kann der Fall sein, wenn nur wenige Arme zur Volksversammlung gekommen oder zugelassen sind, aber sich als „politisch stärker" erweisen, weil die von ihnen vorgeschlagenen Kandidaten für Regierungsämter von der Mehrheit (also auch von Reichen) gewählt werden. Das wäre selbstverständlich eine Demokratie und keine Oligarchie, obwohl sich eine Minderheit der Anwesenden durchgesetzt hat.

Das heißt zweitens (b31), daß die vorhandenen Bezeichnungen („Demokratie" und „Oligarchie") nicht passen und es keine anderen gibt.

„Oligarchie" und „Demokratie" bezeichneten ursprünglich entgegengesetzte Staatsformen, wurden aber von Aristoteles wie zu seiner Zeit bereits üblich für Varianten der Demokratie verwendet, nämlich für die von der oligarchischen bzw. der demokratischen Partei regierte Demokratie. Da die Demokratie in Griechenland längst als normale Staatsform galt, hielt man es anscheinend für unnötig, eigene Namen dafür zu erfinden, weil jeder wußte, was gemeint war.

79b34-80a6 Nach dieser Überlegung (*logos*) ist die Tatsache, daß es in den oligarchisch bzw. demokratisch regierten Demokratien mehr Arme als Reiche gibt, nebensächlich (*sym-bebekós* 79b36, *sym-bainei* 80a3).

In der gemischten Demokratie spielt es keine Rolle, daß es im Volk mehr Arme als Reiche gibt, sondern welche Seite in der Volksversammlung bei Abstimmungen die Mehrheit der Stimmen gewinnt. Das ist das Mehrheitsprinzip.

Anfangs war es den Reichen gelungen, die Zahl der zur Volksversammlung zugelassenen Armen zu begrenzen. Als das nicht mehr möglich war und die Reichen in der Volksversammlung immer die Minderheit waren, mußten sie bei ihren Anträgen die Zustimmung einer hinreichenden Zahl von Armen gewinnen, um sich bei Abstimmungen durchzusetzen. Sie mußten also die Mehrheit davon überzeugen, daß das Gemeinwohl vom guten Funktionieren der Wirtschaft abhängt. Vgl. 90a30-b3.

III, Kap. 9

80a7-81a10 ***Gerechtigkeit und das glückliche Leben in der Demokratie.***

80a7-25 Wir müssen zuerst fragen, wie sie Oligarchie und Demokratie und deren Gerechtigkeit definieren.

Gemeint sind die oligarchisch bzw. demokratisch regierten Demokratien. Beide Formen gelten aus der Sicht ihrer Vertreter als gerecht.

Alle (= beide) reden über Gerechtigkeit, aber nur über relative und nicht über die eigentliche Gerechtigkeit (a9-11).

Als Schüler Platons glaubt Aristoteles hier an absolute Gerechtigkeit. Da er sonst der Meinung ist, Gesetze seien von Menschen gemacht und kein Mensch könne absolutes Wissen haben, hätte er nicht von eigentlicher Gerechtigkeit (*pān to kyríōs díkaion*) sprechen dürfen, sondern hätte sagen müssen, daß es in der Realität nur relative Gerechtigkeit gibt. Vgl. 81a34-39.

Für Gleiches ist Gleichheit gerecht, für Ungleiches ist Ungleichheit gerecht. Sie lassen das (relativierende) „für jemand" (*tisin*, *hois*) weg und reden nur über ihre eigene Sicht, was ein Fehler ist (a11-16).

Daher muß man auch bei der Gerechtigkeit zwischen Sache und Relation („für jemand") unterscheiden; über die (Größe einer) Sache kann man nicht streiten, sondern nur über die Relation. Sie halten, wie gesagt, ihre relative Gerechtigkeit fälschlich für absolute Gerechtigkeit (a16-22).

Wie groß eine Katze ist, kann man messen. Doch für einen Menschen ist eine Katze klein, für eine Maus groß.

Die einen (die Oligarchen) halten Ungleichheit des Besitzes (Reichtum) für gerecht, die anderen (die Demokraten) die Gleichheit der Freiheit (a22-25).

Es geht um die politische Macht (= Regierung) in der Zwei-Parteien-Demokratie. Die Oligarchen (die Minderheit) beanspruchen sie unter Berufung auf ihren Reichtum, d.h. ihre wirtschaftliche Kompetenz. Die Demokraten (die Mehrheit) sagen, der Reichtum sei kein Maßstab für politischen Sachverstand, sondern alle Freien, d.h. alle Bürger, müssten (als Volksversammlung) die oberste politische Instanz im Staat sein.

Das ist der Konflikt zwischen differenzierender und nivellierender Gerechtigkeit.

80a25-b6 Das Entscheidende sagen beide nicht; denn der Staat soll nicht nur das Eigentum und das bloße Leben schützen, sondern ein gutes, glückliches, wunschgemäßes Leben möglich machen (a25-36) und nicht nur für Rechtssicherheit sorgen (a36-b6).

Das glückliche Leben ist nach Aristoteles nur zu erreichen, wenn differenzierende und nivellierende Gerechtigkeit sich die Waage halten, d.h. wenn die Demokratie wirtschaftlich floriert und zugleich für sozialen Ausgleich sorgt.

80b6-33 Der Staat (*polis*), der diesen Namen zu Recht hat (= die gute Demokratie), muß für Tugend/Tüchtigkeit (*areté* b8) sorgen und ist nicht ein Bündnis (*symmachía* b10, b23) wie zwischen Staaten, das die Bürger nicht gut und gerecht macht (b12), sondern nur Verträge zum Umgang miteinander schließt.

Das wäre in der Demokratie bloße Rechtssicherheit ohne darüber hinausgehende Werte wie Freiheit, Gleichheit, Brüderlichkeit und allgemeine Freiheit des Denkens und des privaten Lebensstils.

80b33-81a4 Der Staat (= die gute Demokratie) ermöglicht ein gutes, vollkommenes, autarkes Zusammenleben in Freundschaft (b38). Das ist das glückliche (81a2) Leben, das zu schönem (= lobenswertem) Handeln (81a3) (und Verhalten) führt; denn das ist der Sinn einer politischen Gemeinschaft.

Das ist eine Demokratie, in der alle Bürger im Prinzip klug und vernünftig sind und für ein Jahr Mitbürger als Regierung wählen, die selbstlos für das Wohlergehen aller Bürger sorgen.

Nach ihrer Amtszeit gehen sie wie alle anderen Bürger ihrer privaten Arbeit nach und gehen regelmäßig zur Volksversammlung. In ihrer Freizeit wenden sie sich der Philosophie und anderen höheren Dingen zu.

Aristoteles denkt dabei an die Vermehrung des Wissens, also das, was er als Philosophie bezeichnet. Dazu gehört für ihn auch die Musik. Wenn wir heute Literatur und Kunst als sinnvolle Beschäftigung hinzufügen, wäre er wahrscheinlich einverstanden. Kreuzfahrten auf den Weltmeeren würde er vermutlich als bloßes Amüsement mißbilligen.

81a4-8 Wer am meisten zu dieser Gemeinschaft beiträgt, der hat mehr am Staat teil als Aristokraten oder Oligarchen, denen politische Tugend/Tüchtigkeit (*areté*) fehlt.

Das bezieht sich auf eine gemischte Demokratie, in der die aristokratische/oligarchische Minderheit nur an den eigenen Nutzen denkt, während der (vernünftig begrenzte) Eigennutz der demokratischen Mehrheit eher dem Gemeinwohl entspricht.

81a8-10 Wie man daraus erkennt, reden diejenigen, die über die (Gerechtigkeit der) Staatsformen streiten, nur über einen Teil der Gerechtigkeit.

Die einen reden über die differenzierende, die anderen über die nivellierende Gerechtigkeit, d.h. die Oligarchen halten naturbedingte Ungleichheit für gerecht, die Demokraten absolute Gleichheit. Vgl. 80a7-25.

Nach Aristoteles wäre es eine gute Demokratie, wenn alle Bürger sähen, daß diese doppelte Gerechtigkeit die Voraussetzung für das Gedeihen des Staates ist und alle Meinungsverschiedenheiten wie unter Freunden regelten, wie er es 80b33-81a4 als Ideal beschreibt.

III, Kap. 10

81a11-84b34 ***Wer soll regieren, das Volk oder die politische Elite?***

81a11-14 Es stellt sich die Frage, wer im Staat (= Demokratie) regieren soll, die Mehrheit (*plethos* „Menge") oder die Reichen oder die Angesehenen (*epieikeîs*) [oder der allerbeste Eine] [oder ein Tyrann]?

Das sind zwei Fragen:

(1) Wer soll in der Demokratie das letzte Wort haben, das Volk (die Volksversammlung) oder die gewählte Regierung? Für Aristoteles war undenkbar, daß eine Regierung wie heute bis zur nächsten Wahl frei entscheiden kann, ob sie das Volk nach seiner Meinung fragt.

(2) Was sollte bei Wahlen als Kriterium dienen, der objektiv meßbare Reichtum oder die subjektive Wertschätzung, die „gute Männer" (aber auch Demagogen) an die Spitze des Staates bringen kann?

[...] [...] Wahrscheinlich sind das zwei Randnotizen von übereifrigen Lesern. Der „allerbeste Eine" darf nach Aristoteles keinesfalls allein regieren (vgl. 84a3-b34). Daß es in der Demokratie keinen Tyrannen geben darf, ist selbstverständlich.

Im Kontext geht es nur um die beiden Parteien in der Demokratie, also die Frage, ob die Mehrheit (die Armen = die demokratische Partei) oder eine vielleicht besser qualifizierte Minderheit (die Reichen/Angesehenen = die oligarchische Partei) regieren soll.

Alle diese Regierungsformen (= gemischte Demokratien) scheinen problematisch zu sein.

Die Mischung aus Oligarchie und Demokratie ist problematisch, weil es sich um ein labiles Gleichgewicht handelt und jederzeit Ausschläge nach der einen oder der anderen Seite möglich sind.

81a14-24 Wenn nämlich die (regierende arme) Mehrheit die Reichen rücksichtslos ausplündert, geschieht den Reichen Unrecht, aber aus der Sicht der Mehrheit ist das gerecht. Im Extremfall ruiniert das den Staat.

Die Enteignung der Reichen verstößt gegen die differenzierende Gerechtigkeit, d.h. daß Ungleiche nicht wie Gleiche behandelt werden dürfen.

Aber wie Tugend/Tüchtigkeit (*areté*) nicht den Tugendhaften/Tüchtigen ruinieren kann, so kann Gerechtigkeit nicht einen Staat ruinieren. Folglich kann das Gesetz (das so etwas zuläßt) nicht gerecht sein. Die Mehrheit würde sich aufführen wie früher der Tyrann.

Das wäre radikal nivellierende Gerechtigkeit. Heute hieße das „rücksichtslose Umverteilung von oben nach unten", mit der wahrscheinlichen Folge, daß schließlich alle eher arm als reich sind, weil die Wirtschaft nicht mehr funktioniert. Dagegen schützt nur die Anerkennung der doppelten Gerechtigkeit.

Dabei geraten relative (differenzierende) und absolute (nivellierende) Gerechtigkeit in Konflikt. Die Lösung besteht in einem Kompromiß: Die Reichen dürfen reich bleiben, aber müssen den Armen so viel abgeben, daß diese nicht mehr absolut arm sind, son-

dern nur noch relativ arm, also schon ein bißchen reich, und gut leben können. Heute nennt man das „soziale Marktwirtschaft".
Tugend kann übrigens nach Aristoteles durch Übertreibung zur Untugend werden, vgl. 95a34-b1.

81a24-28 Aber ist es gerecht, wenn eine reiche Minderheit regiert? Wenn die Reichen das Volk ausplündern (und dadurch immer reicher werden), ist das aus ihrer Sicht gerecht.

Heute hieße das „rücksichtliche Umverteilung von unten nach oben". Die Mehrheit würde immer ärmer werden, was zwangsläufig zu sozialen Spannungen führt und als Revolution enden könnte. Deswegen waren die Reichen seinerzeit bereit, den Warner Solon als Schiedsrichter zu akzeptieren.

81a28-32 Aber wenn die Angesehenen (*epieikeîs*) regieren, würde außer ihnen niemand Ämter und Ehren erlangen.

Wenn die Angesehenen allein regieren, würden sie alle Ämter und Ehren untereinander vergeben, d.h. die regierende Oberschicht würde sich scharf abgrenzen. Dann bestünde die Gefahr, daß aus einer von Oligarchen regierten Demokratie eine radikale Oligarchie wird, in der das Volk politisch machtlos ist.

[***81a32-34** Wenn der beste Eine regiert, wäre das noch schlimmer, weil noch mehr ohne Ämter und Ehren blieben.]

Wohl Randnotiz eines überklugen Lesers; denn selbst der beste und klügste König muß Beamte als Helfer haben, die seine Anordnungen praktisch umsetzen.

81a34-39 ***Subjektivität der Menschen und der Gesetze.***

Vgl. 82b1-13, *86a7-14, 86a14-28, 87a18-b36.

Man könnte sagen: Da der Mensch nicht frei von Leidenschaften (= subjektiv) ist, wäre es besser, die Regierung nicht Menschen, sondern dem Gesetz zu überlassen.

Politiker haben kein echtes, d.h. objektives Wissen, sondern wie alle Menschen nur subjektive Meinungen. Daher gab es den Vorschlag, die gewählte Regierung dürfte nichts selbst entscheiden, sondern müßte sich auf die Anwendung der geltenden Gesetze beschränken.

Doch Gesetze sind (nicht objektiv, sondern) entweder oligarchisch oder demokratisch. Das liefe also auf dasselbe (die Subjektivität) hinaus.

Gesetze sind von Menschen gemacht und daher ebenfalls subjektiv. In der Demokratie erläßt die jeweils regierende Partei Gesetze, die sie für richtig hält.
Das entspricht Aristoteles' Überzeugung, daß die Menschen, wenn sie über Politik nachdenken, immer nur sich selbst begegnen, d.h. Menschen, die weder ganz selbstlos sind noch absolutes Wissen haben. Die letzte Verantwortung für das Funktionieren der Demokra-

tie liegt nach Aristoteles also beim Volk. Es kann nur eine Regierung, aber sich nicht selbst abwählen und durch ein besseres ersetzen. Das heißt, es ist auf sein eigenes begrenztes politisches Wissen angewiesen.

Diese Erkenntnis führt zum Mehrheitsprinzip. Es bedeutet, daß bei Abstimmungen die Mehrheit entscheidet, auch wenn die Minderheit möglicherweise mehr von der Sache, um die es geht, versteht. Das Mehrheitsprinzip garantiert also nicht richtige Entscheidungen, sondern verhindert nur, daß eine Minderheit ihre subjektiven Interessen durchsetzt.

III, Kap. 11

81a40-82b1 ***Das Mehrheitsprinzip*** *(vgl. 79b34-80a6, 83a40-b42, 86a28-b3, 90a30-b3).*

81a40-b10 Daß die Mehrheit (*plethos* „Menge") eher den Ausschlag geben sollte als die Besten, d.h. die (vielleicht besser informierte) Minderheit, läßt sich nicht sicher sagen, kann aber wahr sein.

Denn eine Mehrheit, auch wenn der Einzelne kein guter (*spoudaíos*) Mann ist, kann als Gesamtheit besser sein als die Minderheit. Wenn jeder Einzelne ein Stückchen Tugend (*areté*) und Wissen (*phrónesis*) besitzt, d.h. ein bißchen Charakter (*ēthos*) und Verstand (*diánoia*), kann sich durch den Plural eine große *areté* und *phrónesis* ergeben.

Aristoteles ist grundsätzlich der Meinung, daß Experten (Ärzte, Schiffskapitäne) mehr wissen als das einfache Volk (Patienten, Matrosen), aber er hält Experten nicht für unfehlbar und schon gar nicht Politiker, weil sie kein wirkliches Wissen haben, sondern wie alle Menschen nur subjektive Meinungen. Vor allem können sie nie wissen, ob sich ihre Entscheidungen nicht in der Rückschau eines Tages als falsch erweisen werden.

Er hätte darauf verweisen können, daß in der Volksversammlung (heute: Parlament) bei Abstimmungen immer die Mehrheit recht hat. 86a28-b3 traut er dem Mehrheitsprinzip sogar zu, grundsätzlich zu besseren politischen Entscheidungen zu führen als das unsichere politische Fachwissen Einzelner.

Das ist seine sog. Summierungs- oder Summationstheorie. Sie besagt, daß die Wahrscheinlichkeit, bei einer Abstimmung ein vernünftiges Ergebnis zu erreichen, um so größer ist, je mehr subjektive Meinungen beteiligt sind.

Daß man in der Antike einer goßen Mehrheit grundsätzlich eher Sachverstand zutraute als einer kleinen Zahl sog. Experten, zeigt sich an der damaligen Justiz. Das Gericht, das Sokrates zum Tode verurteilte, bestand aus 500 Geschworenen. Wie wir aus Platons *Apologie des Sokrates* wissen, haben immerhin 220 für Freispruch gestimmt. Wenn z.B. nur 3 Geschworene zuständig gewesen wären, hätte möglicherweise keiner für Freispruch gestimmt.

81b10-31 Doch es gibt Männer, die besser und tüchtiger sind als die große Menge, auch wenn das nicht für alle Völker gilt. Daraus folgt die Frage (b22), wie politische Ämter im Staat zwischen Reichen (Oligarchen) und Armen (Demokraten) aufgeteilt werden sollen. Den Armen sollte man die höchsten Ämter nicht anvertrauen; denn sie wissen nicht, was Gerechtigkeit ist, und machen daher Fehler (b28).

> Die Armen wissen oft nicht, daß man differenzierende und nivellierende Gerechtigkeit unterscheiden muß und ein Staat nur funktionieren kann, wenn beide anerkannt werden und in einem vernünftigen Verhältnis zueinander stehen. Sie entscheiden daher eher zugunsten der nivellierenden Gerechtigkeit, obwohl das der Wirtschaft und damit dem Staat schadet.

Aber man muß sie politisch mitreden lassen, damit sie nicht zu Feinden (b30) der Demokratie werden. Sie müssen deswegen an Regierung und Rechtsprechung beteiligt werden (b31).

> Als Beispiel für eine politische Institution, die nicht genug tut, um Zweifel an ihrer demokratischen Legitimation nicht aufkommen zu lassen, kann man heute die Europäische Union nennen.

81b32-38 Deswegen beteiligen Solon und andere Gesetzgeber das Volk an Gremien, von denen Beamte gewählt werden oder vor denen Beamte Rechenschaft ablegen müssen. Sie lassen es aber nicht zu Ämtern zu, wo ein Einzelner (für den Staat wichtige) Entscheidungen zu treffen hat.
Wenn Männer aus dem einfachen Volk den Besten (der heutigen sog. politischen Elite) beigemischt (b35) werden, können sie dem Staat nützen. Kein einfacher Bürger ist geeignet, allein etwas zu entscheiden.

> Nach Aristoteles gilt der letzte Satz auch für die Besten. Selbst die sog. „Richtlinienkompetenz" des Bundeskanzlers (Grundgesetz Artikel 65) wäre für ihn nicht akzeptabel, weil auch der selbstloseste und allerklügste Politiker irren kann. Er würde höchstens akzeptieren, daß bei einem Patt der Vorsitzende eines Gremiums entscheiden darf.

81b38-82a17 Das Hauptproblem dieser Staatsform (der gemischten Demokratie) ist, daß man in anderen Bereichen, z.B. der Medizin (b40) oder der Seefahrt (82a10), nicht Mehrheitsentscheidungen von Laien akzeptiert, sondern sich auf Fachleute und deren Wissen verläßt (b38-82a14).
Doch in der Politik können Mehrheitsentscheidungen richtig sein, wenn das Volk nicht „zu sklavenhaft" (82a15) ist. Eine Mehrheit von Laien kann manchmal besser oder nicht schlechter urteilen als ein einzelner Fachmann.

> Das demokratische Mehrheitsprinzip bei fremden Völkern gewaltsam durchsetzen zu wollen kann – wie die heutige Erfahrung lehrt – zu chaotischen Verhältnissen führen, wenn das Volk gewohnt ist, sich von traditionellen politischen oder religiösen Führern regieren zu lassen. Vgl. 89b17-19.

Von den „Fachleuten“, die Aristoteles meint, sind heute diejenigen sog. „Experten“ zu unterscheiden, denen man allzu bereitwillig objektives Wissen zutraut und die daher z.B. als Ratgeber im Bildungswesen oder als psychologische Gutachter vor Gericht eine problematische Rolle spielen.

82a17-23 Oft kann sogar ein einzelner Laie ein Gerät bei der Benutzung besser beurteilen als der Fachmann, der es hergestellt hat.

Dieser Satz kann zur Rechtfertigung des Mehrheitsprinzips dienen, weil nur die Benutzer sagen können, wie sich ein Gerät in der allgemeinen Praxis bewährt. So kann nur das Volk, das mit den Folgen einer Entscheidung der Regierung im Alltag leben muß, wirklich beurteilen, ob es eine gute oder schlechte Entscheidung war. Daher kann es (heute erst bei der nächsten Wahl) eine andere Regierung wählen.

82a24-32 Eine anschließende Frage: Ist es nicht unsinnig, wenn die einfachen Bürger (*phauloi*) für wichtigere Angelegenheiten zuständig sind als angesehene Bürger (*epi-eikeîs*), nämlich für Rechenschaftsablagen und Wahlen von Beamten?

Das ist die Problematik des Mehrheitsprinzips, weil es dabei nur auf die Zahl der Stimmen und nicht den Sachverstand ankommt.

Es gibt Staaten, in denen das dem Volk zugestanden wird; denn die Volksversammlung ist dort die höchste politische Instanz und die Bürger der unteren Steuerklasse können, auch als Richter, mitentscheiden. Aber Ämter, die spezielles Fachwissen erfordern, wie z.B. die Finanzaufsicht und die Führung eines Heeres und die eigentlichen Regierungsämter, überläßt man den Angehörigen der oberen Steuerklasse.

Solche Staaten sind Demokratien, in denen alle Bürger gleichberechtigt sind, aber für bestimmte hohe Ämter (im Unterschied zu heutigen Ministern) nur Fachleute gewählt werden. Sie mußten reich sein, weil diese Ämter unbesoldet waren, und Arme konnten ohnehin kaum wirtschaftliche, politische und militärische Kompetenz haben, weil sie ihrer täglichen Arbeit nachgehen mußten und wenig Gelegenheit hatten, darüber hinausgehende Erfahrungen zu sammeln.

82a32-39 All das ist zu rechtfertigen; denn nicht der einzelne Richter, Ratsherr oder Volksvertreter entscheidet, sondern die Mehrheit (*plethos*).

Wenn ein Gremium etwas prüft, ist nach Aristoteles eher zu erwarten, daß keine einseitige, sondern eine ausgewogene Entscheidung zustande kommt. Vgl. 81a40-b10.

82a39-41 Außerdem zahlt die Mehrheit insgesamt mehr Steuern als der Eine und die Wenigen in den wichtigsten Ämtern.

Das dürfte auch für Deutschland heute zutreffen; denn unsere Regierungsmitglieder sind nicht die zehn Prozent Reichsten, die an-

geblich mehr Steuern zahlen als alle übrigen Steuerzahler zusammen.
Wenn der Staat von der Mehrheit finanziert wird, kann sie mindestens politische Mitbestimmung beanspruchen. Bei uns können Steuerzahler zwar einen „Steuerzahlerbund" gründen, aber Regierung und Abgeordnete gestehen ihnen beim Geldausgeben keine Mitsprache zu.

82a41-b1 *Abschlußformel*. Darüber (das Mehrheitsprinzip) sei etwa dies gesagt.

Doch vgl. 83a42-b13, 86a28-b3 und 90a30-b3, wo es noch einmal um das Mehrheitsprinzip geht.

82b1-13 ***Subjektivität der Gesetze*** *(vgl. 81a34-39, *86a7-14, 86a14-28, 87a18-b36).*

Gesetze legen fest, welche allgemeinen Regeln im Staat gelten. Die Regierung und die sonstigen Beamten müssen sie bei ihren speziellen Entscheidungen in der alltäglichen Praxis zugrunde legen.

Anwendung durch Menschen bedeutet subjektive Auslegung, vgl. 81a34-39.

Noch offen ist die Frage, welche Gesetze für die Staaten schlecht oder gut bzw. ungerecht oder gerecht sind. Klar ist, daß sie zur Staatsform passen müssen.

In (aus Oligarchie und Demokratie) gemischten Demokratien konnte durch unterschiedliche Gesetze geregelt sein, wie die beiden Parteien an der Regierung beteiligt sein sollten. Da durften z.B. in manchen Demokratien nur Bürger der obersten Steuerklasse für Regierungsämter kandidieren. Wenn nach dem Gesetz alle Bürger als gleichberechtigt gelten, ist die oligarchische Partei (als Minderheit) in der Volksversammlung auf demokratische Stimmen angewiesen. In der gemischten Demokratie muß es Gesetze geben, die (bei richtiger Anwendung) sicherstellen, daß das Gleichgewicht zwischen Wirtschaft und Umverteilung erhalten bleibt.

III, Kap. 12

82b14-83b42 ***Absolute*** *(nivellierende) und* ***relative*** *(differenzierende)* ***Gerechtigkeit***.

82b14-18 Alle theoretischen und praktischen Wissenschaften wollen ein Ziel (*telos*) erreichen, das sie für gut halten.

Vgl. 52a2-3: „Jedes Handeln hat ein Ziel, das der Handelnde für gut hält."

Am meisten gilt das für die oberste von allen (Wissenschaften), die Politik (*politiké dýnamis*, „politische Macht").

Die Politik steht als Gesetzgeber über allen Wissenschaften. Insofern sind alle speziellen Wissenschaften dem politischen Wissen untergeordnet. Was bei Aristoteles nur eine theoretische Überlegung ist, hat heute praktische Bedeutung, weil die Wissenschaften weitgehend vom Staat finanziert und strukturiert werden.

Das politische Gute (das Ziel der Demokratie) ist Gerechtigkeit, d.h. das Gemeinwohl.

Wenn die Politik erreicht, daß alle Bürger ihre Situation als gerecht empfinden, nützt das allen, weil es keinen Streit gibt. Das ist der Fall, wenn die differenzierende Gerechtigkeit sich in Grenzen hält und auch vom einfachen Volk als notwendig anerkannt wird.

Das Problem dabei ist, daß es immer (damals wie heute) Menschen gibt, die etwas mehr Gleichheit wollen.

82b18-23 Alle verstehen unter Gerechtigkeit wie in der Ethik Gleichbehandlung. Danach müssen Gleiche Gleiches bekommen. Doch (da nicht alle Menschen gleich sind) muß man wissen, welche Menschen gleich und welche Menschen ungleich sind. Dieselbe Frage stellt sich in der Politik.

Die Frage ist, welche Ungleichheit im Staat akzeptiert werden darf, wenn alle Mitglieder einer Gemeinschaft im Prinzip gleich sind. Ungleichheit erzwingt die Unterscheidung zwischen nivellierender und differenzierender (wertender) Gerechtigkeit bzw. zwischen zwei Arten von Gleichheit, nämlich der internen Gleichheit der Ober- bzw. der Unterschicht.

Im aus Oligarchie und Demokratie gemischten Staat ergeben sich dadurch unterschiedliche demokratische Staatsformen (Varianten), d.h. Stufen auf einer Skala zwischen radikaler Oligarchie und radikaler Demokratie.

82b23-83a22 Daraus folgt die Frage, welcher Wert (*axía* 82b27) bei der Besetzung politischer Ämter als Kriterium dienen soll. Das könnte ein körperliches oder sonstiges Merkmal sein.[32]

In der Musik ist klar, daß ein Musiker, der adlig und reich ist, deswegen noch kein guter Musiker ist, sondern nur, wenn er eine entsprechende Leistung (*ergon* 83a1) vorweisen kann. Entscheidend ist also allein seine musikalische Tüchtigkeit (*areté* 83a7).[33]

Beim Regieren kommt es auf die politische Tugend/Tüchtigkeit (*politiké areté* 83a20) an. Deswegen müssen (politisch fähige) Adlige und Reiche (83a15-17) an der Regierung beteiligt werden; denn kein Staat kann allein aus Armen wie auch nicht aus Sklaven bestehen, weil kein Staat ohne Gerechtigkeit und politische Tugend/Tüchtigkeit existieren kann.

Der Staat braucht nach Aristoteles Reiche als Politiker, weil Arme

---

[32] In Äthiopien waren angeblich „Größe oder Schönheit" ausschlaggebend. Vgl. 90b4-7.

[33] Beethoven über Prinz Louis Ferdinand: „er spielt gar nicht königlich oder prinzlich, sondern wie ein tüchtiger Klavierspieler".

wegen ihrer täglichen Arbeit keine Zeit haben, über Gerechtigkeit und Politik nachzudenken und praktische Erfahrungen zu sammeln, die sie für Regierungsaufgaben qualifizieren würden.

Aber Aristoteles weiß auch, daß selbst erfahrene Politiker (heute: die politische Elite) kein wirkliches Wissen, sondern nur Vermutungen und Meinungen haben und nicht frei von subjektiven Interessen sind. Vgl. 81a34-39.

III, Kap. 13

83a23-26 Darüber, was das Wichtigste für einen Staat ist, kann man streiten, doch für ein gutes Leben sind Bildung (*paideia*) und Tugend/Tüchtigkeit (*aretē*) am wichtigsten, wie schon früher gesagt wurde.

Daß in einer Demokratie kein Bürger materielle Not leiden sollte, ist für Aristoteles selbstverständlich, aber jeder Bürger sollte darüber hinaus Mensch im eigentlichen Sinne sein können (vgl. 80a25-81a4). Daher darf sich der Staat nicht damit zufrieden geben, daß einzelne besonders begabte Bürger das von sich aus erreichen, sondern muß durch Erziehung möglichst alle Bürger gebildet und tugendhaft/tüchtig machen, also zu guten Bürgern und guten Menschen, die auf hohem geistigen Niveau zusammen einen Staat bilden.

Das ist etwas völlig anderes als die „Bildungsoffensive", die von deutschen Politikern propagiert wird. Soweit man sehen kann, ist unter dieser vor allem die individuelle Förderung der Einzelperson zu verstehen, um sie für eine berufliche Karriere und höhere Gehaltsklasse zu qualifizieren.

Sowohl die Aristotelische als auch die moderne Vorstellung von der möglichst hohen Qualifizierung aller Bürger führt zu der Frage, wer dann einfache praktische Arbeiten übernehmen soll. Für Aristoteles sind das Menschen, die ihrer Natur nach eigentlich Sklaven sind, weil ihre Begabung für höhere geistige Anforderungen nicht ausreicht. Vgl. 78a8-13 und 29a17-26. – Heute lehnen wir Sklaverei natürlich ab, profitieren aber von sklavenähnlichen Verhältnissen (vgl. Einleitung 11).

83a26-31 Sie (die beiden Parteien in der Demokratie) dürfen nicht ihre spezielle (interne) Gleichheit und ihre spezielle (externe) Ungleichheit (gegenüber der anderen Partei) betonen.

Beide müssen die Demokratie und damit die grundsätzliche Gleichheit aller Bürger als gemeinsames Prinzip anerkennen.

Andernfalls ergäben sich verfehlte (= undemokratische) Staatsformen. Dabei reden alle über Gerechtigkeit, aber nur über ihre subjektive (nivellierende bzw. differenzierende) und nicht die Gerechtigkeit an sich, wie wir schon oben gesagt haben (vgl. 80a7-25).

Wenn die Oligarchen sagen, nur Oligarchen dürfen regieren, und die Demokraten dasselbe für sich beanspruchen, ergeben sich die undemokratischen Staatsformen radikale Oligarchie bzw. radikale Demokratie, bei denen eine Partei die andere unterdrückt. Beide Parteien müssen der anderen das Recht auf politische Mitwirkung zugestehen.

83a31-40 Die Reichen führen (als Beweis ihrer Eignung für Regierungsämter) ins Feld, daß sie den größeren Teil des gemeinsamen Landes besitzen, und berufen sich auf ihre weitgehende Vertragstreue (als Geschäftsleute). Die Freien aus guter Familie (sog. Adel) verweisen auf ihren Zusammenhalt, ihr regionales Ansehen und ihr Bessersein durch die ererbte Tugend/Tüchtigkeit (*areté*). Wir werden ihnen zugeben, daß es richtig ist, sich auf die Tugend/Tüchtigkeit (*areté*) zu berufen; denn wir verstehen darunter die politische Gerechtigkeit, die alle speziellen Tugenden/Tüchtigkeiten einschließt.

83a40-b42 ***Das Mehrheitsprinzip*** *(vgl. 81a40-82b1, 86a28-b3, 90a30-b3).*

83a40-42 Doch den Ansprüchen dieser Minderheiten (Oligarchen und Aristokraten) steht entgegen, daß die Mehrheit insgesamt stärker, reicher und besser ist (und dadurch eher für die Regierung qualifiziert ist).

Aristoteles hält die Tugend/Tüchtigkeit für das entscheidende Argument, wenn es um die Frage geht, wer regieren darf und soll. Doch auch die demokratische Mehrheit kann sich darauf berufen und zusätzlich auf ihre Mehrheit verweisen. Außerdem sind Reichtum und edle Abstammung erfahrungsgemäß kein echter Beweis für Regierungsfähigkeit. In der Demokratie kommt es dagegen allein darauf an, ob die Wähler einen Kandidaten für politisch qualifiziert halten und die von der Mehrheit gewählten (vermutlich) Besten den Staat regieren.

83a42-b13 Wenn die Guten/Reichen/Adligen[34] (= die Minderheit) und eine politische Mehrheit (die Partei der Armen) in einem Staat rivalisieren, gibt es Streit um die Macht. In allen genannten Staaten gibt es diesen Streit. In den einen regieren die Reichen, in anderen die guten Männer (= die von der Mehrheit gewählten vermutlich Besten).

Doch wer soll regieren, wenn ein Staat zugleich Oligarchie und Demokratie ist? Die Minderheit, die (vermutlich) Tugend/Tüchtigkeit (*areté*) besitzt und sich in der politischen Praxis bewährt hat, oder die Mehrheit, die eigentlich den Staat ausmacht?

Das ist die gemischte Demokratie, in der es einen Konflikt zwischen Sachverstand und Mehrheitsprinzip gibt. Heute vertraut man in Deutschland lieber auf den angeblichen politischen Sachverstand der Regierung und wendet das Mehrheitsprinzip nur nach vier Jahren bei der Wahl der Abgeordneten an.

[34] Das sind die sog. „Schönen und Guten“, wie die Oberschicht vom einfachen Volk oft genannt wurde.

Aristoteles war der Meinung, daß es in der Politik nie objektives Wissen, sondern nur mehr oder weniger gut begründete Meinungen gibt und die Mehrheit manchmal klüger sein kann als sog. Sachverständige. Vgl. 81a40-b10.

83b13-30 Alle genannten Kriterien sind relativ; denn in jeder Gruppe kann jemand sagen, er sei eher als andere berechtigt zu regieren, bei den Reichen der Reichere, bei den Adligen der Adligere. Sogar bei der Mehrheit kann eine Minderheit behaupten, nur sie sei fähig zu regieren. All das zeigt, daß sich nicht verbindlich entscheiden läßt, wer über andere herrschen soll (d.h. welche Staatsform die richtige ist).

Hier spricht Aristoteles als radikaler Theoretiker, der erkannt hat, daß eigentlich jede Form von Regierung ungerecht ist, weil die Unterscheidung zwischen Regierenden und Regierten der arithmetischen Gerechtigkeit, d.h. der Gleichheit aller Bürger und damit dem Begriff Demokratie („Volksherrschaft") widerspricht.

83b30-36 Denjenigen, die wegen ihrer (angeblichen) Tugend/Tüchtigkeit (*areté*, traditioneller Adel) oder ihres Reichtums (Oligarchen) die Regierung für sich beanspruchen, kann die Mehrheit entgegenhalten, sie sei zusammengenommen besser (tüchtiger) und reicher.

Nach dem Mehrheitsprinzip kann die Mehrheit bessere Politik machen als eine Minderheit, die nicht echte politische Qualifikation, sondern nur edle Abstammung und Reichtum vorweisen kann. Das ist der Fall, wenn die demokratische Partei nicht mehr nur aus schlichten wirklich Armen besteht, sondern ihr bereits reiche und gebildete Bürger angehören und in ihr die Zahl der „guten Männer" insgesamt größer ist als in der oligarchischen Partei.

83b36-42 Einige (Theoretiker) zerbrechen sich den Kopf, weil sie meinen, der Gesetzgeber müsse wählen, ob der Staat der Oberschicht oder der Mehrheit nützen soll.

Diese Theoretiker waren anscheinend der Meinung, es gebe nur die Wahl zwischen radikaler Oligarchie und radikaler Demokratie und nicht eine Mischung als dritte Möglichkeit.

Aber es kommt vielleicht darauf an, das zu erfassen, was vielleicht richtig für den Staat und die Gemeinschaft der Bürger ist.

Mit dem ironisch klingenden doppelten „vielleicht" (*isōs*) könnte Aristoteles andeuten wollen, daß die zitierten Theoretiker eigentlich selber auf die Mischung als dritte Möglichkeit hätten kommen können.

83b42-84a3 ***Erneute Definition des Bürgers*** *(vgl. 75a19-34).*
Bürger (*polítes*) ist im allgemeinen, wer am Regieren und Regiert-werden teilhat.
In den einzelnen Staatsformen (Demokratie-Varianten) ist das nicht derselbe.

In manchen Demokratien waren z.B. Arme, die keine oder nur sehr wenig Steuern zahlen konnten, nicht zur Volksversammlung zugelassen, besaßen aber im übrigen alle Bürgerrechte. Es gab also sog. Vollbürger und einfache Bürger.

In der besten Staatsform ist Bürger, wer fähig und bereit ist, sowohl sich regieren zu lassen als auch selbst zu regieren.

Das ist die gemischte Demokratie, in der Oligarchen (Reiche) und Demokraten (Arme) politisch gleichberechtigt sind, aber Oligarchen regieren dürfen, wenn man ihre politische und wirtschaftliche Kompetenz nutzen möchte und ihnen zutraut, sich für das Gemeinwohl einzusetzen.

In unserer heutigen Demokratie wird (theoretisch) erwartet, daß der Bürger politisch interessiert ist und anerkennt, daß der Staat eine Regierung braucht, aber nicht alle zugleich regieren können. Er muß sich also damit abfinden, daß er zwar das Recht hat, sich zum Bundeskanzler wählen zu lassen, aber es akzeptieren muß, wenn eher andere gewählt werden.

84a3-b34 *Der **herausragende Einzelne** und der **Ostrakismus** („Scherbengericht“).*

84a3-17 Wenn ein Einzelner oder eine Gruppe an Tugend/Tüchtigkeit (*areté*) und politischer Fähigkeit (*politiké dýnamis* a10) so herausragt, daß ihnen niemand gleichkommt, wäre es ungerecht, sie wie alle anderen zu behandeln; denn so jemand steht außerhalb des Staates wie ein Gott unter Menschen. Er steht sozusagen über dem Gesetz, und es wäre lächerlich, ihm Vorschriften machen zu wollen.

Danach müßte man ihn zum autokratisch regierenden König machen, vgl. 84b25-34. In Platons *Staat* sind das die Wächter/Philosophen, die absolut wissend und absolut selbstlos den Staat regieren. Aristoteles ist überzeugt, daß es in der Realität solche absolut herausragenden Menschen nicht gibt, sondern nur relativ herausragende, die in der Demokratie für ein Jahr (unter der Aufsicht der Volksversammlung) regieren dürfen. – Aristoteles zitiert hier eine Meinung aus einer zeitgenössischen Diskussion zum Thema „der herausragende Mann“, die er nicht billigt. Er nennt keine dort wahrscheinlich angeführten Beispiele (wie z.B. für Athen Perikles).

84a17-25 In demokratischen Staaten hat man deswegen den Ostrakismus eingeführt, wodurch solche Männer für eine gewisse Zeit aus dem Staat ausgewiesen werden können.

Das sog. „Scherbengericht“, d.h. eine Abstimmung in der Volksversammlung, bei der jeder einen Namen auf eine Scherbe schreiben konnte, die dann ausgezählt wurden.

84a26-33 Darum sollte man es Tyrannen nicht vorwerfen, wenn sie alle herausragenden Männer beseitigen.

Jemand (Aristoteles selbst oder ein Schüler?) erinnert daran, daß es Tyrannen gab, die im Interesse des einfachen Volkes die Oberschicht entmachteten und deren Wortführer vertrieben oder umbrachten und im übrigen als „wohlwollender Diktator“ regierten.

84a33-b3 Auch wenn in einem Staat Oligarchen und Demokraten miteinander streiten, kann der Ostrakismus dazu dienen, herausragende Männer zu verbannen.

Der Ostrakismus diente in Athen ursprünglich zur vorsorglichen Abwehr der Tyrannis, wurde dann aber auch benutzt, um einen für den Staat gefährlichen Streit zwischen rivalisierenden Spitzenpolitikern zu beenden. „Verbannte“ mußten den Staat für eine gewisse Zeit verlassen und waren damit politisch ausgeschaltet. Sie behielten aber ihr Vermögen und konnten als Gäste in einem anderen Staat ungefährdet auf die Erlaubnis zur Rückkehr warten.

Ebenso kann beim Streit zwischen Staaten der stärkere Staat dies Mittel anwenden.

Anscheinend hatte Athen (als Vormacht im Attischen Seebund) von Samos, Chios und Lesbos, die Aristoteles als Beispiele nennt, verlangt, renitente Politiker durch das Scherbengericht auszuweisen.

84b3-7 Die Frage (ob man herausragende Männer ostrakisieren soll) gibt es in allen Staaten, auch in den guten. In schlechten wird der Ostrakismus mißbraucht, weil die Regierung nicht das Gemeinwohl, sondern ihr eigenes Interesse (den Erhalt ihrer Macht) im Auge hat.

Regierungen konnten dadurch Gegner und Kritiker loswerden.

In guten Demokratien dient der Ostrakismus dem Gemeinwohl.

So konnte eine drohende Tyrannis abgewehrt oder staatsgefährdende Machtkämpfe zwischen Anführern von Familienclans unterbunden werden.

84b7-13 Kein Maler würde einen Fuß unproportional groß malen, auch wenn der besonders schön aussähe, oder ein Schiffsbauer ein Schiffsteil zu groß machen, ebensowenig würde ein Chorleiter jemand mit besonders lauter und schöner Stimme in seinem Chor dulden.

Diese Vergleiche (eines Schülers?) passen nicht zum Ostrakismus; denn bei ihnen geht es um Verstöße gegen eine klare technische Norm. Dagegen gibt es in der Politik keine solche Norm und die Volksversammlung muß im Einzelfall entscheiden, wie sie mit einem herausragenden Mann umgehen will. Wenn sie erwartet, er werde sich an die Gesetze und demokratischen Spielregeln halten, wird sie ihn für ein Regierungsamt wählen; andernfalls wird sie ihn nicht wählen oder sogar ostrakisieren.

84b13-15 Deswegen können Alleinherrscher zu Staaten passen, wenn ihr eigener Nutzen mit dem des Staates übereinstimmt.

Das ist der sog „wohlwollende Diktator“, wobei Aristoteles wahrscheinlich an die Könige der mythischen Frühzeit oder barbarischer Volksstämme denkt. Daß es in der Demokratie keinen Alleinherrscher geben darf, ist für ihn selbstverständlich.

84b15-25 Wenn man sich einig ist, daß ein Fall von Übermaß vorliegt, kann der Ostrakismus als rechtlich einwandfreies politisches Mittel gelten.
Doch besser ist es, wenn der Gesetzgeber bei der Einrichtung eines Staates dies „Heilmittel“ (*iatreía*) von vornherein unnötig macht. Andernfalls sollte man das durch eine nachträgliche Gesetzesänderung klarstellen.

Danach sollte in der Verfassung einer Demokratie der Ostrakismus nicht vorgesehen sein. Statt dessen sollte es ein Gesetz geben, das zwar untersagt, einem herausragenden Mann übergesetzliche Rechte zuzugestehen, aber zuläßt, ihm einen seinen Fähigkeiten angemessenen Platz im demokratischen Staat zu geben. Dazu gehört, daß er wie alle anderen Politiker immer nur auf Zeit gewählt wird und zur Rechenschaft gezogen werden kann.

Das haben die Staaten nicht getan, sondern haben den Ostrakismus in den Auseinandersetzungen zwischen den Parteien als Kampfmittel benutzt.
In den schlechten Staaten (radikale Oligarchie und radikale Demokratie) gilt der Ostrakismus als nützlich und gerecht, aber das ist natürlich nicht wirklich gerecht.

In der gemischten Demokratie darf weder die arithmetische (demokratische) noch die differenzierende (oligarchische) Gerechtigkeit alleine gelten, sondern es muß beide gleichzeitig geben.

84b25-34 Was soll man tun, wenn jemand im besten Staat (in dem Reiche und Arme friedlich zusammenleben) nicht durch Stärke, Reichtum und Vernetzung (*poly-philía* „Viel-Freundschaft“), sondern durch Tugend/Tüchtigkeit (*areté*) hervorragt? Den darf man doch weder verbannen noch mit ihm abwechselnd regieren bzw. regiert werden. Das wäre, als wollte man mit Zeus abwechseln.
Daher bleibt nur übrig, daß alle ihm freudig gehorchen. Man müßte solche Männer also zu Königen auf Lebenszeit machen.

Das könnte wieder ein Hinweis auf Platons *Staat* sein, wo weise Philosophen wie absolut herrschende Könige regieren. Für Aristoteles ist das nicht akzeptabel, weil seiner Meinung nach kein Mensch absolutes Wissen haben kann und das Volk gegen jede streng autokratische Regierung rebellieren würde (vgl. 61a2-9).

III, Kap. 14

*__84b35-86a24__ __*Sechserschema*__ *(König).*

Die Untersuchung des Sechserschemas war (*79a22-25) angekündigt worden und beginnt jetzt mit dem König. Das in der Demokratietheorie gerade vorgekommene Stichwort „König“ (84b33) hat den ersten Herausgeber anscheinend glauben lassen, hier Textstücke zum König des Sechserschemas unterbringen zu können. Da Aristoteles im Rahmen der Demokratietheorie auf das Problem des „herausragenden Einzelnen" zu sprechen gekommen war, ist eine eindeutige Zuordnung von entsprechenden Textstücken nicht immer möglich.

Doch schon mit der Definition des Bürgers am Anfang von Buch III (74b38-76a6) steht fest, daß die beste Staatsform für Aristoteles die Demokratie ist, und mit seiner Rechtfertigung des Ostrakismus (84a3-b34) ist klar, daß er die Herrschaft eines Einzelnen grundsätzlich ablehnt.

***84b35-40** Es ist vielleicht richtig, nach dem Gesagten zur Betrachtung des Königtums (*basileía*) überzugehen; denn es ist für uns eine der guten Staatsformen (im Sechserschema).

Das klingt wie eine vorsichtig überleitende Bemerkung des ersten Herausgebers, dem zugleich bewußt war, daß das Königtum aus der Sicht der Demokratietheorie keine gute Staatsform ist.

Es ist zu untersuchen, ob dadurch ein gut verwalteter Staat entsteht und ob das für alle oder nur für manche Staaten gilt.

Das Königtum kann aus der Sicht der Demokratietheorie nur gut sein, wenn das Volk noch „sklavenhaft" (82a15) ist, d.h. wegen seines niedrigen Bildungsstandes für eine Demokratie nicht geeignet ist. Aus griechischer Sicht galt das für vermeintlich primitive Barbarenstämme, aber selbstverständlich nicht für griechische Staaten, in denen es bereits eine Volksversammlung gab, die politisch mitreden wollte.

***84b40-85b33** Es gibt mehrere Arten des Königtums.

Eine seltsam bunte Zusammenstellung von angeblich unterschiedlichen Königsherrschaften. Es werden zunächst vier Arten aufgezählt; darauf folgt eine Zusammenfassung. Danach ist eine fünfte Art angehängt.

(1) Sparta (85a3-16).
(2) Bei Barbarenstämmen ähneln sie der Tyrannis (85a16-30).
(3) Der Schiedsrichter (*aisymnétes*) in alten Zeiten (85a30-b3).
(4) Der König in heroischen (mythischen) Zeiten (85b3-20).
Das sind vier Arten des Königtums (85b21-29).
(5) Die fünfte ist der wie ein Hausvater regierende absolute Alleinherrscher (85b29-34).

Genaugenommen handelt es sich nur um eine einzige Art; denn der spartanische König (1) und der Schiedsrichter (3) sind eigentlich keine Könige. Der spartanische König (es gab gleichzeitig zwei) trug zwar diesen Titel, war aber nur Heerführer. Der Schiedsrichter besaß zwar die Macht eines absoluten Königs, wurde aber nicht so

genannt, weil er gewählt war, um ein spezielles politisches Problem zu lösen.
Die anderen drei sind praktisch miteinander identisch. Die Könige von Barbarenstämmen (2), die griechischen Könige in heroischen Zeiten (4) und der wie ein Hausvater regierende König (5) herrschen autokratisch, aber müssen ihrem Volk ein wenigstens erträgliches Leben bieten, um revolutionäre Gedanken nicht aufkommen zu lassen.
Gleich anschließend in Kapitel 15 heißt diese absolute Monarchie „Ganzkönigtum“ (*pam-basileía*[35]), was auch mit „Universalkönigtum“ oder „Vollkönigtum“ übersetzt wird. Dieser „Ganzkönig“ ist – wie ein treusorgender Familienvater – ein sog. „wohlwollender Diktator“.

III, Kap. 15

***85b33-37** Es gibt sozusagen zwei Arten des **Königtums**, die jetzt zu betrachten sind: Das sind die zuletzt genannte (das absolute Königtum) und die spartanische.

Das ist kein echter Gegensatz; denn der spartanische König ist, wie anschließend wieder konstatiert wird, nur Heerführer. Da er jedoch den Titel König trägt, wird er als Beispiel für die schwächste Form des Königtums benutzt.

Die übrigen Arten sind Zwischenstufen; denn sie haben weniger Kompetenzen als das absolute Königtum (*pam-basileía*) und mehr als das spartanische.

***85b37-86a7** Es sind also zwei Fragen zu beantworten, erstens, ob das Amt des Heerführers zeitlich unbegrenzt und immer aus derselben Familie oder wechselnd oder begrenzt sein sollte, zweitens, ob ein Einzelner allmächtig sein sollte oder nicht.
Doch beim Heerführer wären eher Gesetze zu untersuchen als die Staatsform; denn ihn kann es in jeder Staatsform geben.
Zu Sparta wollen wir nichts weiter sagen (a5).

Damit ist der spartanische König endgültig aus dem Spiel. Er gehört sowieso nicht hierher, weil er nur dem Titel nach König ist und einen zweiten sog. König neben sich hat.

Das verbleibende Königtum (das „Ganz-Königtum“, *pam-basileía*) ist dagegen eine Staatsform, die zu untersuchen ist, ebenso ihre Probleme.

Von den erwähnten Zwischenformen (irgendwie demokratisch eingeschränkten Königsherrschaften) ist nicht weiter die Rede.

***86a7-9** Unsere Untersuchung beginnt mit der Frage, ob es nützlicher ist, vom **besten Mann** oder von den **besten Gesetzen** regiert zu werden.

81a34-39 ging es im Rahmen der Demokratietheorie um die Frage, ob es nicht besser wäre, wenn nicht Menschen, die ihre subjektiven Interessen haben, sondern die Gesetze den Staat regieren. Das

[35] Zusammensetzung mit *pān* = „ganz“ = „vollständig, uneingeschränkt, absolut“.

wurde zurückgewiesen, weil Gesetze von Menschen geschaffen und daher ebenfalls subjektiv sind und außerdem nicht selbst, sondern nur durch Menschen (also subjektiv) aktiv werden können.

Wenn diese Frage jetzt am Beginn der Untersuchung des Sechserschema und des Königtums gestellt wird, ohne auf 81a34-39 zu verweisen, gilt sie offensichtlich als neu und unbeantwortet. Das läßt darauf schließen, daß die Untersuchung des Sechserschemas im ursprünglichen Text der Demokratietheorie vorausgegangen ist.

***86a9-14** Gesetze sind allgemein – sagen die Befürworter des Königtums – und regeln nicht die konkreten Einzelfälle.

Für sie ist der König unentbehrlich, weil jemand als oberste Instanz über die verbindliche Auslegung der abstrakten Gesetze bei der konkreten Anwendung auf Einzelfälle entscheiden muß. Der König ist sozusagen der oberste Richter, der in Zweifelsfällen sagt, wie die Gesetze zu verstehen sind.

Wie bei jedem praktischen Tun wäre es töricht, nur nach den Buchstaben einer Vorschrift zu entscheiden. In Ägypten müssen Ärzte vier Tage lang bestimmte Vorschriften einhalten, aber dürfen danach auf eigene Verantwortung handeln.

Entsprechend soll der König nach bestem Wissen und Gewissen entscheiden.

86a14-b22 *Demokratietheorie.*

Jetzt ist nicht mehr vom „König“ die Rede, sondern allgemein von „Regierenden“ und „Menschen“.

86a14-21 Es ist also klar, daß die beste Staatsform nicht aus Buchstaben und Gesetzen besteht, sondern daß die Regierenden den allgemeinen Sinn (*ton logon ton kathólou* a17) verstehen müssen.

Besser könnte das (d.h. den Sinn eines Gesetzes verstehen), was ganz frei von Emotionen (*pathetikón* a18) ist. Das sind jedoch nur Gesetze, Menschen dagegen grundsätzlich nicht. Aber vielleicht kann man sagen, daß der Mensch besser über Einzelfälle urteilen kann.

Gesetze sind allgemeine Regeln und können nicht selbst tätig sein, sondern müssen von Menschen auf die konkreten Einzelfälle angewendet werden.

Daß auch Gesetze – weil von Menschen gemacht – immer subjektiv, d.h. nicht frei von menschlicher Emotionalität sind, hatte Aristoteles 81a34-39 konstatiert.

86a21-28 Daß der Mensch Gesetzgeber sein muß und Gesetze nötig sind, ist klar, doch nicht für das durch Gesetze nicht erfaßbare, sondern für das andere (= das erfaßbare).

Während in unserem „Rechtsstaat“ alles erlaubt ist, was nicht gesetzlich verboten ist, war Aristoteles der Meinung, daß es in der

Praxis von Politik und Justiz letzten Endes immer auf den gesunden Menschenverstand ankommt.[36]

Aber wer soll entscheiden, wenn das Gesetz eine Frage offen läßt, der beste Mann oder alle Bürger? Das (zweite) ist jetzt (im 4. Jh.) üblich[37]; denn (als Volksversammlung) zusammenkommend beraten und entscheiden die Bürger. Und diese Entscheidungen gelten für die (darunter fallenden, aber im Gesetz nicht aufgezählten) Einzelfälle.

Das ist das Problem der Anwendung von Gesetzen auf Einzelfälle. Wenn Regierung oder Richter unsicher sind, wie ein Gesetz zu verstehen ist, muß die Volksversammlung den Wortlaut des Gesetzes präzisieren oder klarstellen, was der Sinn des Gesetzes ist.

86a28-b3 ***Erneut das Mehrheitsprinzip*** *(vgl. 81a40-82b1, 83a42-b42, 90a30-b3).*

86a28-b1 Der einzelne Bürger ist wahrscheinlich durchschnittlich schlechter (als der beste Mann), aber der Staat besteht aus vielen, und eine Menge (*ochlos,* a31[38]) entscheidet vieles besser als ein irgendein Einzelner.

Auch ist es schwerer, die große Menge (*plethos* a32) in die Irre zu führen und zu falschen Entscheidungen zu veranlassen, als eine kleine Zahl, weil der Einzelne, Emotionen nachgebend, z.B. dem Zorn, falsch entscheidet. Angenommen, die Menge besteht aus weitgehend gesetzestreuen (a36) guten Männern und Bürgern (a39). Dann ist doch klar, daß sie weniger leicht zu täuschen ist als ein einzelner Beamter.

Hier steht das Mehrheitsprinzip (wie in unserem Bundestag) grundsätzlich über allem politischen Fachwissen Einzelner, während ihm 81a40-b10 nur ausnahmsweise der Vorrang zugestanden wurde, weil die Mehrheit eher Fehler machen kann. Dagegen ist hier nach Aristoteles bei einer Abstimmung die Wahrscheinlichkeit, daß eine gute Entscheidung herauskommt, größer, je größer die Zahl der Abstimmenden ist. Vgl. 81a40-b10 zu seiner sog. Summierungstheorie.

86b1-3 Aber (könnte man sagen) in einer Menge gibt es viele Meinungen, während ein Einzelner klare Entscheidungen treffen kann. Dagegen läßt sich vielleicht einwenden, daß gute Männer wie ein einzelner guter Mann entscheiden.

---

[36] Der alte Goethe hat laut Riemer einmal gesagt: „Es existiert kein Gesetz, daß man nicht auf die Schloßtreppe … soll. Wer es sich aber einfallen ließe, den nähme man bei den Ohren."

[37] Aus der Sicht der Aristotelischen Demokratietheorie ist das Königtum obsolet und in Griechenland praktisch nicht mehr vorhanden. – Über den Makedonenkönig Philipp II. zu reden hat Aristoteles als ehemaliger sog. Erzieher Alexanders, wie man sich denken kann, bewußt vermieden. Vgl. Einleitung 5 (Fußnote) und 24b2-22 (Fußnote).

[38] *ochlos* hat für Aristoteles noch nicht den abwertenden Klang wie „Pöbel".

Wenn in einer Menge von guten Männern das Mehrheitsprinzip gilt, gibt es – außer bei Stimmengleichheit – immer eine klare Entscheidung, weil Beschlüsse der Mehrheit von der Minderheit als bindend anerkannt werden.

86b3-22 ***Historischer Rückblick.***
Vom Königtum zur Demokratie (vgl. 97b16-28).

86b3-13 Anfangs gab es nur das Königtum (*basileía*), weil gute Männer rar waren. Doch als ihre Zahl größer wurde, kam es zur Staatsform der Aristokratie.

Es entstand also eine neue Staatsform, in der nicht mehr ein Einzelner herrschte, sondern die Macht auf einen Plural, eine Oberschicht, verteilt war. Das war ein erster Schritt zur Demokratie, aber von nun an herrschte eine traditionelle Oberschicht (durch *areté* angeblich Herausragender = „Aristokraten") despotisch über das weiterhin praktisch rechtlose Volk.

86b14-16 Zur Oligarchie („Herrschaft der Wenigen") kam es verständlicherweise (*eú-logon*), als schlechtere Männer sich auf Kosten der Allgemeinheit bereicherten und nicht mehr die Tugend/Tüchtigkeit (*areté*), sondern der Reichtum als Voraussetzung für die Übernahme von Regierungsämtern galt.

Zur regierenden Oberschicht gehörten jetzt auch reiche Nicht-Adlige. „Oligarchie" bedeutete also „Herrschaft der Reichen". Das war eine despotische Herrschaft; denn die Volksversammlung diente weiterhin nur dazu, Befehle der Regierung entgegenzunehmen.

Damit begann die Herrschaft des Kapitalismus, würden Marxisten sagen.

86b16-20 Daraus entstand [zuerst die Tyrannis und daraus] die Demokratie, als sich der Reichtum bei besonders habgierigen Oligarchen konzentrierte und dadurch die Zahl der Reichen abnahm und die Zahl der Armen (*plethos*, „Menge = Mehrheit") wuchs und damit politisch stärker wurde.

Durch die exzessive Habsucht einiger Oligarchen verarmten andere Oligarchen und kämpften daraufhin gemeinsam mit den bisherigen Armen gegen die oligarchische Regierung und für die Demokratie („Herrschaft des Volkes", *dēmos* „Volk").

[...] Die Tyrannis als Zwischenstufe ist wahrscheinlich später von jemand eingefügt worden, der an Athen dachte, wo die noch ungefestigte Demokratie durch Peisistratos zur Tyrannis geworden war, die dann wieder durch die Demokratie abgelöst wurde.

In Platons *Staat* (562a-569c) entsteht die Tyrannis aus der radikalen Demokratie. Aristoteles nennt mehrere Möglichkeiten: Ein König kann zum Tyrannen werden (89a38-b5), in der Oligarchie kann der reichste Oligarch die Macht an sich reißen (92a39-b11),

in der Demokratie kann das ein Demagoge sein (92a7-30).
Zum Beginn mit einer Leibwache s. 86b37-40.

86b20-22 Die wachsende Bevölkerung der Staaten ließ kaum noch andere Staatsformen (als die Demokratie) zu.

Das bedeutet nicht, daß sich im 5. Jh. in Griechenland die Demokratie im heutigen Sinne mehr oder weniger durchgesetzt hatte. Aber die Volksversammlung war nicht mehr bloßer Befehlsempfänger (wie in traditioneller Aristokratie und Oligarchie), sondern hatte in den meisten Staaten erreicht, politisch mitreden zu können.

86b22-88a6 ***Demokratietheorie*** *(Kritik am König des Sechserschemas).*

Nach seinem historischen Rückblick kommt Aristoteles auf das Königtum zu sprechen. In seiner Demokratietheorie gibt es zwar keinen König, aber „der über alle herausragende Mann“ ist ein Problem, mit dem die Demokratie fertigwerden muß.

86b22-40 Wer das Königtum für die beste Staatsform hält, muß mit zwei Problemen fertigwerden.

(1) Das Erbkönigtum ist problematisch, weil Söhne von Königen nicht immer als Nachfolger geeignet sind. Doch welcher König ist so übermenschlich selbstlos, sein Königtum nicht vererben zu wollen?

Das Problem ist lösbar, wenn der Nachfolger vom Volk gewählt oder bestätigt wird.

(2) Der König braucht Macht (*dýnamis* b28, *ischýs* b29), um die Einhaltung der Gesetze erzwingen zu können. Doch seine Macht darf nicht stärker sein als das Volk.

Das ist das Problem der Machtaufteilung zwischen Regierung und Volk.
Ein König darf nicht stärker sein wollen als das Volk und wie ein Tyrann auf Waffengewalt gestützt regieren. Charles I. von England wollte das nicht einsehen, weswegen der Streit mit dem Parlament ihn 1649 den Kopf kostete.

Eine Leibwache, die Spitzenpolitikern oder politischen Schiedsrichtern manchmal zugestanden wurde, konnte in alten Zeiten als Sprungbrett zur Tyrannis dienen (b37-40).

Damit konnte in der Demokratie ein herausragender Mann beginnen, schrittweise die absolute Macht zu übernehmen.

III, Kap. 16

87a1-8 Der König, der frei seinem Willen folgend tun kann, was er für vernünftig (*logos*) hält, ist jetzt zu prüfen.

Das ist das schon genannte Ganzkönigtum (*pam-basileía* *85b36) der mythischen Frühzeit. Dieser König ist ein autokratisch regierender Monarch, der vom Volk als Lenker und Schützer angesehen wird. Das ist kein durch ein spezielles Gesetz eingeführtes und definiertes Amt, sondern beruht auf Tradition.

Wenn der König (wie in Sparta) zwar dem Namen nach König, aber in Wirklichkeit nur Heerführer ist, handelt es sich nicht um die Staatsform Königtum.

87a8-18 Nach der Meinung einiger (Theoretiker) widerspricht das absolute Königtum (*pam-basileía*) der Natur (a11), weil alle Bürger gleich sind. Wenn alle gleich sind, ist es gerecht, zwischen Regieren und Regiert-werden abzuwechseln (a17). Das ist dann eine gesetzlich geregelte Ordnung.

Diese Theoretiker kritisierten das Königtum des Sechserschemas als eine der Natur des Menschen widersprechende Staatsform und hielten schon vor Aristoteles die „gute Demokratie", in der die Bürger als gleich gelten, für die beste Staatsform, weil sie – wie man heute sagen würde – am ehesten der Würde des Menschen entspricht.

<u>87a18-88a4</u> *Können **Gesetze** die menschliche Subjektivität ausschalten?*

87a18-23 Wenn alle gleich sind, wird gesagt, müsse eher das Gesetz als ein einzelner Bürger regieren. Das gelte auch, wenn – was wegen der Gleichheit besser wäre – mehrere regieren. Sie müßten Schützer und Diener der Gesetze sein.

Schon 81a34-39 hat Aristoteles den Gedanken, man könne die Regierung statt Menschen den Gesetzen überlassen, zurückgewiesen, weil Gesetze von Menschen gemacht sind und von Menschen interpretiert und angewendet werden. In der Praxis sind sie also ebenso subjektiv wie Menschen.

87a23-28 Aber was das Gesetz, heißt es, nicht regeln kann (nämlich alle Einzelprobleme), kann auch ein Mensch nicht kennen. Deswegen erzieht das Gesetz die Regierenden dazu, das Ungeregelte nach bestem Wissen möglichst gerecht zu beurteilen und zu entscheiden.

Danach muß die Regierung gesetzlich verpflichtet sein, auf der Basis der Gesetze nach dem gesunden Menschenverstand zu handeln, weil Menschen kein absolutes Wissen haben. Dieser Meinung ist auch Aristoteles. – Das ist heute nicht anders und galt immer schon für die Richter, die auf der Grundlage der Gesetze nach dem gesunden Menschenverstand urteilen sollen.

Außerdem erlaubt das Gesetz, auf Grund von Erfahrung Gesetze zu korrigieren.

Gesetze müssen geändert werden, wenn sie der politischen Realität nicht mehr entsprechen. Aber vgl. 68b25-69a28, wo Aristoteles davor warnt, Gesetze ohne Not zu oft zu ändern, weil das den Respekt vor den Gesetzen untergraben würde.

87a28-32 Wer sagt, das Gesetz solle selbst regieren, verlangt, ein Gott und die (absolute, abstrakte) Vernunft sollten regieren.

Das Problem dabei ist, daß weder die Gesetze noch die Vernunft als solche aktiv werden können, sondern von Menschen angewendet werden müssen. Aristoteles ist der Meinung, daß Gesetze immer subjektiv sind und kein Mensch objektive (absolute) Vernunft haben könne.

Wer andererseits verlangt, (nicht das Gesetz, sondern) Menschen sollten regieren, muß das Tier, das im Menschen steckt, in Kauf nehmen. Das heißt, er läßt Begierde (*epithymía*) und Emotion (*thymós* = *pathos* 86a18 und a34) mitregieren, wodurch auch die besten regierenden Männer (von der Vernunft) abgelenkt werden.

Nach Aristoteles muß man bei jedem Politiker damit rechnen, daß er bei seinen Entscheidungen subjektive Interessen vertritt.

Deswegen gilt (für die Vertreter der Meinung, das Gesetz sollte regieren) das Gesetz als Vernunft ohne Begehren (*órexis* = *epithymía*).

Aristoteles hatte 81a34-39 konstatiert, daß auch Gesetze (weil von Menschen gemacht) immer subjektiv sind, d.h. entweder eher oligarchisch oder eher demokratisch.

87a33-38 Das Beispiel, das manche zum Vergleich heranziehen, nämlich daß nicht Lehrbücher, sondern nur sachkundige Ärzte Kranke heilen können, führt in die Irre; denn Ärzte sind unparteiisch, weil sie das Ziel haben, Kranke zu heilen. Politiker dagegen (sind parteiisch und) handeln meist nach dem Grundsatz „(Feinden) schaden und (Freunden) nützen“.[39]

Bei einem Arzt darf man nach Aristoteles darauf vertrauen, daß er dem Patienten helfen will, bei einem Politiker muß man dagegen immer damit rechnen, daß er seine eigenen Interessen oder die seiner Freunde vertritt.

87a38-41 Aber wenn Politiker befürchten, Ärzte könnten von einem ihrer Feinde bestochen sein, sie umzubringen, ziehen sie eine Therapie aus dem Lehrbuch (= Gesetze) vor.

Unpassender Einwand eines Schülers? Danach wird ein Politiker (der einem Arzt, der ihn eine unübliche Medizin trinken lassen will, deswegen mißtraut) sich einen Arzt suchen, der sich an die Schulmeinung (sozusagen die Gesetze der Medizin) hält.

Doch wenn ein Arzt bestochen ist, wird er dem Kranken, um kein Mißtrauen zu erregen, wahrscheinlich eher einen üblichen (aber heimlich vergifteten) Trank empfehlen.

87a41-b3 Ärzte und Trainer behandeln bzw. trainieren sich nicht selbst, sondern wenden sich an Kollegen ihres Fachs, weil man in eigener Sache nicht objektiv ist.

Diese Beispiele sollen zeigen, daß ein Fachmann sich selbst nicht objektiv beurteilen kann, sondern sich auf die (vermutete) Objektivität eines anderen verlassen muß.

---

[39] Dieser gängige Grundsatz wird in Platons *Staat* (332a-335a) zitiert und ausführlich diskutiert.

87b3-8 ***Gesetze** und **Gewohnheitsrecht**.*

Für Aristoteles hat das Gewohnheitsrecht einen höheren Rang als die schriftlich vorliegenden Gesetze. Vgl. 87b5-8.

87b3-5 ***Gesetze** sind oft **Kompromisse**.*

Daher ist klar, daß Politiker, wenn sie Gerechtigkeit herstellen wollen, die Mitte suchen; denn das Gesetz ist die Mitte.

In der Demokratie sind Gesetze oft Kompromisse zwischen entgegengesetzten subjektiven Interessen. So ist die „soziale Marktwirtschaft" ein Kompromiß zwischen Marktwirtschaft und Sozialismus. – Ähnlich ist heute das Ergebnis von Tarifverhandlungen ein Kompromiß zwischen den Vorstellungen der Unternehmer und der Gewerkschaften.

87b5-8 Über den geschriebenen Gesetzen steht das Gewohnheitsrecht. So handelt ein Beamter, der sich strikt an den Buchstaben des Gesetzes hält, zwar (scheinbar) korrekt, aber vernachlässigt das Gewohnheitsrecht.

Das mündlich tradierte Gewohnheitsrecht ist älter als die schriftlich fixierten Gesetze. Ein Politiker oder Richter, der konkrete Einzelfälle entscheiden muß, verhält sich nach Aristoteles nur dann ganz korrekt, wenn er beides berücksichtigt, also nicht nur nach dem Buchstaben des Gesetzes urteilt, sondern auch allgemeine Erfahrungen einbezieht und insgesamt nach dem gesunden Menschenverstand entscheidet.

Das Gewohnheitsrecht ist in unserem durch zahllose Paragraphen geregelten sog. „Rechtsstaat" in den Hintergrund getreten und spielt nur als das sog. „Rechtsempfinden" des Bürgers noch eine gewisse Rolle. Aristoteles würde kritisieren, daß sich Prozesse heute unter Berufung auf die Buchstaben von Gesetzen jahrelang hinziehen können und dadurch eine absolute objektive Gerechtigkeit vorgetäuscht wird, die in Wirklichkeit nie zu erreichen ist, weil auch Richter kein absolutes Wissen haben und daher immer subjektiv urteilen.

87b8-88a6 *In der Demokratie darf kein **Einzelner** allein entscheiden.*

87b8-15 Ein Einzelner kann nicht Vieles zugleich im Auge haben; er braucht daher einen Plural von ihm untergebenen Beamten. Da könnte man doch gleich einen Plural statt einen Einzelnen entscheiden lassen; denn zwei kluge Köpfe sind klüger als einer.

Nach Aristoteles ist jede Entscheidung (bei der Anwendung von Gesetzen) eines einzelnen Politikers oder Beamten möglicherweise durch unzureichendes Wissen und subjektive Interessen bestimmt und sollte daher durch einen oder mehrere andere geprüft werden. „zwei". Aristoteles fordert damit das sog. „Vieraugenprinzip".

87b15-23 Auch jetzt dürfen Beamte, z.B. Richter, manches entscheiden, das durch Gesetze nicht geregelt werden kann. Das hat zu der Diskussion geführt, was wichtiger ist, ein bestes Gesetz oder ein bester Mann.

Die Diskussion, ob der Buchstabe des Gesetzes oder der gesunde Menschenverstand eines Beamten oder Richters entscheidend ist, gibt es auch heute.

87b23-29 Daß Menschen entscheiden müssen (weil Gesetze das nicht können), ist unbestritten.

Man kann jedoch behaupten, das dürfe nicht Einer sein, sondern müssen Viele sein; denn jeder ausgebildete Beamte entscheide zwar richtig, aber viele zusammen um so richtiger.

Dies könnte der älteste Beleg sein für das (ursprünglich wohl nicht ironisch gemeinte) Sprichwort „Wem Gott (d.h. der Staat) ein Amt gibt, dem gibt er auch Verstand." Nach Aristoteles darf man also jedem, der nach bestandener Prüfung Beamter geworden ist, grundsätzlich Verstand zutrauen, aber er hält es für nötig, immer einen Plural entscheiden zu lassen. – Das entspricht dem Mehrheitsprinzip (83a40-b42, 86a28-b3).

87b29-36 Auch jetzt benutzen Alleinherrscher (*mónarchoi*) die Augen, Ohren, Hände und Füße vieler Mitarbeiter. Sie machen sie zu staatstreuen und ihnen befreundeten Mitherrschern, damit sie in ihrem Sinne mitregieren.

So reden Gegner des Königtums.

Nach dieser Meinung entscheidet auch in der Monarchie praktisch kein Einzelner, sondern immer ein Plural, weil der Monarch Beamte braucht, die mit ihm gemeinsam den Staat regieren. Das Argument spricht jedoch nicht gegen das Königtum; denn auch in der Demokratie muß es eine dem Beamtenapparat übergeordnete Instanz geben. In der Monarchie ist das der König, in der Demokratie die Volksversammlung.

III, Kap. 17

87b36-39 Vielleicht verhält es sich bei manchen Staaten so, bei manchen anders; denn es gibt natürliche Herrschaft (*physei despotikón*), nämlich die königliche (*basileutikón*) und die bürgerliche (*politikón*), die gerecht und nützlich sind.

Es gibt nach Aristoteles also zwei natürliche Arten der Herrschaft: Für ein Volk, das wegen seines geringen Bildungsstandes noch nicht in der Lage ist, sich selbst zu regieren, ist das Königtum gerecht und nützlich, für ein geistig höherstehendes Volk ist das die Demokratie. Vgl. 95a25-31.

[**87b39-41** Unnatürlich sind die Tyrannis und die anderen verfehlten Formen.]
Vermutlich Randnotiz eines unaufmerksamen Lesers, der glaubte, es sei vom Sechserschema die Rede.

87b41-88a2 Aber aus dem Gesagten ist klar: Unter Gleichen darf es keinen

Alleinherrscher geben, weil das weder nützlich noch gerecht ist.

Wenn im Staat alle Bürger als gleichberechtigt oder sogar als gleich gelten, also in einer gemischten Demokratie oder einem Bürgerstaat (Politie), darf eigentlich niemand regieren und schon gar nicht ein Einzelner; denn das könnte zu politischer Unruhe führen, weil es absolut ungerecht wäre.

Dies Problem will man heute wie damals durch die Praxis des Wechsels auflösen. Die Regierung wird regelmäßig (damals jährlich) neu gewählt, damit andere Gleiche eine Zeitlang das Ruder übernehmen können.

88a2-4 Ein Alleinherrscher ist nicht akzeptabel, weder ohne Gesetze, d.h. wenn er selbst das Gesetz ist, noch mit Gesetzen.

Aus demokratischer Sicht darf es grundsätzlich keinen Alleinherrscher geben, vor allem keinen absoluten, über den Gesetzen stehenden Monarchen. Selbst eine konstitutionelle Monarchie, in der die Macht des Königs streng begrenzt ist, widerspricht nach Aristoteles dem Geist der Demokratie.

So darf unter Guten kein einzelner Guter Alleinherrscher sein.

Wenn alle Bürger wie im Bürgerstaat (Politie) als im Prinzip „gut" (= regierungsfähig) gelten, darf keiner allein regieren, sondern alle zusammen müssen irgendwie regieren. Da das unmöglich ist, müssen sie sich untereinander abwechseln.

[**88a4** und ebensowenig ein Schlechter unter Schlechten]

Dieser Zusatz muß von jemand stammen, der eine einfache Analogie zwischen gut und schlecht zu sehen glaubte. Aber das Schlechte ist komplizierter als das Gute. Zwar ist theoretisch richtig, daß in einer Verbrecherbande, wenn alle gleich schlecht sind, eigentlich niemand Chef sein dürfte, aber üblicherweise hat ein besonders skrupelloser Verbrecher, der zugleich ein „guter" Organisator ist, das Kommando.

88a4-6 Auch ein an Tugend/Tüchtigkeit (*areté*) Herausragender (darf nicht Alleinherrscher sein), es sei denn in besonderer Weise, über die zu diskutieren wäre. Aber das ist eigentlich schon oben geschehen.

84a3-17 und 84b15-25 wurden zwei Möglichkeiten genannt: Man muß ihn entweder durch das Scherbengericht (*ostrakismós*) aus dem Land verbannen oder durch Gesetze so einbinden, daß er dem Staat nützen kann.

*88a6-37 *Sechserschema.*

***88a6-15** Zuerst muß man die Staatsformen (Sechserschema) definieren.

Königtum (*basileutón*): Das Volk (*plethos* „die Menge") hält das Königtum für natürlich, weil eine Familie (*genos* „Art" oder „Gattung") sich seit Generationen durch Tugend/Tüchtigkeit (*areté*) für die politische Herrschaft qualifiziert hat.

Aristokratie (*aristokratikón*): Das Volk (*plethos*) hält es für natürlich, daß eine Oberschicht (*genos*) herrscht, die durch ihre (bewährte oder angebliche) Tugend/Tüchtigkeit (*areté*) für die Herrschaft qualifiziert ist.

Demokratie (*politikón* = „Bürgerstaat"): Das Volk hält den Wechsel zwischen Regiert-werden und Regieren für natürlich, wobei das Gesetz erlaubt, Reiche entsprechend ihrer (politischen) Nützlichkeit (*axía*) für Regierungsämter zu wählen.

Das sind die drei guten Staatsformen des Sechserschemas, die drei schlechten folgen wenig später in Buch IV, Kap. 2 (89a35-b12).

***88a15-29** Wenn eine ganze Art (*genos* = Adlige und Reiche) oder ein Einzelner alle anderen an Tugend/Tüchtigkeit (*areté*) überragt, ist es gerecht, diese Art oder diesen Einzelnen wie einen König regieren zu lassen.

Daher pflegen sie (die Theoretiker des Sechserschemas), wie gesagt (79a32-39), als gerechte Staatsformen (neben dem Königtum) Aristokratien [Oligarchien] und (gute) Demokratien einzurichten.

[...] Wahrscheinlich Randnotiz eines überklugen Lesers. Im Sechserschema gehört die Oligarchie zu den ungerechten Staatsformen. In der Demokratietheorie ist Oligarchie dagegen eine gute Demokratie, wenn Oligarchen, die als vertrauenswürdig und sachlich kompetent gelten, von der Volksversammlng als Regierung gewählt werden.

Dabei ist das Überragen unterschiedlich.

Entweder ragt ein <u>Einzelner</u> (König) heraus oder <u>Einige</u> (der erbliche Adel) oder <u>Viele</u> (gute Männer in der Volksversammlung).

Solche Männer kann man nicht töten oder ostrakisieren, ebensowenig kann man ihnen zumuten, mit weniger tüchtigen abwechselnd zu regieren. Es bleibt nur übrig, ihnen die Regierung ganz zu überlassen.

Danach sind die drei guten Staatsformen des Sechserschemas (Königtum, Aristokratie und gute Demokratie) natürlich und gerecht, wenn an *areté* herausragende Männer regieren.

Für Aristoteles selbst ist nur die gute (gemischte) Demokratie akzeptabel, weil in ihr die Regierung nicht absolute Macht hat, sondern „politisch" (d.h. unter der Aufsicht der Volksversammlung) regiert.

***88a30-32** <u>*Abschlußformel*</u>. Über das Königtum und seine Arten und ob es den Staaten nützlich ist oder nicht und welchen und wie, darüber sei dies gesagt.

Diese Abschlußformel kommt etwas zu früh; denn in Kapitel 18 ist noch einmal vom König die Rede (*88a41, *b2).

<u>III, Kap. 18</u>

***88a32-37** Die beste der drei guten Staatsformen (*politeía*), die wir (im Sechserschema) unterscheiden, ist zwangsläufig die von den besten Männern wie ein Haushalt geführte (*oikonoménē*). In diesen Staaten (*polis*) zeichnet sich Einer oder eine ganze Art (*genos* = einige) oder eine Menge (*plethos*) an Tugend/Tüchtigkeit (*areté*) aus, so daß die einen sich regieren lassen, während die anderen regieren, mit dem gemeinsamen Ziel, das wünschenswerteste Leben (für alle) zu erreichen.

Hier sind Königtum, traditionelle Aristokratie und gute Demokratie Staatsformen, in denen die Regierenden das Wohlergehen des Volks als Ziel haben.

Es wird jedoch nicht gesagt, welche der drei Staatsformen die beste ist. Für Aristoteles ist das die gute Demokratie. Um sie geht es in seiner Demokratietheorie.

88a37-b6 *Demokratietheorie* *(Der beste Staat).*

88a37-b2 Früher (76b16-77b32) haben wir gezeigt, daß die Tugend/Tüchtigkeit des (guten) Mannes und die des (guten) Bürgers im besten Staat (*polis*) identisch sein müssen.

Es ist klar, daß in derselben Weise und aus denselben Gründen jeder Mann gut (*spoudaíos*) wird und man einen aristokratischen oder königlichen Staat einrichten könnte. Dieselbe Erziehung (*paideía*) und Gewöhnung (*ethos*) bringen den guten Mann und den (guten) Bürger und den (guten) König hervor.

Wenn es in der Demokratie dank der einheitlichen Erziehung nur gute Männer gibt, stellt sich die Frage, ob davon einer oder einige regieren sollen. Aristoteles entscheidet sich für einige, die unter der Aufsicht der vielen (Volksversammlung) regieren dürfen und regelmäßig ausgetauscht werden.

Daß einer allein regieren darf, hält er für nicht akzeptabel, weil seiner Meinung nach ein Einzelner eher irren kann als ein Plural von guten Männern.

88b2-6 Ankündigung. Nach diesen Erläuterungen zur Staatsform (*politeía*) wollen wir versuchen zu sagen, wie die beste entsteht und existieren kann. Wer das angemessen untersuchen will, muß daher …

Diese verstümmelte Ankündigung kann sich – anders als öfter angenommen wird – nicht auf Buch VII beziehen, weil es dort nicht um die beste Staatsform geht, sondern nur um die nötigen äußeren Bedingungen für die Entstehung und Erhaltung eines autarken Staates. Das sind Bedingungen, die für jeden Staat und jede Staatsform gelten.

Die verlorene Fortsetzung des Satzes lautete wahrscheinlich: „sagen können, welches die beste Staatsform ist." Diese Frage wird anschließend am Anfang von Buch IV (88b21-27) gestellt und mit der Unterscheidung zwischen der theoretisch idealen und der praktisch möglichen besten Demokratie beantwortet.

Buch IV

88b10-89a25 *Demokratietheorie* *(Der beste Staat).*

88b10-21 Bei allen praktischen und theoretischen – nicht allzu speziellen – Wissenschaften muß man zwei Stufen unterscheiden, eine verfeinerte und eine einfache Form, bei der Sportwissenschaft z.B. die Trainingsmethoden von Leistungssport und Breitensport.
Dasselbe gilt für die Medizin, den Schiffsbau, die Kleiderherstellung und anderes.

88b21-27 Bei der Staatstheorie (= Demokratietheorie) sind entsprechend zu unterscheiden:
(1) die Theorie des theoretisch besten und wünschbarsten Staates,
(2) die Theorie des besten praktisch („unter gegebenen Bedingungen") erreichbaren Staates.

[**88b28-35** (3) die bedingt beste und (4) die beste für alle Staaten.]

Ein typischer Zusatz eines überklugen Lesers; denn (3) ist mit (2) identisch und (4) mit (1). Das sind also keine weiteren Stufen der Staatstheorie, sondern die realistische und die idealistische mit anderen Worten.

88b35-39 Die meisten Staatstheoretiker sagen (theoretisch) Richtiges, verfehlen aber das (praktisch) Brauchbare. Sie sollten nicht nur über (1), den theoretisch besten Staat reden, sondern auch über (2), den besten praktisch möglichen.

Die theoretische Suche nach dem absolut besten Staat hält Aristoteles für „nicht nützlich", wenn dabei nicht zugleich gesagt wird, ob und wie man ihn praktisch erreichen kann. Er kritisiert also Theoretiker, die nicht an die Probleme der Realisierung denken.

88b39-89a5 Jetzt suchen d i e e i n e n nur den (theoretisch) besten Staat, dessen Verwirklichung viel Aufwand braucht,

„viel Aufwand" soll heißen, daß es sehr schwierig wäre, einen theoretisch idealen Staat in die Realität umzusetzen.

d i e a n d e r e n heben einen real vorhandenen Staat als gemeinsames Vorbild heraus, z.B Sparta oder einen anderen.

Zu Sparta vgl. Buch II, Kap. 9 (69a34-71b19). Wegen seiner (scheinbaren) inneren Stabilität und militärischen Macht war Sparta für manche Theoretiker ein fast idealer Staat, obwohl die Lebensweise der Spartaner nicht als nachahmenswert galt, weil man sie in manchen Dingen für zu asketisch, in anderen dagegen für moralisch fragwürdig hielt. So war z.B. die Staatskasse meist leer, weil Steuervermeidung und private Bereicherung gängig waren (vgl. 71b10-17).

Sie müßten jedoch eine Ordnung (*taxis*) finden, d.h. einen Staat, der leicht zu überreden ist und dessen vorhandene Struktur Reformen zuläßt.
Dabei würde sich zeigen, daß es ebenso schwer ist, eine vorhandene Staatsform zu verbessern, wie eine neue einzuführen.

Platon, der in seinem *Staat* eine neue, nämlich autoritäre Staatsform einführen wollte, war sich im klaren darüber, daß das durch bloße Reformen kaum zu erreichen wäre, und meinte daher, eigentlich müßte man alle Erwachsenen „aufs Land" schicken, um mit den Kindern völlig neu anfangen zu können (*Staat* 540d-541b).
Er hatte glücklicherweise (anders als Mao und Pol Pot) nicht die Macht, das irgendwo praktisch zu erproben.
Der 2017 neugewählte Präsident Frankreichs erklärte Frankreich für reformunfähig und schlug einen radikalen Umbau vor, der sich in der Praxis – wie nicht anders zu erwarten – als nicht ganz einfach erwies.

89a5-7 Deswegen muß der Politiker nicht nur die genannten (angeblich vorbildlichen) theoretischen oder existierenden Staatsformen als Lösung anbieten, sondern muß (konkrete) Hilfe leisten können.

Ein Politiker, der mit der vorhandenen Staatsform nicht zufrieden ist, muß versuchen, eine möglichst gute Staatsform, die auch realisierbar ist, durchzusetzen. Für Aristoteles ist das eine Demokratie, in der Oligarchen und Demokraten zum Wohle des Staates vernünftig zusammenarbeiten.

89a7-11 Das ist nur dann möglich, wenn er weiß, wie viele Varianten der (demokratischen) Staatsform es gibt und aus welchen Teilen sie bestehen.

Die nach Aristoteles grundlegenden Varianten sind nach heutigem Sprachgebrauch Demokratien, in denen im Prinzip eine eher rechte und eine eher linke Partei um die Macht streiten (vgl. 90a13-24), aber beide nicht nur ihre Macht, sondern dabei das Gemeinwohl als Ziel haben.
Im einzelnen kann die Machtverteilung sehr unterschiedlich aussehen, so daß es eine Vielzahl von unterschiedlichen Mischungen und Varianten gibt.
Zum Thema „Teile des Staates" kommt Aristoteles Kap. IV,3 (vgl. 89b27-28).

Jetzt glauben manche (Staatstheoretiker), es gebe nur eine Form der Demokratie und nur eine Form der Oligarchie. Das ist falsch.

Diese Theoretiker unterschieden Demokratie und Oligarchie als Staatsformen wie im Sechserschema und dachten nicht an die zu Platons und Aristoteles' Zeiten in Griechenland längst existierenden (aus Oligarchie und Demokratie) gemischten Demokratien, um die es Aristoteles geht. Das waren keine klar unterscheidbaren Formen, sondern Mischungen, also nur „sogenannte" Oligarchien bzw.

Demokratien, die man auch pauschal als „Varianten der Demokratie" bezeichnen kann, weil das Volk (wenn auch in unterschiedlichem Grade) an der Regierung beteiligt war.

Deswegen muß man die unterschiedlichen Staatsformen kennen und wissen, wie viele es sind und wie sie zusammengesetzt sind.

Dieser Satz und der anschließende Abschnitt 89a11-25 können sich dem Wortlaut nach sowohl auf die gemischten Staaten (Varianten der Demokratie) als auch auf das Sechserschema beziehen. Wahrscheinlich veranlaßte das den ersten Herausgeber, mit *89a26-b12 einen Abschnitt aus der Untersuchung des Sechserschemas einzufügen.

89a11-25 ***Gesetze bestimmen die Staatsform.***

89a11-15 Zu diesem Gedanken gehört auch die Unterscheidung zwischen theoretisch besten Gesetzen und den in den verschiedenen Staaten real existierenden Gesetzen; denn die Gesetzgebung muß der Staatsform entsprechen und geht ihr voraus.

Jede Staatsform hat ihre eigene Verfassung und ihre eigenen Gesetze. Daher sind Verfassung und Gesetze auch in jeder Variante der Demokratie anders.

89a15-25 Die Staatsform (*politeía*) ist eine (politische) Ordnung (*taxis*) durch die Verteilung der politischen Ämter, besonders die der eigentlichen Regierungsämter.

Dazu gehört auch das Ziel, das mit dieser Ordnung erreicht werden soll; denn wie jede Gemeinschaft hat jede Staatsform ein bestimmtes Ziel.

Das Ziel der Demokratie ist für Aristoteles das „gute Leben", das sich die Menschen wünschen, wobei die einen mit einem materiell auskömmlichen Leben zufrieden sind, andere sich darüber hinaus ein intellektuell und kulturell gehobenes Leben wünschen.

Spezielle Gesetze, die nicht die Staatsform festlegen, betreffen die Art, wie die Regierung regieren und Gesetzesübertreter in Schach halten soll.

Verwaltungs- und Strafrecht sind in jeder Variante der Demokratie anders.

Deswegen muß man die Unterschiede der einzelnen Staatsformen auch hinsichtlich ihrer Gesetze kennen; denn dieselben Gesetze können nicht für alle sogenannten Oligarchien oder Demokratien gut sein, wenn es unterschiedlich gemischte Demokratien und Oligarchien gibt.

Das sind die vielen möglichen Varianten der aus Demokratie und Oligarchie gemischten Demokratie. Durch ihre Gesetze ist geregelt, ob sie mehr zur Demokratie oder mehr zur Oligarchie neigen. So waren in manchen damaligen Staaten die Regierungsämter den obersten Steuerklassen vorbehalten. – Man darf an das Preußische Dreiklassenwahlrecht denken, aber auch an unsere repräsentative Demokratie, die Aristoteles als Oligarchie bezeichnen würde, weil das Volk nur das Recht hat, Abgeordnete zu wählen, also nur indirekt politisch mitreden kann.

IV, Kap. 2

*__89a26-b12__ *Sechserschema.*

***89a26-30** Wir haben zu Anfang (III,7) drei gute (79a32-39) und drei schlechte (b4-9) Staatsformen unterschieden (= Sechserschema).

***89a30-35** Über Aristokratie und Königtum haben wir gesprochen.
Das gehört zur Suche nach der besten Staatsform, weil beide behaupten, auf Tugend/Tüchtigkeit (*areté*) zu beruhen.
Auch über den Unterschied zwischen Aristokratie und Königtum ist schon gesprochen worden und darüber, wann das Königtum zu bevorzugen ist.

Eine dem Königtum vergleichbare Behandlung der Aristokratie fehlt. Sie war 86b3-13 als erster Schritt der Entwicklung zur Demokratie genannt worden: Königtum → Aristokratie → Oligarchie → Demokratie. Die Aristokratie wurde dort dem Königtum („einer" herrscht) vorgezogen, weil in ihr mehr („einige") an der Regierung beteiligt sind. Vgl. auch 87b8-15.

***89a35-38** *Ankündigung*. Es ist noch über die Staatsform zu sprechen, die einfach als „Staat" (*politeía*) bezeichnet wird (= gute Demokratie, Bürgerstaat, Politie),
und über Oligarchie, (schlechte) Demokratie und Tyrannis.

Königtum, Aristokratie und gute Demokratie (Bürgerstaat, Politie) sind die drei guten Staatsformen des Sechserschemas. Oligarchie, schlechte (= radikale) Demokratie und Tyrannis sind die drei schlechten Staatsformen.
Offensichtlich soll das mit dem Königtum (und mit der Aristokratie) begonnene Sechserschema weiter durchgegangen werden. Fürs erste folgt jedoch nur eine qualifizierende Stufenordnung der drei schlechten Formen.

***89a38-b5** Es ist klar, daß es sich bei den schlechten Staatsformen (des Sechserschemas) um drei Stufen von Schlechtigkeit handelt.
Denn die schlechteste (= Tyrannis) ist zwangsläufig eine Entartung der ersten und göttlichsten (= Königtum); denn wenn der König nicht nur dem Namen nach König ist, ragt er weit heraus. Daher ist die Tyrannis als schlechteste Staatsform am weitesten von dieser Staatsform entfernt.

Das Königtum gilt hier als die beste Staatsform im Sechserschema. Dabei dachte man wohl an ideale mythische Zeiten, als Könige fast wie gute Götter regierten und bereit waren, sich wie der legendäre König Kodros für sein Volk (Athen) aufzuopfern.
Für Aristoteles ist natürlich die gemischte Demokratie oder die sog. Politie (Bürgerstaat) die beste praktisch mögliche Staatsform.

Die zweitschlechteste ist die Oligarchie; denn der Abstand zur Aristokratie ist groß.

Die Oligarchie ist schlecht, weil nur noch der Reichtum und nicht die *areté* zählt.

Die (radikale) Demokratie ist die erträglichste schlechte Staatsform.

Die radikale Demokratie ist erträglich, weil in ihr die politische Freiheit der Bürger am größten ist; schlecht ist sie, weil diese Freiheit zur Degeneration der Staatsordnung und zur Anarchie führen kann.

***89b5-12** Jemand (Platon) hat früher einmal gesagt: „Wenn alle Staatsformen gut sind, ist die Demokratie die schlechteste, wenn alle schlecht sind, ist sie die beste."

Für Platon (*Politikos* 303a-b) ist die Demokratie die schlechteste Staatsform, weil in ihr die oft unvernünftige Masse die Macht hat. Wenn dagegen alle Staatsformen „ungesetzlich und zügellos" sind und die Gesetze mißachtet werden, ist sie für ihn die beste; denn die demokratische Regierung (über der die Volksversammlung als oberste politische Instanz steht) muß sich bemühen, möglichst gut zu regieren, weil sie ständig damit rechnen muß, daß die Stimmung in der Volksversammlung umschlägt und sie abgesetzt und bestraft wird.

Da despotisch regierende Könige/Aristokraten/Oligarchen/Tyrannen vor allem an ihren eigenen Nutzen denken, ist die Demokratie allemal vorzuziehen, weil sie für den Nutzen der Mehrheit eintritt und das Volk sich frei fühlt.

Wir dagegen sagen: Diese (sechs Staatsformen) sind alle schlecht (= nicht gut), und wenn es unterschiedliche Oligarchien (Demokratien, in denen gewählte Oligarchen regieren) gibt, ist keine besser als andere, sondern eine ist nur weniger schlecht als andere. Aber darauf wollen wir jetzt nicht eingehen.

Das besagt im Grunde nichts anderes als die Winston Churchill zugeschriebene ironische Bemerkung, die Demokratie sei die schlechteste denkbare Staatsform, aber es gebe keine bessere.

In der Aristotelischen Demokratietheorie kann eine „sogenannte" Oligarchie nur dann gut sein, wenn es sich um eine Demokratie handelt, in der vom Volk gewählte selbstlose und kompetente Oligarchen regieren. Dann spricht Aristoteles sogar von „Aristokratie", weil die wirklich Besten (*áristoi*) regieren.

89b12-91b30 ***Demokratietheorie***. *(Varianten der aus Oligarchie und Demokratie gemischten Demokratie).*

89b12-15 Zuerst müssen wir unterscheiden und sagen, wie viele unterschiedliche (gemischte) Oligarchien und Demokratien es gibt.

Das sind die vielen Varianten der Mischung von Oligarchie und Demokratie, also nach heutigem Sprachgebrauch „Varianten der Demokratie".

Unsere repräsentative Demokratie würde Aristoteles als Oligarchie bezeichnen, weil nicht die Bürger (das Volk), sondern „einige", d.h. die im Bundestag sitzenden Abgeordneten, die Regierung wählen.

Anschließend müssen wir sagen, welche Mischung (Variante) die gemeinsamste und welche die wünschbarste nach der besten ist.

Die „gemeinsamste" (d.h. die allen Varianten theoretisch zugrunde liegt) wäre die ideale Mischung, in der Oligarchen und Demokraten sozusagen in übermenschlicher Eintracht für das gemeinsame Wohl sorgen.

Die „wünschbarste" ist die beste wirklich realisierbare, also die zweitbeste. In ihr vertreten die beiden Parteien ihre rechte (marktwirtschaftliche) bzw. linke (umverteilende) Ideologie, sind sich aber darin einig, die Demokratie als Staatsform beizubehalten.

In der heutigen deutschen Demokratie gerät dieser nach Aristoteles notwendige Grundkonsens in Konflikt mit der Neigung zu großzügiger Liberalität (z.B. doppelte Staatsangehörigkeit, Entstehung von Parallelgesellschaften).

89b15-17 Und wenn es eine aristokratische gibt, die gut eingerichtet ist und für die meisten Staaten paßt, müssen wir sagen, welche das ist.

Mit „aristokratische" kann hier keine traditionelle Aristokratie gemeint sein, sondern eine Demokratie, in der gewählte „Beste" abwechselnd regieren. Das ist eine gute Demokratie, d.h. eine gut funktionierende gemischte Demokratie oder Politie (Bürgerstaat).

Sie paßt für alle Staaten, in denen das Volk fähig ist, sich selbst zu regieren.

89b17-19 Danach müssen wir sagen, welche von beiden für welchen Typ von Menschen besser ist. Für manche ist eine eher demokratische, für andere eine eher oligarchische Staatsform besser.

Das hängt davon ab, ob das Volk charakterlich und intellektuell reif genug ist, um sich als Demokratie selbst zu regieren, oder noch zu „sklavenhaft" (82a15) oder obrigkeitsgläubig ist und sich bereitwillig von einem traditionellen Führer („einer") oder einer traditionellen Oberschicht („einige", sog. Elite) regieren läßt. Vgl. 81b38-82a17.

89b20-22 Weiter wäre zu klären, wie man die einzelnen Arten von Demokratie bzw. Oligarchie einrichten müßte.

Das sind die unterschiedlichen Varianten der gemischten Demokratie. Vgl. 90a2-29.

89b22-26 *Ankündigung*. Schließlich – nachdem wir dies kurz besprochen haben – wollen wir versuchen zu sagen, wie Staaten untergehen und wie sie sich erhalten, grundsätzlich und einzeln, und was die jeweiligen Ursachen sind.

Diese Ankündigung weist (anders als man nach „kurz besprochen" erwartet) auf Buch V (vgl. 1a19-25) voraus.

IV, Kap. 3

89b27-90b21 ***Teile der Demokratie*** *(Reiche und Arme).*

89b27-28 Einen Plural von (demokratischen) Staatsformen gibt es, weil der Staat aus Teilen besteht.

[**89b28-29** Erstens bestehen alle Staaten aus Haushalten.]

Randnotiz eines überklugen Lesers; denn Haushalte gibt es in jeder Staatsform. Sie können also kein Grund dafür sein, daß es einen Plural von Staatsformen gibt.

89b29-32 Die Menge (*plethos* = das Volk)[40] besteht zwangsläufig aus Reichen und Armen [und den Mittleren (*mesoi*)].

In der Demokratie gibt es von Natur eine oligarchische und eine demokratische Partei (Ideologie). Die eine hält Wettbewerb und Marktwirtschaft für das Wesen der Demokratie, die andere sozialen Ausgleich.

[...] ist wohl die Randnotiz eines Lesers, der von früherer Lektüre her schon wußte, daß Aristoteles 95b3 den Mittelstand (*mesoi*) neu einführen wird, der für ihn die tragende Säule des Staates ist.

Die Reichen sind schwerbewaffnet (*hoplitikón*) und die Armen sind leichtbewaffnet (*án-hoplon*, „ohne Hopliten-Ausrüstung").[41]

89b32-33 Das einfache Volk (*demos*) besteht aus Bauern, Händlern, Handwerkern.

Das sind die arbeitenden Armen im Gegensatz zu den Reichen, die als Unternehmer andere für sich arbeiten lassen oder von ihrem Geld-Vermögen leben können. Die einzelnen Berufsgruppen vertreten (wie heutige Gewerkschaften) unterschiedliche Interessen in der Volksversammlung.

89b33-90a1 Auch bei den Prominenten (*gnórimoi* „die man kennt") gibt es Unterschiede beim Geld- und Landbesitz und nach Abstammung (*genos*) und Tugend/ Tüchtigkeit (*areté*).

Die einen kennt man, weil sie besonders reich sind, die anderen, weil sie aus einer alten angesehenen (und reichen) Familie kommen, die dritten, weil sie sich als „herausragende Männer" politisch oder sonst irgendwie hervorgetan haben. Auch sie haben unterschiedliche politische Interessen.

90a1-2 Hinzu kommt, was schon genannt wurde, als von der Aristokratie

---

[40] *plethos* bezeichnet hier das ganze Volk (Reiche und Arme) und nicht das niedere Volk, das von seiner Hände Arbeit lebt.

[41] Die Hopliten bildeten die gestaffelte Schlachtreihe (Phalanx). Die Leichtbewaffneten (Bogenschützen) waren ärmere Bürger, die sich eine teure Hopliten-Ausrüstung nicht leisten konnten.

(Autarkie?) die Rede war. Dort haben wir erklärt, aus wie vielen Teilen ein Staat bestehen muß.

Die angeblich vorausgegangene Textstelle zur Aristokratie läßt sich nicht finden. Vgl. *89a30-35.

Sachlich passen würde „Autarkie“ (vgl. 53a1 und 61b10-15), weil es dabei um die Teile geht, die ein Staat braucht, um selbständig existieren zu können. Möglicherweise hat ein Abschreiber ein schwer leserliches *autárkeia* als *aristokratía* gedeutet.

90a2-7 Denn manchmal ergeben alle Teile zusammen die (demokratische) Staatsform, manchmal nur einige oder die meisten.

Entweder sind „alle“ Bürger zur Volksversammlung zugelassen oder nur „einige“ (oberste Steuerklasse) oder „die meisten“ (alle Steuerzahler).

Im ersten Fall ist das eine demokratisch regierte Demokratie, im zweiten eine oligarchisch regierte, im dritten eine gemischt regierte.

Es ist also klar, daß es mehrere (demokratische) Staatsformen geben muß, weil die Zusammensetzung der einzelnen Staaten unterschiedlich ist.

90a7-13 Staatsform (*politeía*) bedeutet Ordnung (*taxis*, vgl. 89a15-25) der politischen Ämter entweder nach Fähigkeit (*dýnamis*) oder nach allgemeiner Gleichheit (*isótes*), d.h. entweder regieren die Armen allein (= die demokratische Partei regiert) oder die Reichen allein (= die oligarchische Partei regiert) oder Arme und Reiche gemeinsam (heute = eine Koalition regiert).

Daher muß es so viele Staatsformen (Varianten der Demokratie) geben, wie es unterschiedliches Gewicht der Teile gibt.

90a13-24 Im Grunde scheint es nur zwei (demokratische) Staatsformen zu geben, Demokratie (*dēmos* „Volk“) und Oligarchie,

so wie man bei den Winden Nord- und Südwind und bei den Tonarten Dorisch und Phrygisch unterscheidet und die anderen für Abweichungen hält.

Mangels einer differenzierenden Terminologie bezeichnete man die grundlegenden Varianten der gemischten Demokratie als „Demokratie“ bzw. „Oligarchie“, je nachdem ob die linke (umverteilende) oder die rechte (marktwirtschaftliche) Ideologie in der Volksversammlung die Mehrheit hatte.

Manche nennen die Aristokratie eine Art der Oligarchie und den so genannten Staat (*politeía* Bürgerstaat, Politie) eine Art der Demokratie (a16-18).

Wenn in einer von Oligarchen regierten Demokratie die von der Volksversammlung gewählten „Besten“ regierten, wurde das von Aristoteles und anderen Theoretikern auch als Aristokratie („Herrschaft der Besten“) bezeichnet. Vgl. 93b34-38. Ebenso wurde der Bürgerstaat (Politie, „alle Bürger sind gleich“) mit der gemischten Demokratie („alle Bürger sind gleichberechtigt“) gleichgesetzt. Aristoteles sieht darin kein terminologisches Problem.

Gleichheit und Mischung sind zwar nicht dasselbe, aber bei Abstimmungen in der Volksversammlung waren Reiche und Arme nicht nur gemischt, sondern gleich, weil jeder nur eine Stimme hatte.

90a24-29 Wahrer und besser ist, was wir sagen, nämlich daß es nur zwei bzw. eine (aus Demokratie und Oligarchie) gut gemischte Form gibt, während die übrigen verfehlte Formen sind, weil sie entweder schlecht gemischt sind oder (anders) vom besten Staat abweichen.

„zwei", wenn man demokratisch und oligarchisch regierte unterscheidet, „eine", wenn man sie als gut gemischte zusammenfaßt.

Wenn einer der beiden Bestandteile überwiegt, ist die Regierung entweder zu demokratisch, d.h. zu nachgiebig und zu weich, oder zu oligarchisch, d.h. zu streng und zu autokratisch (*despotikōtéra*).

Im ersten Fall besteht die Gefahr, daß die Freiheit der Bürger ständig zunimmt (weil Gesetze nicht mehr beachtet werden und dadurch Rechtsunsicherheit entsteht und gar Anarchie droht), im zweiten, daß die Freiheit zu stark eingeschränkt wird (was zu politischen Unruhen führt).

IV, Kap. 4

90a30-b3 Anders als jetzt manche zu sagen gewohnt sind, nämlich daß in der Demokratie die Mehrheit (*to plethos*) und in der Oligarchie eine Minderheit (*olígoi*) regiert, sind Demokratie und Oligarchie nicht einfach dadurch (die Zahl) definiert; denn auch in den Oligarchien (= den von Reichen regierten Demokratien) und allen anderen (Varianten der Demokratie) entscheidet die Mehrheit.

Wenn in der gemischten Demokratie die oligarchische bzw. die demokratische Partei regiert, darf man nicht einfach sagen, es regiere die Minderheit bzw. die Mehrheit; denn eine oligarchische Regierung kann es nur geben, wenn sie von der Mehrheit in der Volksversammlung gewählt ist.

Das ist das in der Demokratie geltende Mehrheitsprinzip, vgl. 79b34-80a6.

Wenn (in der Volksversammlung) z.B. bei einer Gesamtzahl von 1300 (anwesenden) Bürgern 1000 reich und 300 arm sind und die Reichen die Armen nicht mitregieren lassen, ist das keine Demokratie, obwohl die Mehrheit regiert. Und wenn die 300 Armen (politisch) stärker sind als die 1000 Reichen und regieren, ist das keine Oligarchie.

Beides sind Varianten der Demokratie, weil es eine Volksversammlung gibt, in der abgestimmt wird. Auch 79b20-34 waren diese beiden Varianten genannt worden:

Die Reichen können die Mehrheit sein, wenn die meisten Armen nicht zur Volksversammlung zugelassen oder nicht gekommen sind.

Die in geringerer Zahl zugelassenen oder anwesenden Armen können die Mehrheit der Stimmen erreichen, wenn auch Reiche ihren Anträgen zustimmen.

Man muß vielmehr sagen: Eine Demokratie ist es, wenn die freien Armen regieren, und eine Oligarchie ist es, wenn die Reichen regieren.

Das sind die unterschiedlichen Varianten der Demokratie, die üblicherweise als „Demokratie" und „Oligarchie" unterschieden wurden, je nachdem welche Partei oder Ideologie in der Volksversammlung dominierte.

Daß (im Volk) die Armen die Mehrheit und die Reichen die Minderheit sind, ist nur Nebensache (*sym-baínei* „kommt hinzu", 90b2, vgl. 80a3).

Daß es im Volk immer mehr Arme als Reiche gibt, ist nebensächlich, weil es bei Abstimmungen in der Volksversammlung allein darauf ankommt, ob ein Antrag die Mehrheit der Stimmen erhält.

90b4-7 In Äthiopien sind, so erzählt man, Schönheit und Körpergröße das Kennzeichen der regierenden Minderheit.

Die Äthiopier (bei denen König und Adel regierten) sahen darin anscheinend ein natürliches oder göttliches Zeichen für politische Qualifikation, während die Griechen diese eher der wirtschaftlichen Oberschicht zutrauten, die sie manchmal auch „die Schönen und Guten" nannten. In der Praxis ergab sich das automatisch, weil hohe Regierungsämter nicht besoldet waren, so daß nur Reiche kandidieren konnten.

90b7-9 Aber allein nach Armut und Reichtum lassen sich diese (die Varianten der Demokratie) nicht hinreichend unterscheiden; denn sowohl die demokratische als auch die oligarchische Variante besteht aus mehreren Teilen.

Diese Teile sind die verschiedenen Bevölkerungsgruppen, von deren Stärke der spezielle Charakter der Demokratie bestimmt ist und um deren politische Bedeutung es 90b22-91b30 geht.

90b9-17 *Ein nebensächlicher Exkurs.* Außerdem muß man unterscheiden:

Es werden drei Sonderfälle der Demokratie genannt, bei denen die Termini Demokratie und Oligarchie nicht zu passen scheinen. Wahrscheinlich wollte da ein Schüler etwas Eigenes zur Diskussion beitragen.

(1) Wenn eine Minderheit von Freien über eine Mehrheit von [nicht] Freien regiert, muß das keine Demokratie sein. In manchen Staaten regieren z.B. die Nachfahren der ersten Siedler, also eine Minderheit, über die Mehrheit.

[...] Die Negation ist irreführend und stört, weil nicht Sklaven gemeint sind, sondern Freie, die nicht regieren dürfen. Als Beispiele werden Staaten genannt, in denen die freien Bürger die Volksversammlung bilden, aber traditionell nur eine bestimmte Gruppe das Recht hat, für Regierungsämter zu kandidieren. Das sind dann nicht Demokratien, wo Oligarchen und Demokraten abwechselnd regieren, sondern Demokratien, in denen z.B. nur Nachfahren der Erstsiedler als Regierung gewählt werden dürfen.

(2) Ebensowenig ist es eine Demokratie (*demos*),[42] wenn die Reichen in der Volksversammlung die Mehrheit sind.

Wenn die meisten Armen nicht zur Volksversammlung zugelassen sind oder nicht kommen, weil sie wegen ihrer Arbeit keine Zeit dafür haben, kann man nicht von einer Demokratie sprechen. Da die Armen im Volk die Mehrheit sind, müßten sie eigentlich auch in der Volksversammlung die Mehrheit sein.

(3) Es ist keine Oligarchie, wenn die meisten Bürger wie einst in Kolophon (in Kleinasien nahe der Westküste) reich sind.

Das ist zwar keine Oligarchie als „Herrschaft der Wenigen", aber sehr wohl als „Herrschaft der Reichen", was im Normalfall (wenn die Armen die Mehrheit sind) dasselbe bedeutet.

90b17-20 *Aristoteles kommt zurück zum Thema.* Eine Demokratie (von Demokraten regierte Demokratie) ist es, wenn die freien Armen die Mehrheit sind und regieren, und eine Oligarchie (von Oligarchen regierte Demokratie) ist es, wenn die Reichen/Vornehmen regieren, obwohl sie die Minderheit sind.

Das ist die allgemeine Unterscheidung, die nach 90b7-9 nicht ausreicht, weil es wegen der unterschiedlichen Zusammensetzung des Volks viele Varianten gibt.

90b21 *Abschlußformel*. Daß und warum es mehrere Staatsformen (Varianten der Demokratie) gibt, ist gesagt.

90b22-91b30 ***Teile der Demokratie*** *(speziellere Bevölkerungsgruppen).*

Während 89b27-90b21 die Rivalität zwischen Reichen und Armen, d.h. der oligarchischen und der demokratischen Partei, das Thema war, geht es jetzt um die unterschiedlichen Gruppen in beiden Parteien. Man kann also nicht von einer „Dublette" (Schütrumpf, Teil III / Band III, S. 306-9) sprechen.

90b22-24 Aber wir wollen sagen, daß es mehr als die besprochenen Staatsformen (Varianten der Demokratie) gibt und welche das sind und warum es sie gibt, wobei wir von der schon genannten (89b27-28) Tatsache ausgehen, daß jeder Staat (*polis*) aus Teilen besteht.

Die wichtigsten „Teile" des demokratischen Staates sind die Reichen und die Armen, aber beide Teile bestehen wieder aus Teilen.

90b25-39 Wie wir Tierarten nach der Art ihrer Organe (Teile) unterscheiden (b25-37), so bestehen die besprochenen Staaten, wie wir oft gesagt haben, aus vielen Teilen.

90b39-91a6 Vier notwendige Teile sind Bauern (*georgoí*), Handwerker (*to*

[42] Im Text (90b15) ist die Überlieferung *dēmos* (statt der Konjektur *oligarchía* in der Ausgabe von Ross) zu halten.

bánauson), Händler, (*to agoraíon*) Arbeiter (*to thētikón*).

[**91a6-10** Der fünfte ist der Wehrdienst (*to pro-polemésan*); denn er ist ebenso notwendig, damit der Staat nicht von Angreifern unterworfen werden kann und seine Autarkie verliert.]

In der Demokratie ist der Wehrdienst kein fünfter Teil und Beruf, weil alle Bürger dazu verpflichtet sind.
Den Wehrdienst hat wahrscheinlich jemand anders hinzugefügt. Aristoteles selbst kritisiert gleich anschließend Platon, der in seinem *Staat* zu spät an den Wehrdienst gedacht habe.

91a10-24 *Exkurs zu* ***Platon.***
91a10-19 In Platons *Staat* (369-374) wird scharfsinnig, aber nicht ganz richtig darüber gesprochen. Sokrates läßt den Staat mit vier Berufen beginnen: Weber, Bauer, Schuhmacher, Zimmermann.
Dann fügt er, weil die genannten Berufe sich mit diesen Arbeiten nicht auskennen, Schmiede, Hirten, große und kleine Kaufleute hinzu und weiter all das, was für einen einfachen Staat, der noch keine höhere Bildung („das Schöne") kennt, lebensnotwendig ist.
91a19-24 Den Wehrdienst (*to pro-polemoún*) läßt er erst zu, wenn der Staat sich ausdehnt und mit Nachbarstaaten in Berührung kommt.
Doch schon vorher braucht eine Gemeinschaft jemand, der für Gerechtigkeit sorgt und entscheidet, was gerecht ist.

Das sind die „Wächter" in Platons *Staat*, sozusagen Berufssoldaten. Einige von ihnen, die sich als politisch besonders begabt und zuverlässig erwiesen haben, sorgen für Gerechtigkeit, d.h. regieren den Staat.
Das sieht in der Demokratie völlig anders aus. Dort sind alle Bürger neben ihrem Beruf zum Wehrdienst verpflichtet und jährlich werden einige Mitbürger als Regierung gewählt.

91a24-28 *Aristoteles kommt zurück zu seiner Demokratietheorie.* Wie die Seele wichtiger ist als der Körper, so braucht der Staat mehr als das zum einfachen Leben Notwendige, nämlich Wehrdienst (*to polemikón*) und Richter und das Beratende (*to bouleuómenon*), das politischen Verstand besitzt (= Regierung).

Das gilt für jede Staatsform, aber in der Demokratie sind das keine Berufe, sondern zusätzliche offizielle Aufgaben des Bürgers. In der guten Demokratie sind sozusagen Seele und Körper des Staates identisch, weil alle Bürger die gleichen Rechte und Pflichten haben.

91a28-33 Ob Richter zugleich Regierungsmitglieder sind oder nicht, muß hier nicht diskutiert werden; denn auch Bauern sind oft zugleich Wehrdienstleistende.

In der antiken Demokratie gab es keine Berufsrichter und -politiker, sondern Richter (Geschworene) und Regierung wurden von der Volksversammlung auf Zeit gewählt. Anscheinend durften Richter in manchen Demokratien bei umstrittenen politischen Fragen entscheiden. Aristoteles will nicht darauf eingehen.

Daß Bauern zugleich Wehrdienst leisten mußten, war in damaligen Demokratien wohl eher der Normalfall, aber wenn es die Staatskasse erlaubte, konnte man Söldner anwerben, um die Bauern zu schonen und die Versorgung mit Nahrungsmitteln nicht zu gefährden.

Wenn diese (die Richter) und jene (die Regierung) Teile des Staates sind, sind jedenfalls auch Wehrdienstleistende ein Teil des Staates.

Anscheinend gab es unter Theoretikern einen Streit, ob man die zeitweiligen öffentlichen Aufgaben der Bürger (als Regierung, Richter oder Wehrdienstleistende) als Teile des Staates bezeichnen dürfe.

[**91a33-34** Der siebente Teil sind Reiche, die zusätzliche finanzielle Leistungen erbringen.]

[**91a34-38** Der achte Teil sind Beamte, die in Behörden und Ämtern arbeiten.]

Das sind wahrscheinlich zwei Randnotizen von Lesern, die glaubten, die Aufzählung der Teile irgendwie vervollständigen zu können. Als sechsten Teil zählten sie vermutlich die Richter.

Reiche, die so reich waren, daß sie über ihre Steuern hinaus z.B. die Kosten einer Choraufführung übernehmen mußten (sog. *leitourgía*), waren sicher nur eine kleine Gruppe, konnten aber natürlich politisch sehr einflußreich sein.

Heute wird manchmal kritisiert, daß im deutschen Bundestag zu viele Beamte sitzen, die aufpassen, daß bei neuen Gesetzen die Beamten nicht zu kurz kommen.

Aristoteles selbst nennt später (27a40-b15) die Besatzungen von Kriegsschiffen (Seesoldaten und Ruderer) als bedenklich große Gruppe, die für den Fortbestand der Demokratie gefährlich werden könnte.

91a38-b2 Schließlich muß es – wie wir (91a24-28) richtig unterschieden haben – das Beratende und Richter geben, wenn es im Staat geordnet (*kalôs* „schön") und gerecht zugehen soll. Es muß also einige Bürger geben, die Tugend/Tüchtigkeit (*areté*) besitzen.

Die Demokratie kann auf Dauer nur funktionieren, wenn die Mehrheit der Bürger hinreichende *areté* besitzt. Doch für Regierung und Justiz braucht die Demokratie Bürger, die auf einer höheren Stufe der *areté* stehen als die normalen Bürger.

Das ist der Unterschied zwischen dem „guten Mann" und dem „guten Bürger", um den es in den Kapiteln 4 und 5 von Buch III ging.

91b2-13 Andere Fähigkeiten – glauben die Menschen – kann man nebeneinander haben. Man kann z.B. Wehrdienstleistender, Bauer oder Handwerker sein und zugleich Politiker und Richter. Alle halten sich für fähig, die meisten politischen Ämter zu übernehmen.

In der Demokratie sind alle Bürger politisch gleichberechtigt und können daher (theoretisch) auch Regierungsämter übernehmen.

Aber es ist unmöglich, zugleich arm und reich zu sein. Daher scheinen Reiche und Arme die wichtigsten Teile des Staates zu sein.

Da die Zahl der Armen im Staat gewöhnlich größer ist als die der Reichen, sind das diejenigen Teile des Staates, die einander (fundamental) entgegengesetzt sind.

In der Demokratie ist der Gegensatz zwischen reich (Wirtschaft) und arm (Sozialpolitik) das wichtigste politische Problem, das durch einen Kompromiß gelöst werden muß, wenn die Einheit und der Bestand des Staates gewährleistet sein soll. Alle anderen Unterschiede (z.B. zwischen Bauern und Städtern oder Handwerkern und Ruderern) sind damit verglichen nebensächlich.

Entweder hat die reiche Minderheit oder die arme Mehrheit die politische Macht im Staat. Die erste Variante (der Demokratie) kann man Oligarchie nennen, die zweite Demokratie.

Zwar kann niemand zugleich reich und arm sein, aber ein Reicher kann – im Interesse der Einheit des Staates – ideologisch zur Partei der Armen gehören und umgekehrt ein Armer zur Partei der Reichen. Dadurch kann es in der Volksversammlung bei Abstimmungen zu ganz unterschiedlichen Mehrheiten kommen.

91b14-25 Daß es mehrere Staatsformen gibt und warum, haben wir früher (beim Sechserschema) gesagt. Jetzt (wo wir von der gemischten Demokratie reden) unterscheiden wir mehrere Arten von Demokratien bzw. Oligarchien; denn es gibt mehrere Arten sowohl von Volk (*dēmos* = Arme) als auch von sog. Angesehenen (*gnórimoi* b18, „Leute, die man kennt" = Reiche/Aristokraten).

Die beiden Parteien in der Demokratie bestehen also aus Gruppen mit unterschiedlichen Interessen, wodurch die Machtverteilung in den einzelnen Demokratien sehr unterschiedlich sein kann, so daß sich viele Varianten ergeben.

Beim Volk (*dēmos*) gibt es Bauern, Handwerker, Händler und Besatzungen von Kriegs-, Handels-, Fähr- und Fischfangschiffen. Diese Berufsgruppen sind in den einzelnen Staaten unterschiedlich groß.

Vgl. 90b39-91a6. Größere Gruppen wie Bauern oder Ruderer konnten wie heutige Gewerkschaften politisch sehr mächtig sein.

[**91b25-28** außerdem Handarbeiter (*chernetikón*) und ganz Arme, die keine Zeit (für die Politik) haben, und Halbbürger, bei denen nur der Vater Bürger ist und die Mutter eine Fremde oder gar Sklavin.]

Randnotiz eines überklugen Lesers, der die Liste irrtümlich weiter vervollständigen wollte. Auch die vorher aufgezählten Berufe erlauben nicht, zugleich politisch wirklich aktiv zu sein. Halbbürger ist kein Beruf, sondern ein sozialer Status mit eingeschränkten politischen Rechten.

91b28-30 Bei den Angesehenen (*gnórimoi*) gibt es Gruppen, die sich nach Reichtum (*ploutos*), Abstammung (*eugéneia* = aus sog. guter Familie), Tugend/Tüchtigkeit (*areté* = „gute Männer") und Bildung (*paideía* = Intellektuelle) unterscheiden.

Intellektuelle = seriöse sog. Sophisten (heute: Journalisten, Wissenschaftler und alle, die einen höheren Bildungsstand haben als die breite Masse der Wähler).

Wegen der unterschiedlichen Interessen dieser Gruppen konnte es bei Abstimmungen in der Volksversammlung zu wechselnden Mehrheiten kommen.

91b30-93a34 ***Demokratietheorie + *Sechserschema.***

In diesem Abschnitt kommt es zu einer engen Verschränkung von Demokratietheorie und *Sechserschema und dadurch zum direkten Nebeneinander der beiden Bedeutungen von Oligarchie und Demokratie.

„Oligarchie" = (1) von Oligarchen regierte gemischte Demokratie,
(2) *radikale Oligarchie.

„Demokratie" = (1) von Demokraten regierte gemischte Demokratie,
(2) *radikale Demokratie.

In vier Listen (A, B, C, D) sind Formen der Demokratie bzw. *Staatsformen zusammengestellt,
A und C unter der Bezeichnung „Demokratie",
B und D unter der Bezeichnung „Oligarchie":

A	91b30-92a7	Demokratie (gemischt oder *radikal),
B	92a39-b11	Oligarchie (gemischt oder *radikal),
C	92b25-93a12	Demokratie (gemischt oder *radikal),
D	93a12-34	Oligarchie (gemischt oder *radikal).

Genauere Betrachtung der Listen zeigt, daß Demokratie und Oligarchie meist im Sinne der Demokratietheorie (als die beiden Parteien in der gemischten Demokratie) zu verstehen sind, aber manchmal im Sinne des *Sechserschemas (als zwei verschiedene Staatsformen), ohne daß der Leser auf den Bedeutungswechsel aufmerksam gemacht wird.

Da A/B und C/D inhaltlich weitgehend identisch sind, liegt die Vermutung nahe, daß sie ursprünglich nicht direkt aufeinander folgten und es in A/B ursprünglich um das Sechserschema und in C/D um

die Demokratietheorie ging (oder umgekehrt). Möglicherweise hat der erste Herausgeber Papyrusstücke zum Thema Oligarchie/Demokratie zusammengefügt, weil ihm der Unterschied zwischen *Sechserschema und Demokratietheorie nicht klar war.
Leser (denen dieser Unterschied ebenfalls nicht klar war) haben dann anscheinend die beiden Texte durch Randnotizen einander angeglichen und nach und nach die überlieferten Listen daraus gemacht. Dabei kam es zu bloßen Aufzählungen (manchmal nur Wiederholungen in anderen Worten), aber auch zu Systematisierungen nach Entwicklungsstufen.

A 91b30-92a7 ***Fünf Varianten der Demokratie.***

A(1) 91b30-39 Das Gesetz bestimmt, daß alle freien Bürger, arme und reiche, gleichberechtigt sind. Die Mehrheit (in der Volksversammlung) entscheidet.
A(2) 91b39-41 Alle Bürger, die mindestens einen bestimmten niedrigen Steuerbetrag zahlen, dürfen für politische Ämter kandidieren.
A(3) 92a1-2 Alle unbescholtenen Bürger dürfen für politische Ämter kandidieren, aber als Beamte stehen sie unter dem Gesetz.
A(4) 92a2-4 Alle anerkannten Bürger dürfen für politische Ämter kandidieren, aber als Beamte stehen sie unter dem Gesetz.
***A(5)** 92a4-7 Die Volksversammlung mißachtet bei Beschlüssen Gesetze.

Das letzte ist die schlechte (radikale) Demokratie, in der Gesetze im Namen der Gleichheit und Freiheit mißachtet werden, was zu wirtschaftlichem und politischem Chaos führt.
In Platons *Staat* (562-564) ist damit das Endstadium der Demokratie erreicht, in dem ein Demagoge zum Tyrannen werden kann.

92a7-36 ***Gesetze müssen eingehalten werden.***

92a7-30 Daß die Volksversammlung sich über geltendes Recht hinwegsetzt, ist das Werk von Demagogen.

„Volksführer" (*dem-agogós*) ist kein politisches Amt, sondern ein begabter Redner, der Volksmassen zu manipulieren versteht.

Sie erreichen, daß das Volk glaubt, wie ein Monarch (a15) über den Gesetzen zu stehen, und zum Tyrannen (a18) wird. Beschlüsse (*psephísmata* a24) der demokratischen Mehrheit zählen dann mehr als Gesetze.

Die Volksversammlung macht sich nicht einmal die Mühe, geltende Gesetze durch neue zu ersetzen, sondern entscheidet nach momentanem Gutdünken, was allgemeine Rechtsunsicherheit erzeugt.

Außerdem reden Demagogen verächtlich über die politischen Ämter und sagen, das Volk allein müsse entscheiden.
Das Volk hört das gern (a29), und alle politischen Ämter werden aufgelöst.

Man darf an das Ende der Weimarer Republik denken. Wenn es einem Demagogen gelingt, Gesetze und Regierung zu desavouieren, kann er sich schließlich durch ein „Ermächtigungsgesetz" zum Tyrannen aufwerfen.

92a30-36 Dagegen kann man kritisch einwenden, daß eine Demokratie, in der Gesetze nicht gelten, keine Staatsform ist; denn ohne Gesetze gibt es keinen Staat (sondern Anarchie).

Das Gesetz ist eine allgemeine oberste politische Instanz; politische und andere Beamte wenden es auf konkrete Fälle an. So funktioniert ein Staat. Wenn die Demokratie eine Staatsform sein will, muß sie sich danach richten. Die Volksversammlung kann nicht alle Einzelfragen selbst entscheiden.

Wenn es keine Gesetze gibt und die Volksversammlung ohne vorgegebene Regeln alle Einzelfälle selbst nach momentanem Gutdünken entscheidet, gibt es keine Rechtssicherheit.

IV, Kap. 5

B 92a39-b11 ***Vier Varianten der Oligarchie.***

B(1) 92a39-41 Regierende Ämter sind Bürgern ab einer bestimmten Steuerleistung (also einer Minderheit) vorbehalten; wer aus der armen Mehrheit entsprechend reich wird, steigt automatisch auf.

B(2) 92a41-b4 Bedingung für die Beteiligung an der Regierung ist eine bestimmte Steuerleistung. Wenn die Regierenden verarmte Regierende ersetzen müssen, wählen sie entweder die Besten aus allen Bürgern oder reichgewordene Bürger. Im ersten Fall kann man das als Aristokratie bezeichnen, im zweiten als Oligarchie.

***B(3)** 92b4-5 Die Ämter gehen vom Vater auf den Sohn über.

Das ist eine radikale Oligarchie. Wie in einer Erbmonarchie wird durch ein entsprechendes Gesetz die politische Macht der Oligarchen auf Dauer festgeschrieben.

***B(4)** 92b5-10 Die Oligarchen halten sich nicht an das Gesetz, sondern machen sich selbst zum Gesetz. Diese Form der Oligarchie ist eine kollektive Tyrannis und wird auch „Gewaltherrschaft“ (*dynasteía*) genannt.

Die radikale Oligarchie ist zur Willkürherrschaft geworden. Das Volk wird unter Mißachtung der Gesetze gewaltsam unterdrückt. Da ist sogar denkbar, daß eines Tages der reichste Oligarch zum alleinigen Tyrannen wird (vgl. 92a30-36). Sie ist das Gegenstück zur radikalen Demokratie A(5) und C(4).

92b11 *Abschlußformel für A/B:* Das sind die Arten der Oligarchie und der Demokratie.

Daraus ist zu schließen, daß es sich bei dem folgenden C/D um eine nachträgliche Einfügung durch den Herausgeber handelt.

92b11-21 ***Gesetze und Staatsform können sich widersprechen.***

Man muß dazu wissen, daß ein Staat oft seinen Gesetzen nach undemokratisch aussieht, aber praktisch eine Demokratie ist.

Das ist der Fall, wenn z.B. nur Bürger der höchsten Steuerklasse für Regierungsämter kandidieren dürfen, aber sie von der Volksversammlung gern gewählt werden, weil man sie für kompetent hält.

Umgekehrt kann ein Staat seinen Gesetzen nach demokratisch erscheinen, obwohl er praktisch eher oligarchisch ist.

Das ist der Fall, wenn die Volksversammlung Reiche, die sie für politisch kompetent hält, als Regierung gewählt hat und ihnen bis zur nächsten Wahl völlig freie Hand läßt und nicht zwischendurch eingreift.

Das zeigt sich bei Änderungen der Staatsform, wenn die Umstürzler schrittweise vorgehen und die alten Gesetze noch gelten lassen, obwohl sie schon die Macht übernommen haben.

Das ist der Fall, wenn eine Partei durch eine demokratische Wahl an die Macht gekommen ist und anschließend die Demokratie (wie 1933 in Deutschland) in eine radikale Oligarchie und Diktatur umwandelt.

IV, Kap. 6

92b22-25 Daß es so viele Arten von Demokratie und Oligarchie (= Varianten der Demokratie) gibt, ist aus dem Gesagten klar. Das ist abhängig von der unterschiedlichen politischen Beteiligung der genannten Teile des Volkes.

„Teile des Volkes" sind hier Reiche/Arme und die unterschiedlich starken Berufsgruppen der Armen.

C 92b25-93a12 ***Vier Varianten der Demokratie.***

C(1) 92b25-34 Wenn die Bauern und alle anderen nicht ganz armen (= eine Mindeststeuer zahlenden) Bürger, die jedoch täglich für ihren Lebensunterhalt arbeiten müssen, an der Macht sind, halten sie an den bestehenden Gesetzen fest. Sie haben keine Zeit, ständig Volksversammlungen abzuhalten, sondern nur dann, wenn es unbedingt nötig ist. Andere (Bürger) dürfen erst mitmachen, wenn sie die gesetzliche Mindeststeuer zahlen können. Eigentlich ist das keine Demokratie, sondern eine Oligarchie; denn praktisch können sich nur diejenigen politisch betätigen, deren Einkommen ihnen Zeit dafür läßt.

Gewählte Oligarchen regieren, aber die Volksversammlung schreitet ein, wenn sie die Gesetze nicht einhalten.

C(2) 92b34-38 Eine zweite zu unterscheidende Art ist es, wenn alle echtbürtigen Bürger (in der Volksversammlung) mitregieren können und diejenigen, die sich das zeitlich leisten können (weil sie reich genug sind, um nicht tagsüber für ihren Lebensunterhalt arbeiten zu müssen), das auch tun. In einer solchen Demokratie regieren die Gesetze, weil die Mehrheit der Bürger keine Zeit hat, politisch aktiv zu sein.

Gewählte Oligarchen regieren, aber die Volksversammlung schreitet ein, wenn sie die Gesetze nicht einhalten.

C(3) 92b38-41 Eine dritte Art ist es, wenn alle Freien (= Bürger) an der Politik teilhaben können, falls ihnen nicht (wegen ihrer täglichen Arbeit) die Zeit dafür fehlt. Folglich hält man in dieser Demokratie an den bestehenden Gesetzen fest.

Gewählte Oligarchen regieren, aber die Volksversammlung schreitet ein, wenn sie die Gesetze nicht einhalten.

***C(4)** 92b41-93a10 Die vierte Art ist die jüngste. In ihr erhalten die Armen Tagegelder (93a6), damit sie an Volksversammlungen teilnehmen können. Sie haben also Zeit für die Politik. Die Reichen wollen sich lieber um ihre privaten Angelegenheiten kümmern, bleiben oft den Volksversammlungen fern und wollen auch nicht Richter[43] sein. Die Folge ist, daß die Armen[44] allein regieren und sich nicht an die bestehenden Gesetze halten.

Das ist eine radikale Demokratie, in der die Armen (mit ihrer absoluten Mehrheit der Stimmen in der Volksversammlung) ihre Interessen rücksichtslos durchsetzen. Dabei geht es nicht um das Gemeinwohl, weil im Namen der Freiheit jeder nur noch an sich selbst denkt. In diesem Zustand läßt sich die Volksversammlung allzuleicht von Demagogen zu schädlichen Beschlüssen verführen. Vgl. 92a7-36.

D 93a12-34 ***Vier Varianten der Oligarchie.***

D(1) 93a12-20 Sobald (unter einem König) mehrere Bürger einen bescheidenen Besitz erreicht haben, kommt es zum erstenmal zur Oligarchie. Sie machen den Besitz (zur Bedingung) für die Beteiligung an der Politik (*políteuma*), und weil dann ein Plural (*plethos*) an der Regierung teilhat, lassen sie nicht Menschen regieren, sondern machen das Gesetz zur obersten Instanz. Da sie keinen König wollen und weder so reich sind, dass sie nicht arbeiten zu müssen, noch so arm, daß sie (als Richter oder Beamte) auf Staatskosten leben möchten, lassen sie das Gesetz regieren.

Das Volk akzeptiert, daß Reiche regieren, aber verlangt, daß diese Oberschicht sich strikt an die bestehenden Gesetze hält.

Im historischen Rückblick 86b3-22 folgt die Aristokratie auf das Königtum und erst danach kommen Reiche aus dem Volk hinzu.

***D(2)** 93a21-26 Wenn die Zahl der Besitzenden kleiner geworden ist, weil ihr Besitz (auf Kosten anderer) zugenommen hat, entsteht die zweite Art der Oligarchie. Die Reichen sagen, Starke müßten mehr (Rechte) haben, und besetzen die politischen Ämter mit ihren Leuten. Da sie noch nicht stark genug sind, um Gesetze ignorieren zu können, machen sie das (ihr Recht zu regieren) zum Gesetz.

Diese Oligarchie ist eine der schlechten Staatsformen im Sechserschema. Die Zahl der reichen Landbesitzer ist kleiner geworden, weil einige das Land anderer Landbesitzer aufgekauft oder durch

[43] Für Arme war die Wahl zum Richter wegen der (wenn auch bescheidenen) Besoldung erstrebenswert.

[44] Dazu können auch Neureiche gehören, wenn die regierenden Oligarchen sie nicht in ihren Kreis aufnehmen wollen.

irgendwelche Tricks an sich gebracht haben. Die Volksversammlung ist durch ein Ermächtigungsgesetz weitgehend entmachtet und darf nicht einmal die Regierung wählen.

*__D(3)__ 93a26-30 Wenn die Zahl der Oligarchen noch kleiner und ihr Besitz noch größer geworden ist, übernehmen sie selbst die politischen Ämter (die Regierung) und führen durch ein Gesetz die Erblichkeit ein.

Durch die Erblichkeit wollen sie – wie später der europäische Adel – sich und ihren Nachkommen wie in B(3) auf Dauer die Regierungsmacht sichern.

*__D(4)__ 93a30-34 Wenn dann die allerreichsten und am besten vernetzten (*polyphilía* „Viel-Freundschaft") Oligarchen unter Mißachtung der Gesetze regieren, ist diese Gewaltherrschaft (*dynasteía*, vgl. 92b10) beinahe eine Monarchie (= Tyrannis).

Damit deutet sich bereits als fünfte Stufe an, daß der reichste der reichsten Oligarchen die Macht an sich reißt und aus der tyrannischen Oligarchie eine monarchische Tyrannis wird.

IV, Kap. 7

93a35-b21 ***Vier bzw. fünf Varianten der Demokratie.***

93a35-39 Es gibt neben Demokratie und Oligarchie (den grundlegenden Varianten der Demokratie) zwei (demokratische) Staatsformen, von den alle (Staatstheoretiker) die eine als eine Art der vier (demokratischen) Staatsformen nennen.

Mit „die eine" ist wahrscheinlich die monarchische Regierung eines über alle herausragenden demokratischen Politikers gemeint, dem die Volksversammlung absolut vertraut und völlig freie Hand läßt.

Die vier sind
Monarchie („einer"), Oligarchie („einige"), Demokratie („viele") und die sogenannte Aristokratie.

90a13-16 hat Aristoteles Demokratietheoretiker zitiert, die behaupteten, eigentlich gebe es nur Demokratie und Oligarchie, d.h. in der Demokratie regiere entweder die demokratische oder die oligarchische Partei. Aristoteles hält diese grundlegende Unterscheidung zwar für richtig, meint aber, dazwischen gebe es Varianten. Dazu verweist er auf das gängige Dreierschema der Regierungsformen („einer/einige/viele", vgl. Einleitung 3) und versteht darunter drei Varianten der Demokratie. Als vierte fügt er die „sogenannte Aristokratie" hinzu, d.h. eine gemischte Demokratie, in der die Volksversammlung die besten Bürger (unabhängig von der Parteizugehörigkeit) als Regierung wählt.

Dies Schema wird zum Fünferschema erweitert:

Die fünfte ist diejenige, die mit dem Gattungsnamen bezeichnet wird; denn diese nennen sie „Staat" (*politeía*).

Das ist die sog. Politie, was besser durch „Bürgerstaat" wiedergegeben wird. Zur Entstehung des Terminus vgl. die Erläuterung zu 97b24-25.

Da sie nicht oft vorkommen könnte, entgeht sie denjenigen, die die Zahl der Staatsformen bestimmen wollen und nur vier zählen, wie z.B. Platon.

Die Politie („Bürgerstaat") ist hier die nach Aristoteles bestmögliche Form der Demokratie, in der alle Bürger als gleich gelten und abwechselnd den Staat regieren. Da er keinen realen Staat als Beispiel nennt, scheint er mit „nicht oft vorkommen könnte" sagen zu wollen, daß es sich um eine theoretische, ideale Staatsform handelt, die es in der Praxis wahrscheinlich nicht gibt.

Platon (*Staat* 544c) unterscheidet Aristokratie (Kreta, Sparta), sogenannte Oligarchie (= oligarchisch regierte Demokratie), Demokratie (= demokratisch regierte Demokratie) und die „edle Tyrannis", worunter er die Herrschaft eines positiv herausragenden Einzelnen versteht.

Sein idealer Staat ist – anders als Kreta und Sparta – eine radikale Aristokratie, weil in ihr die Besten absolute Herrscher sind und eine Volksversammlung, die irgendwie politisch mitreden darf, nicht vorgesehen ist.

93b1-7 Die in den ersten Reden (*en tois prōtois logois*) besprochene Staatsform kann man zutreffend (*kalôs*) als Aristokratie bezeichnen.

In der fehlenden Untersuchung der traditionellen Aristokratie im Rahmen des Sechserschemas (vgl. *89a30-35) hat Aristoteles vermutlich wie andere die hier als vierte Variante genannte („von den Besten regierte Demokratie") als „Aristokratie" bezeichnet.

Sie (die demokratische Aristokratie) besteht hinsichtlich der Tugend/Tüchtigkeit (*aretḗ*) aus den wirklich Besten und nicht nur den hypothetisch angenommenen (*pros hypóthesin*) Besten.

In ihr sind der (regierungsfähige) „gute Mann" und der (einfache) „gute Bürger" identisch (nämlich Beste).

Der „gute Mann" und der „gute Bürger" in der Demokratie wurden 76b16-77b32 unterschieden. Wenn ein Staat nur aus „guten Männern" und „guten Bürgern" besteht, ist das eine ideale Demokratie, weil alle Bürger vernünftig sind und die Spielregeln der Demokratie akzeptieren und sich danach richten.

Von Aristokratie war dort nicht die Rede, aber diese ideale Demokratie bezeichnet Aristoteles 35a39 als Aristokratie, weil in ihr die wirklich als die Besten geltenden Bürger regieren und nicht der traditionelle Adel, d.h. die nur hypothetisch Besten.

In den anderen Staatsformen (Varianten der Demokratie) sind gute Bürger nur relativ gut, nämlich gut für die Staatsform (Variante), in der sie leben.

Das sind z.B. Demokratien, die man auch Oligarchien nennen kann, weil das Volk die Regierung bewußt Reichen überläßt, die sich in der Politik besser auskennen und Zeit dafür haben.

93b7-14 Aber es gibt Staatsformen, die Aristokratien genannt werden und sich von Oligarchien und der „sogenannten Politie (Bürgerstaat)“ unterscheiden. Wenn nämlich bei der Wahl der Regierung nicht nur der Reichtum, sondern die Tugend/Tüchtigkeit (*areté*) zählt, wird diese Staatsform, um sie von den beiden zu unterscheiden, „aristokratisch“ genannt;
denn auch in Staaten, in denen nicht (durch Erziehung) für allgemeine Tugend/Tüchtigkeit (*areté* b13) gesorgt ist, gibt es immer einige Männer, die man für „anständig“ (*epi-eikeís*, = „gute Männer“) halten kann.

Ein terminologisches Problem dabei ist, daß Aristoteles unter der sog. Politie manchmal eine ideale Demokratie versteht, in der alle Bürger gleich sind und als „gute Männer“ den Staat regieren können und sich dabei abwechseln, manchmal aber auch eine reale Demokratie, in der es immer nur „einige“ gute Männer gibt.
Während in traditionellen Aristokratien nur die (oft politisch unfähigen) Nachfahren von mythischen Besten herrschen, sind die „sogenannten Aristokratien“ Demokratien, in denen bei Wahlen für Regierungsämter allein die Fähigkeit, den Staat zu regieren, zählt und Adel und Reichtum keine Rolle spielen.

93b14-18 Karthago gilt als Aristokratie; dort setzt die Staatsform (bei den Regierenden) Reichtum, Tugend/Tüchtigkeit (*areté*) und (Anerkennung beim) Volk voraus.
Auch Sparta gilt als Aristokratie; dort werden jedoch nur Tugend/Tüchtigkeit (*areté*) und (Anerkennung beim) Volk vorausgesetzt.

Karthago und Sparta sind übliche (aber fragwürdige) Beispiele für „sogenannte Aristokratien“. Daß der Reichtum in Sparta keine Rolle spielte, trifft nicht zu; denn dort wurden (wie Aristoteles 71a26-37 weiß) nur reiche Spartaner als Regierung gewählt.

93b18-21 Diese zwei Arten der Aristokratie gibt es neben der ersten, d.h. besten Staatsform, und als dritte die sogenannten Politien, die mehr zur Oligarchie neigen.

Karthago und Sparta wurden oft als „Aristokratie“ bezeichnet, weil sie wegen ihrer Stabilität und außenpolitischen Macht als gut regiert galten. Andere sprachen von „Demokratie“ (vgl. 94b14-34), weil die Volksversammlung nicht nur Befehlsempfänger der Regierung war, sondern gewisse politische Kompetenzen hatte.
Die „erste und beste Staatsform“ ist die ideale Demokratie, in der theoretisch alle Bürger fähig sind, den Staat zu regieren.
Die „sogenannten Politien“ sind hier Demokratien, in denen das Volk reiche Bürger, die es für die Besten hält, regieren läßt.

IV, Kap. 8

93b22-23 Ankündigung. Zuletzt müssen wir noch über den sogenannten Staat (*politeía* Bürgerstaat, Politie) und die *Tyrannis sprechen.

Die Ankündigung geht davon aus, daß Demokratietheorie und Sechserschema parallel behandelt worden sind und mit der Politie (Bürgerstaat) und der Tyrannis (= der besten und der schlechtesten Staatsform) fortgesetzt und abgeschlossen werden sollen. Sie scheint vom ersten Herausgeber zu stammen, der für die Verschränkung der beiden Untersuchungen verantwortlich ist.
Die „sogenannte Politie" wird hier mit der „gemischten Demokratie" gleichgesetzt. Sie ist für Aristoteles die beste der guten Staatsformen des Sechserschemas, während die Tyrannis die schlechteste der schlechten ist.

93b23-31 Wir haben sie (die sogenannte Politie) so eingeordnet, als ob sie keine Abweichung (von der ersten, d.h. besten Staatsform) ist wie auch die eben genannten Aristokratien.

Die sogenannte Politie gilt hier zwar als die beste Staatsform im Sechserschema, ist aber für Aristoteles nicht die ideale Demokratie, in der alle Bürger hochgebildet sind und wissen, daß die Demokratie ein kostbares Gut ist, das zugrunde gehen kann, wenn die zunehmende Freiheit zur Dekadenz wird.
Die „genannten Aristokratien" sind Demokratien, wo die Volksversammlung „einen" oder „einige" Herausragende als Regierung gewählt hat.

In Wahrheit haben alle (sechs) die richtigste Staatsform verfehlt und werden deswegen zusammen aufgezählt und sind Abweichungen, wie wir schon anfangs gesagt haben.

„anfangs", vgl. *89b5-12: „Wir dagegen sagen, diese (sechs Staatsformen) sind alle schlecht". Das heißt, auch die drei guten sind nicht wirklich gut.

Die Tyrannis (b28) am Schluß zu nennen ist sinnvoll, weil sie von allen (im Sechserschema genannten Staatsformen) am wenigsten ein Bürgerstaat (Politie) ist.

Die Tyrannis ist von der guten Demokratie oder Politie am weitesten entfernt, weil der Tyrann das Volk unterdrückt und nur an seinen eigenen Nutzen denkt. Er ist sozusagen ein Feind des Volkes.

93b31-34 *Ankündigung*. Jetzt aber müssen wir zum Bürgerstaat (*politeía*) kommen. Wir müssen zeigen, worauf die Stärke (*dýnamis*) des Bürgerstaats beruht. Nach unserer Erläuterung von Oligarchie und Demokratie ist völlig klar, daß der Bürgerstaat, kurz gesagt, eine Mischung aus Oligarchie und Demokratie ist.

Der Bürgerstaat, der eigentlich durch die Gleichheit aller Bürger definiert ist, wird hier mit der gemischten Demokratie gleichgesetzt, in der Reiche und Arme nicht gleich, aber gleichberechtigt sind.

93b34-38 Manche (Theoretiker) pflegen die zur Demokratie neigenden (Mischungen) Bürgerstaaten zu nennen; die zur Oligarchie neigenden nennen sie Aristokratien, weil sich bei den Reicheren eher Bildung und edle Abstammung finde.

Diese Theoretiker unterscheiden bei der Demokratie demokratisch und oligarchisch regierte Varianten und verwenden dafür die Termini „Bürgerstaat" (*politeía*) und „Aristokratie". Im Bürgerstaat dürfen auch ungebildete Bürger als Regierung gewählt werden, in der sogenannten Aristokratie werden nur gebildete Reiche und Adlige gewählt.

93b40-42 Da die (sogenannte) Aristokratie den besten Bürgern (beim Regieren) den Vortritt läßt, sagen sie, auch die (sogenannten) Oligarchien würden von den „Schönen und Guten" (*kaloí kai agathoí*) regiert.

Die „Schönen und Guten" sind die eben genannten Reichen und Adligen, d.h. die vom einfachen Volk bewunderte und beneidete Oberschicht, vgl. Einleitung 9 und 59b32-60a4. Deswegen kann man die sogenannten Oligarchien ebensogut Aristokratien nennen.

93b42-94a9 Ein Staat ist schlecht, wenn seine Gesetze schlecht sind, er ist gut, wenn seine Gesetze gut sind.
Gesetze sind sinnlos, wenn sie nicht befolgt werden.

Jeder Staat definiert sich durch seine Gesetze und wird zur Anarchie, wenn sich die Bürger – wie in der radikalen Demokratie (*92a4-7) – nicht mehr an die Gesetze halten.

94a9-11 Die Aristokratie definiert sich durch Tugend/Tüchtigkeit (der Regierenden),
die Oligarchie durch Reichtum (der Regierenden),
die Demokratie durch Freiheit (der Bürger).

Es handelt sich um drei Varianten der Demokratie. In der sogenannten Aristokratie wählt die Volksversammlung als Regierung Bürger, die sie für die Besten hält. In der sogenannten Oligarchie regieren wirtschaftlich erfolgreiche Bürger. In der echten Demokratie sind Beste und Reiche einfache Bürger und haben bei Wahlen keine Vorrechte.

94a11-14 Das **Mehrheitsprinzip** gilt überall: in Oligarchie, Aristokratie und Demokratie.

In allen diesen Varianten der Demokratie entscheidet in der Volksversammlung und anderen Gremien die Mehrheit.

94a15-19 Die meisten Staaten (*polis*) bezeichnet man als „Staat" (*politeía*); denn sie sind eine Mischung aus Reichen und Armen bzw. aus Reichtum und Freiheit.

Es war im 4. Jh. üblich geworden, einfach von „Staat" (*politeía* = „Bürgerstaat" = „Politie") zu sprechen, wenn die gemischte Demokratie gemeint war, weil das die allgemein verbreitete Staatsform war.

In den meisten von ihnen scheinen die Reichen unter den „Schönen/Guten" das (gesamte) Land zu besitzen.

Danach gab es in der Oberschicht der „Schönen/Guten" eine Ober-Oberschicht von besonders reichen privaten Landbesitzern, denen das meiste Land gehörte.

94a19-22 Es gibt drei Kriterien, nach denen man über politische Gleichheit streitet, das sind Freiheit, Reichtum und Tugend/Tüchtigkeit (*areté*); denn das (von manchen genannte) vierte Kriterium, die edle Abstammung (*eugéneia*), ist nichts anderes als alter Reichtum und (traditionelle angebliche) Tugend/Tüchtigkeit.

Wer die Freiheit als Kriterium benutzt, ist für arithmetische (absolute) Gleichheit, weil alle Bürger frei sind; wer dagegen Reichtum und *areté* zum Maßstab nimmt, ist für differenzierende (wertende) Gleichheit.

94a22-25 Es ist klar, daß man die Mischung aus Reichen und Armen „Bürgerstaat" (*politeía* = Politie) nennen muß. Wenn man das dritte Kriterium (die Tugend/Tüchtigkeit) hinzunimmt, kann man – eher als bei den anderen – von Aristokratie sprechen neben der wahren und besten Aristokratie.

Wenn in der sog. Politie demokratisch denkende reiche und als tugendhaft/tüchtig geltende Bürger regieren, darf man das nach Aristoteles als Aristokratie bezeichnen.

Die „wahre und beste Aristokratie" ist die ideale Demokratie, in der theoretisch alle Bürger Beste (*áristoi*) sind.

94a25-29 *Abschlußformel.* Damit ist gesagt, daß es neben Monarchie, Demokratie und Oligarchie verschiedene Arten von (demokratischen) Staatsformen gibt und wie sie beschaffen sind

und wie sich die Aristokratien voneinander unterscheiden und die Bürgerstaaten (Politien) von den Aristokratien.

Daß sie (als Varianten der Demokratie) nicht weit voneinander entfernt sind, ist klar.

93a35-39 wurden fünf Arten der Demokratie unterschieden. Außer der Alleinherrschaft des demokratisch gewählten herausragenden Besten sind das für Aristoteles akzeptable Varianten der gemischten Demokratie.

Hinzukommen Varianten durch unterschiedliche Anwendung der drei Kriterien bei der Wahl der Regierung (94a19-25).

IV, Kap. 9

94a30-35 *Ankündigung.* Anschließend wollen wir sagen, auf welche Weise neben Demokratie und Oligarchie der sogenannte Bürgerstaat (Politie) entsteht und wie man ihn einrichten muß.

„Demokratie und Oligarchie" sind die von Demokraten bzw. Oligarchen regierten Demokratien. Im Unterschied zu diesen Mischungen aus Oligarchie und Demokratie, also Zwei-Parteien-Demokratien, ist der Bürgerstaat (Politie) eine Mischung, in der die Bestandteile nicht mehr unterscheidbar sind, weil alle Bürger als gleich gelten und der Unterschied der beiden Parteien nicht mehr zwischen Reichen und Armen besteht, sondern zwischen Vertretern der Wirtschafts- bzw. Sozialpolitik.

Dabei wird zugleich klarwerden, daß man Oligarchie und Demokratie (durch die Mischung) relativiert; denn ein Stück der einen muß mit einem Stück der anderen kombiniert werden.

Die beiden Parteien versuchen also nicht radikale Positionen durchzusetzen, sondern wollen nur, daß das für die Demokratie lebensnotwendige Gleichgewicht zwischen Wettbewerb, der Reichtum möglich macht, und angemessener Umverteilung des Gewinns erhalten bleibt.

94a35-b14 Sie können auf drei Arten gemischt werden:
(1) Die Reichen werden nicht bestraft, wenn sie keine politischen Aufgaben übernehmen wollen, und die Armen werden durch Aufwandsentschädigungen ermuntert, politisch aktiv zu sein. Das ist ein Mittelweg, der Gemeinsamkeit schafft.
(2) Zur Volksversammlung sind weder die obersten noch die untersten Steuerklassen zugelassen, sondern nur die mittleren.
(3) Politische Ämter werden teils durch Wahl, teils durch Los vergeben. Bei Wahlen kommen eher reiche Oligarchen zum Zuge, bei Auslosungen können arme Demokraten Erfolg haben.

Das sind wahrscheinlich Varianten, die es wirklich gab.

94b14-34 Gut gemischt ist ein Staat, wenn man ihn als Demokratie oder als Oligarchie bezeichnen kann, wie es etwa bei Sparta der Fall ist. Viele nennen Sparta eine Demokratie, weil in der Erziehung und anderen Bereichen nicht zwischen reich und arm unterschieden wird. Andere nennen Sparta eine Oligarchie (b31), weil alle Ämter durch Wahl und nicht durch Los vergeben werden.

Bei Wahlen für Ämter durften nach 71a26-37 nur reiche Spartaner kandidieren. Wer überzeugt war, daß dadurch immer die Besten der Besten den Staat regierten, bezeichnete Sparta auch als Aristokratie (vgl. 93b14-18).

94b34-40 Bei der gut gemischten Staatsform dürfen die beiden Anteile als verschieden erkennbar bleiben, müssen aber zugleich eine Einheit bilden.

Für Aristoteles gibt es in der Demokratie immer eine oligarchische (heute „rechte“) und eine demokratische (heute „linke“) Partei. Es ist eine gute Demokratie, wenn sie durch ihre Wirtschafts- bzw. Sozialpolitik das Wohl des Staates als gemeinsames Ziel haben.

Diese Staatsform kann nur erhalten bleiben, wenn beide Anteile das wollen.

Die Demokratie kann auf die Dauer nur dann Bestand haben, wenn die beiden Parteien darin einig sind, an ihr festhalten zu wollen.

94b40-41 <u>*Abschlußformel.*</u> Wie der Bürgerstaat (Politie) und die sogenannten Aristokratien eingerichtet sein müssen, ist gesagt.

Die Volksversammlung muß klug genug sein, um möglichst immer die Besten aus beiden Parteien als Regierung zu wählen.

<u>**IV, Kap. 10**</u>

*<u>**95a1-24 *Sechserschema***</u> *(Tyrannis).*

***95a1-7** Zuletzt kommen wir noch zur Tyrannis, nicht weil viel darüber zu sagen wäre, sondern weil sie eine Staatsform ist und Staatsformen unser Thema sind.

Das Königtum haben wir zu Anfang behandelt, wo wir untersucht haben, ob das Königtum, das am ehesten diesen Namen verdient, den Staaten nützt oder schadet und welches man wie einrichten sollte.

Das klingt, als ob Aristoteles das Sechserschema mit dem Königtum (*84b35-88a32) beginnend durchgegangen ist und nach der <u>Ankündigung</u> (93b22-31) abschließend zur Tyrannis kommt.

In Buch V folgt 10a39-16b27 noch ein längerer Abschnitt über die Erhaltung der Monarchie und besonders der Tyrannis.

***95a7-23** Es gibt zwei Arten der Tyrannis, die wir schon beim Königtum behandelt haben (*85a3-b33), weil ihre Macht königlich und gesetzlich ist. Das sind die gewählten autokratischen Alleinherrscher bei manchen Barbarenstämmen und die Schiedsrichter im alten Griechenland. Sie unterscheiden sich darin, daß die einen an Gesetze gebunden sind, die anderen dagegen wie Tyrannen regieren, wie es ihnen gut erscheint.

Die Macht der Schiedsrichter war gesetzlich begrenzt, weil sie nur ein bestimmtes Problem lösen sollten. Die Alleinherrscher durften ständig nach Gutdünken regieren.

Die dritte Art ist die eigentliche Tyrannis, das Gegenstück zum Ganzkönigtum (*pambasileía*, vgl. 85b33-37). Der echte Tyrann herrscht, ohne rechenschaftspflichtig zu sein, über Menschen, die ebensogut oder sogar besser regieren könnten. Dabei herrscht er nur zu seinem eigenen Nutzen und nicht dem des Volkes. Deswegen gehorcht ihm keiner freiwillig; denn kein Freier (Nicht-Sklave) erträgt eine solche Herrschaft.

Der Ganzkönig ist der gute König der mythischen Zeit, der zum Nutzen des Volkes regiert.

***95a23-24** <u>*Abschlußformel.*</u> Das sind die Arten der Tyrannis, ihre Zahl ergibt sich aus den genannten Gründen.

<u>**IV, Kap. 11**</u>

<u>**95a25-10a38 *Demokratietheorie.***</u>

95a25-31 *Die real mögliche Demokratie.* Welches ist die beste Staats-

form für die Mehrheit der Staaten und das beste Leben für die Mehrheit der Menschen (im Staat),
wenn die Bürger weder ungewöhnlich tugendhaft/tüchtig (*areté*) sind noch von Natur aus und durch aufwendige Erziehung (*paideía*) besonders gebildet, und man keine wunschgemäße (*kat' euchén* = ideale) Staatsform sucht, sondern nur ein für die Mehrheit mögliches (gutes) Leben erreichen will,
also ein Leben, das für die meisten (Staatsbürger) erreichbar ist, und eine Staatsform, die für die meisten Staaten geeignet ist?

Aristoteles hat 88b35-39 Staatstheoretiker davor gewarnt, sich idealistische Theorien auszudenken und dabei zu vergessen, ob und wie sie sich in die Praxis umsetzen lassen. Für ihn ist die beste realisierbare Staatsform die gemischte Demokratie oder der Bürgerstaat (Politie). Sie ist seiner Meinung nach (89b17-19) jedoch nur für Staaten geeignet, in denen das Volk nicht mehr „sklavenhaft" und unkritisch obrigkeitsgläubig ist, sondern hinreichend gebildet, um sich nach demokratischen Regeln von gewählten Mitbürgern regieren zu lassen.
Jetzt orientiert er sich an einer Zwischenstufe, d.h. den real existierenden Demokratien, deren Bürger sozusagen im Durchschnitt weder sehr gebildet noch völlig ungebildet sind.

95a31-34 Die sogenannten Aristokratien, über die wir jetzt geredet haben, sind teils besser als die meisten Staaten, teils aber stehen sie dem sogenannten Bürgerstaat (Politie) nahe. Man kann daher über sie zusammen sprechen.

Das sind Staaten, die wie Sparta als gut galten, aber nicht in jeder Hinsicht vorbildlich sind, also sozusagen in der Mitte stehen zwischen der bestmöglichen und der schlechtesten Staatsform.

95a34-b1 Wenn zum glücklichen Leben Tugend/Tüchtigkeit (*areté*) gehört und diese eine Mitte (zwischen Extremen) ist, dann ist ein mittleres Leben am besten.

Die Demokratie funktioniert nach Aristoteles am besten, wenn die Bürger insgesamt durchschnittlich tugendhaft/tüchtig sind und kein Robespierre von ihnen verlangt, absolut tugendhaft zu sein und alle weniger tugendhaften auszurotten.

Dieselbe Begrenzung der Tugend/Tüchtigkeit (*areté*) und Schlechtigkeit (*kakía*) gilt auch für den Staat und die Staatsform.

Ein Staat sollte weder versuchen, unbedingt besser als andere zu sein, noch zulassen, schlechter zu sein, sondern sollte die „Mitte" (a37) anstreben, d.h. für eine innere und äußere stabile Ordnung sorgen und als Ziel das Wohlergehen (Glücklichsein) des Volkes haben.
Aristoteles warnt damit vor Rigorismus jeder Art. Er tritt sozusagen dafür ein, bei allen Entscheidungen die sog. „Verhältnismäßigkeit" zu prüfen.

95b1-96b3 *Ein neuer Begriff:* ***Mittelschicht/Mittelstand*** *als tragende Säule des Staates.*

95b1-13 In jedem Staat (*polis*) gibt es drei ökonomische Schichten: sehr Reiche, sehr Arme und eine Mittelschicht. Ein mittelgroßer Besitz ist am besten, weil er am ehesten zu vernünftigem Denken (*logos* b6) führt. Übermaß und Mangel führen zu Fehlverhalten (*kakourgía* b11). Politische Abstinenz und Drängelei nach politischen Ämtern (b12-13) schaden dem Staat.

95b13-25 Wenn es im Staat (*polis*) nur sehr Reiche und sehr Arme (b18) gäbe, bestünde er aus übermütigen Herren (*despótes* b21) und devoten Knechten (*doulos* b21), die sich gegenseitig verachten bzw. beneiden, und nicht aus freien Bürgern (b22). Das wäre keine auf Freundschaft (*philía* b23) beruhende politische Gemeinschaft.

Eine solche Kluft zwischen Unternehmern und Arbeitern bedeutet ständige Unruhe bis hin zum Bürgerkrieg, wenn der Abstand zwischen reich und arm immer größer wird.

95b25-34 Der Staat sollte möglichst aus Gleichen bestehen, also aus Bürgern, die weder sehr reich noch sehr arm sind, sondern einen mittleren Besitz haben.

Anders als Marx will Aristoteles den wirtschaftlichen Wettbewerb und den sich daraus ergebenden Unterschied zwischen reich und arm nicht abschaffen, sondern vernünftig begrenzen. Seiner Meinung nach ist das möglich, wenn Wirtschafts- und Sozialpolitik das als gemeinsames Ziel haben. Wenn die Vernünftigen beider Parteien eine breite Mitte bilden, werden neu entstehende extreme (radikale) Parteien politisch möglichst klein gehalten.

95b34-37 Eine starke Mitte, die den beiden Extremen überlegen ist, sichert den Bestand des Staates (= der Demokratie).

Die Extreme sind diejenigen Kräfte, die eine radikale Oligarchie bzw. eine radikale Demokratie wünschen. Heute würde man sagen, die einen sind für absoluten Kapitalismus und ungehinderte Marktwirtschaft, die anderen für absoluten Sozialismus und radikale Umverteilung. Wenn die Mitte stark ist, haben die Extreme entsprechend geringen politischen Einfluß.

95b37-39 Wenn die Mitte allein nicht stark genug ist, kann sie sich mit der einen extremen Partei gegen die andere verbünden und mit ihr zusammen das politische Übergewicht im Staat erlangen.

Ein fragwürdiger Vorschlag (eines Schülers?). Das wirtschaftlich aufgestiegene Bürgertum konnte z.B. in Deutschland zusammen mit der traditionellen Aristokratie lange Zeit hindurch die Armen (das einfache Volk) von der politischen Macht fernhalten. Aber als das

Bürgertum 1933 ein Bündnis mit einer extremen Partei einging, hatte das verheerende Folgen.

95b39-96a6 Daher ist es (für eine Demokratie) das größte Glück, wenn die Bürger über einen mittleren und hinreichenden Besitz verfügen.
Wo die einen sehr viel und die anderen nichts besitzen, kommt es entweder zur radikalen Demokratie oder zur radikalen Oligarchie
oder zur Tyrannis wegen des Übermaßes in einer der beiden Richtungen; denn aus der ungezügelten Demokratie und Oligarchie wird eine Tyrannis, aus ihren mittleren (gemäßigten) und einander näherstehenden Formen dagegen viel seltener.

Absolute demokratische Freiheit kann zu anarchischen Verhältnissen führen, die ein als Retter auftretender Demagoge nutzen kann, die Macht an sich reißen (92b41-93a12). In der von Oligarchen autokratisch regierten Demokratie kann der reichste Oligarch zum Tyrannen werden (92b5-10, 93a30-34).

Die Ursache werden wir später unter „Veränderungen der Staatsformen" nennen.

„später". In Buch V werden 2a22-b33 Ursachen für den Übergang von der Demokratie zur Tyrannis aufgezählt. 10b12-31 heißt es, entweder könne ein Demagoge (vgl. 92a7-30), der das Volk gegen die regierenden Oligarchen aufhetzt, oder ein König oder ein Oligarch zum Tyrannen werden.

96a7-9 Eine (starke politische) Mitte ist am besten, weil es dann am wenigsten zu politischen Unruhen kommt.

Wenn die Mehrheit der Bürger zufrieden ist, haben linke oder rechte Demagogen keine Chance, bei ihnen Gehör zu finden.

96a9-13 Das zeigt sich besonders an großen Staaten mit starker Mitte; in kleinen gibt es dagegen oft keine Mitte zwischen Reichen und Armen.

In kleinen Staaten pflegten die Oligarchen die Zügel fest in der Hand zu halten. Man kann auch an deutsche Städte in vordemokratischen Zeiten denken, wo die sog. Honoratioren regierten.
Nach 86b20-22 hat der Anwachs der Bevölkerung zur Demokratie geführt.

96a13-21 Grundsätzlich sind Demokratien dauerhafter als Oligarchien, weil in ihnen die demokratische Mehrheit die meisten politischen Ämter besetzt hat.

Leider genügt die Besetzung der politischen Ämter nicht, wenn die Demokratie nicht fähig ist, sich gegen innere Feinde zu verteidigen, die die demokratische Freiheit benutzen, um sie abzuschaffen. Wie Platon glaubte Aristoteles, das sei das unausweichliche Schicksal jeder Demokratie, in der die private Freiheit an oberster Stelle steht.

96a22-36 Daraus ist klar, daß die meisten (demokratischen) Staatsformen entweder Oligarchien oder Demokratien sind, weil die Mitte zu schwach ist.

Für Aristoteles gab es, wie es scheint, zu seiner Zeit in Griechenland fast nur noch Zwei-Parteien-Demokratien, wo die Partei der Oligarchen und die der Demokraten um die Macht stritten, statt gemeinsam für das Wohlergehen des Staates und des Volkes zu sorgen.

96a36-40 Daher gibt es niemals oder selten eine Staatsform mit starker Mitte. Nur einer der früheren Herrscher war bereit, sie einzuführen.

Solon erreichte 594 als gewählter Schiedsrichter die Annäherung zwischen Reichen und Armen durch maßvollen Ausgleich. Das führte in Athen zur Entstehung eines Mittelstandes und zu einer gemäßigten Demokratie, die jedoch nach und nach immer radikaler wurde.

96a40-b2 Jetzt ist es schon üblich, Gleichheit nicht mehr zu wollen, sondern man meint, die einen müßten regieren und die anderen sich regieren lassen.

Es gab also den Ruf nach Abschaffung der Demokratie, weil autokratisch regierte Staaten angeblich besser funktionieren.

Heute zeigt sich das als Streit zwischen der Europäischen Union, die autokratisch regieren möchte, und Nationalstaaten, die ihre Rechte wahren wollen.

96b2-3 Hieraus ist klar, welches die beste (real mögliche) Staatsform ist und aus welchem Grund.

Die beste real mögliche Staatsform ist danach eine Demokratie, in der die Mitte stark ist und die Politik des Staates bestimmt. Das ist der Fall, wenn eine hinreichend große Zahl von gemäßigten Oligarchen und gemäßigten Demokraten im Interesse des Gemeinwohls politisch zusammenarbeiten.

96b3-9 *Hierarchie der demokratischen Staatsformen.*

Danach könnten wir die Varianten der demokratischen oder oligarchischen Staatsform (= Varianten der Demokratie) nach „erstens“, „zweitens“ usw. ordnen, mit zunehmendem Abstand von der besten.

Damit sind die Stufen unterschiedlicher Mischung der demokratischen und der oligarchischen Kräfte gemeint, die je nach der relativen Machtverteilung als Demokratie oder Oligarchie bezeichnet wurden.

Die „beste“ ist die theoretische ideale Demokratie, in der die Mischung von Oligarchie und Demokratie zur politischen Gleichberechtigung aller Bürger führt, wodurch die Einheit des Staates und die Stabilität der Demokratie gesichert wird.

96b9-12 Unter Umständen kann eine schlechtere Staatsform nützlich sein, obwohl es eine bessere gibt.

Bei einem Volk mit sehr niedrigem Bildungsstand oder gefestigter undemokratischer Tradition kann es keine Demokratie geben, sondern nur eine autokratische Regierung, also eine Königsherrschaft oder traditionelle Aristokratie oder radikale Oligarchie oder Tyrannis oder ein sog. Gottesstaat. Vgl. 89b17-19.

Aristoteles hätte heute davor gewarnt, dort mit Gewalt die Demokratie einführen zu wollen.

IV, Kap. 12

96b13-14 Anschließend an das Gesagte ist durchzugehen, welche Staatsform (Variante der Demokratie) welchen Menschen nützt.

In den Kapiteln IV,12-13 werden Varianten der Demokratie behandelt, die sich aus Unterschieden der Bevölkerungsstruktur ergeben.

96b14-16 Der Teil (des Volkes), der die Staatsform bewahren will, muß stärker sein als derjenige Teil, der für Veränderung ist.

94b34-41 hieß es, im (aus Oligarchie und Demokratie) gemischten Staat müßten beide Parteien für den Erhalt der Staatsform, d.h. der Demokratie, eintreten.

96b17-24 In jedem (demokratischen) Staat gibt es bei der Frage, wer regieren soll, einen Konflikt zwischen Qualität und Quantität, d.h. zwischen einer Minderheit, die sich durch Freiheit, Reichtum, Bildung, Adel auszeichnet (und Regierungserfahrung besitzt), und der Mehrheit der einfachen (politisch unerfahrenen) Bürger, die ihrer alltäglichen Arbeit nachgehen müssen, um sich und ihre Familie zu ernähren (und daher keine Zeit haben, politisch aktiv zu sein).

„Freiheit". Auch die einfachen Bürger sind frei, d.h. keine Sklaven, aber sie haben nicht die Freiheit der Lebensgestaltung, die der Oberschicht möglich ist. Vgl. 82b23-83a22.

96b24-34 Je nachdem welcher Teil das (politische) Übergewicht hat, kommt es zur demokratisch regierten oder zur oligarchisch regierten Variante der Demokratie.

96b34-40 Jeder Gesetzgeber in einer Oligarchie oder Demokratie (d.h. in einer aus Oligarchie und Demokratie gemischten Demokratie) muß daher erreichen, daß eine Mittelschicht zwischen Reichen und Armen entsteht und die politische Macht übernimmt; denn nur dann kann ein Staat auf die Dauer erhalten bleiben.

Ein Gesetzgeber, der politische Spannungen und einen Bürgerkrieg verhindern will, muß also den ideologischen Gegensatz zwischen Kapitalisten und Sozialisten dadurch entschärfen, daß er sozusagen eine Partei der Gemäßigten gründet, die für eine Mischung der ideologischen Extreme eintritt, wie sie im heutigen Begriff „Soziale Marktwirtschaft" steckt.

96b40-97a1 Dabei ist nicht zu befürchten, daß sich radikale Oligarchen und radikale Demokraten gegen den Mittelstand verbünden.

Radikale Oligarchen („Rechte“) und radikale Demokraten („Linke“) sind ideologisch verfeindet und daher kaum imstande, gemeinsame Sache zu machen.

97a2-5 Sie werden – wegen des gegenseitigen Mißtrauens – auch nicht vereinbaren, abwechselnd zu regieren.

Selbst wenn es ihnen gemeinsam gelänge, den Mittelstand von der politischen Macht fernzuhalten, würde ihre Gemeinsamkeit enden, sobald es um die Frage geht, wer von ihnen regieren soll und wie sich ein Bürgerkrieg verhindern läßt. Daß sie vereinbaren, abwechselnd zu regieren, ist völlig ausgeschlossen, weil keine Seite darauf vertraut, die andere werde einem Wechsel zustimmen, wenn sie an die Macht gekommen ist.

97a5-6 Da kann nur ein vertrauenswürdiger Schiedsrichter (*diaitetés*) helfen, der in der Mitte zwischen den Fronten steht.

Das war in Athen Solon. Er bremste die den Staat bedrohende zunehmende Spaltung zwischen Reichen und Armen und schuf eine gewisse Annäherung der zwei Schichten und damit praktisch einen Mittelstand. Vgl. 96a36-40.

97a6-b12 *Gute und schlechte Mischung.*

97a6-7 Je besser die Staatsform (Demokratie) gemischt ist, um so dauerhafter ist sie.

Sie ist um so dauerhafter, je größer die Mehrheit der Mittelschicht in der Volksversammlung ist.

97a7-13 Viele (Gesetzgeber oder Theoretiker), die Aristokratien (= Demokratien, in denen die Besten regieren) einrichten wollen, machen den Fehler, die Reichen zu begünstigen und die Armen zu hintergehen. Zwangsläufig erweisen sich die den Armen versprochenen Vorteile mit der Zeit als Nachteile; denn die dem Staat schadende Eigensucht der Reichen (heute: Kapitalisten) ist größer als die der Armen.

Nicht alle Kapitalisten sind so selbstsüchtig, wie ihnen gewöhnlich unterstellt wird, aber die meisten wollen – anders als Franz von Assisi – natürlich reich bleiben. Umgekehrt kann bekanntlich der politische Versuch, privaten Reichtum ganz abzuschaffen, einen Staat wirtschaftlich ruinieren.

IV, Kap. 13

97a14-35 Die Oligarchen (in einer ungefestigten Demokratie) versuchen durch fünf Tricks (*sophísmata* a35), die Armen politisch nicht hochkommen zu lassen. Sie erschweren ihnen nach Kräften, Volksversammlungen zu besuchen, politische Ämter zu übernehmen, Richter zu sein, Waffen zu tragen und Sport zu treiben. Die Reichen lassen sie dagegen Strafe zahlen, wenn sie keine politischen Aufgaben übernehmen.

Die wirklich Armen haben ohnehin für die Politik kaum Zeit, weil die tägliche Arbeit sie voll ausfüllt. Die etwas besser gestellten Bürger können wegen zu geringer Steuerleistung oder durch hohe Beiträge zu irgendwelchen politisch einflußreichen Clubs von der Politik ferngehalten werden.

97a35-38 Die Demokraten machen es umgekehrt. Die Armen erhalten Tagegelder, wenn sie zur Volksversammlung gehen und sich zum Richter wählen lassen, die Reichen werden nicht bestraft, wenn sie das nicht wollen.

In Deutschland werden hauptamtliche Politiker besoldet oder erhalten sog. Diäten, aber niemand wird bestraft, wenn er es ablehnt, Politiker zu werden oder auch nur zu Wahlen zu gehen. Das sieht sehr demokratisch aus, weil Politiker nicht reich sein müssen und niemand gezwungen ist, sich politisch zu betätigen. Der Effekt ist jedoch weniger demokratisch; denn Politiker haben es leichter, wenn die Nicht-Politiker außer bei Wahlen möglichst wenig politisch mitreden dürfen (wenn z.B. Volksbefragungen vermieden werden), und die Reichen werden dadurch nur vordergründig aus der Politik herausgehalten, weil sie indirekt selbst oder durch Lobbyisten weiter mitspielen können.

97a38-b1 Beides ist offensichtlich falsch. Wenn man gerecht mischen will, muß man die Armen besolden (damit sie politisch tätig sein können) und die Reichen bestrafen (wenn sie sich aus der Politik heraushalten). Dadurch sollen Reiche und Arme veranlaßt werden, gemeinschaftlich (zum Besten des Staates) zusammenzuarbeiten; andernfalls würde der Staat (die Macht im Staat) nur der einen Seite gehören.

Dann wäre es kein gemischter Staat, sondern entweder eine radikale Oligarchie oder eine radikale Demokratie. Auch im antiken Athen gab es keine Wahlpflicht, sondern nur ein Quorum von Anwesenden, das bei Volksversammlungen erreicht werden mußte, weswegen, um die Demokratie zu stärken, Tagegelder eingeführt wurden, wodurch die Demokratie radikaler wurde.

97b1-2 Zugang zu politischen Ämtern müssen auf jeden Fall alle Bürger haben, die Waffen besitzen (= die Wehrpflichtigen).

Das waren in der Demokratie alle rechtlich anerkannten Bürger. Doch in manchen Staaten konnten nur Bürger der obersten Steuerklasse in politische Ämter gewählt werden. Vgl. den historischen Rückblick 97b16-28.

Vergleichbar wäre das Dreiklassenwahlrecht, das 1849 in Preußen eingeführt wurde. Solche Einschränkungen sind heute undenkbar.

97b2-6 Der Steuersatz (der zur Übernahme von politischen Ämtern berechtigt) darf nicht zu hoch sein, sondern muß niedrig gehalten werden, damit die Zahl der Berechtigten größer ist als die Zahl der nicht Berechtigten.

Damit gehört auch der untere Mittelstand zu den Berechtigten und nur die wirtschaftlich unterste Schicht ist weiter ausgeschlossen.

97b6-10 Die Armen, die keine politischen Ämter haben, pflegen Ruhe zu halten, wenn man sie nicht schikaniert und ihren Besitz nicht antastet. Doch amtierende Politiker sind da nicht immer wohlwollend.

Die regierenden Oligarchen profitierten davon, daß kleine Bauern und Handwerker tagaus, tagein für ihren Lebensunterhalt arbeiten mußten und keine Zeit hatten, politisch aktiv zu sein. Regierende Oligarchen nutzten das zu ihrem Vorteil aus.

Vergleichbar wäre es, wenn in einer modernen Demokratie im Parlament überwiegend reiche Kapitalisten säßen.

97b10-12 Außerdem müssen die Armen, wenn sie zum Kriegsdienst eingezogen werden (und als Arbeitskraft oder Geldverdiener ausfallen), sicher sein, daß der Staat in dieser Zeit für den Unterhalt ihrer Familie aufkommt.

Auch jede oligarchische Regierung einer Demokratie mußte zwangsläufig dazu bereit sein.

97b16-28 ***Historischer Rückblick*** *(vgl. 86b3-22).*

97b16-24 Nach der Königszeit regierten die Waffenbesitzer. Zuerst waren das nur die Berittenen, doch als die Staaten größer wurden, auch die schwerbewaffneten Fußkämpfer.

Während der Königszeit mußte das Volk Steuern zahlen und Kriegsdienst leisten, ohne politisch mitreden zu dürfen. Danach kam es zur Aristokratie, d.h. eine Oberschicht, der sog. Ritterstand, regierte den Staat. Daraus wurde schließlich die Demokratie, als die Bürger die Macht übernahmen und die Volksversammlung die oberste politische Instanz war.

97b24-25 Was wir heute „Staat“ (*politeía*, Bürgerstaat/Politie) nennen, hieß früher Demokratie.

„Demokratie“ (Volksherrschaft) war ursprünglich ein Kampfbegriff, mit dem das „Volk“ (*demos*) die Abschaffung der regierenden „Aristokratie“ forderte. In der etablierten Demokratie war dieser Gegensatz aufgehoben, weil nun die Aristokraten zum Volk gehörten und einfache Bürger waren.

Man sprach in demokratischen Zeiten daher statt von Demokratie öfter von „Staat“ (*politeía*) und meinte damit den Bürgerstaat/Politie, d.h. eine Demokratie, deren eigentliches Wesen die Gleichheit aller Bürger ist. Damit vermied man den ursprünglich diskriminierenden Terminus *dēmos*, der jetzt nicht mehr das Volk im Gegensatz zur Regierung, sondern die Gesamtheit der Bürger als Volk bezeichnete.

97b25-28 Die alten Staaten waren von Natur aus Oligarchien oder Königtümer, weil die Mitte aus Mangel an Menschen klein war. Das Volk war nicht zahlreich und war schlecht organisiert und ertrug es, (von einigen oder einem) regiert zu werden.

97b28-34 *Abschlußformel.* Warum es mehrere Staatsformen gibt und weitere neben den genannten, ferner welche Unterschiede existieren und aus welchem Grunde, außerdem welches die beste der Staatsformen ist und welche für welche paßt, ist gesagt.

Eine Zusammenfassung von Buch III und Buch IV, Kap. 1-13.

IV, Kap. 14

97b35-1a15 ***Teile der Demokratie*** *(Staatsorgane).*

97b35-98a3 Wir wollen weiter allgemein und einzeln über diese (aus Oligarchie und Demokratie gemischten) Staatsformen und das, was dazugehört, reden, wobei wir vorweg sagen, was sie (alle) betrifft, nämlich daß jede (gemischte) Staatsform aus drei Teilen besteht. Der gute Gesetzgeber muß darüber nachdenken, welche Rolle sie in seinem Staat spielen sollen, weil dessen Funktionieren davon abhängt. Diese Struktur kann in jedem Staat etwas anders aussehen.

Die drei Teile sind (1) das Beratende, (2) Regierung/Verwaltung, (3) Justiz.

98a3-99a2 ***(1) Das Beratende.***

98a3-9 Das Beratende (*to bouleuómenon*) ist die Instanz im Staat, die für die wichtigsten Entscheidungen zuständig ist: Krieg, Frieden, Abschluß und Auflösung von Bündnissen, Gesetzgebung, Todesstrafe, Verbannung, Vermögenseinzug, Wahl von Beamten, Rechenschaftsablegung.
Das kann die Volksversammlung oder ein Ratsgremium oder der Kreis der höchsten Beamten sein, wobei die einzelnen Zuständigkeiten in den Staaten unterschiedlich verteilt sind.

Für Aristoteles ist das in der guten Demokratie die Volksversammlung als oberste Instanz im Staat.

98a9-b13 Manches sieht da eher demokratisch (a10) aus, manches eher oligarchisch (a34). Wo gewählt wird, könnte man das Aristokratie (b7, b10) nennen (wenn die Besten gewählt werden). Wo einfach (*haplôs* b9) ausgelost wird, ist es ein Bürgerstaat (*politeía* b11).

Im Bürgerstaat/Politie gelten alle Bürger als gleich und der Theorie nach entscheidet das Los (der Zufall), wer regieren darf.
Als Beispiele werden vier demokratisch und fünf oligarchisch regierte Varianten genannt.

98b13-99a1 Mehr demokratisch ist eine Demokratie, wenn möglichst viele Bürger an politischen Entscheidungen mitwirken, mehr oligarchisch (b27) ist sie, wenn eine kleine Gruppe von Politikern den Staat regiert.

99a1-2 Soviel über die beratende Instanz des Staates.

IV, Kap. 15

1299a3-1300b12 ***(2) Regierung/Verwaltung.***

99a3-14 Es gibt viele verschiedene Ämter (*archai*). Die Amtsdauer und die

Auswahl (der Beamten) kann in den Staaten ganz unterschiedlich sein.

99a14-30 Die Definition des Beamten ist unterschiedlich; vor allem die Abgrenzung zwischen Regierung und Verwaltung ist schwierig. Priester, Choregen,[45] Herolde sind nicht Beamte, obwohl sie wie diese gewählt oder ausgelost werden. Eigentliche Beamte können entscheiden und befehlen.

99a31-b20 Welche und wie viele Ämter braucht der Staat? Auch dazu gibt es ganz unterschiedliche Antworten. In großen Staaten ist die Verwaltung spezialisierter als in kleinen. Spezialisierung ist meist besser (a38).

99b20-30 Unterschiede gibt es in den demokratischen, oligarchischen, aristokratischen und monarchischen Staatsformen (Varianten der Demokratie).

> Vgl. 93a35-39, wo Aristoteles diese vier Varianten als gängiges Schema zitiert. Monarchisch ist eine Demokratie, wenn es ein oberstes führendes Amt (wie in Deutschland den Bundeskanzler) mit besonderen Kompetenzen gibt, was Aristoteles allerdings für einen Fehler hält und als undemokratisch grundsätzlich ablehnt.

99b30-1300a31 Die Auswahl der Beamten kann demokratisch sein (d.h. jeder kann Beamter werden) oder oligarchisch sein (d.h. sie ist nach bestimmten Kriterien begrenzt). Daraus ergeben sich fast zahllose Varianten.[46]

1300a31-b12 Im Ergebnis sind die (gemischten) Staaten entweder demokratisch oder oligarchisch regiert. Bei eher demokratischer Regierung könnte man auch „Bürgerstaat" (Politie) sagen, bei eher oligarchischer „Aristokratie".

> „Bürgerstaat", weil alle Bürger als gleich gelten, „Aristokratie", weil „die Besten" gewählt werden können.

Daraus wird klar sein, welche Ämter durch welche Kompetenz (*dýnamis* b8-9) nützlich sind für Steuern, öffentliche Aufsicht, Krieg und Handel.

<u>IV, Kap. 16</u>

<u>1300b13-35</u> ***(3) Justiz.***

1300b13-18 Drei Kriterien, nach den man Gerichte (in gemischten Demokratien) unterscheiden kann:
– Die Besetzung der Gerichtshöfe kann demokratisch oder oligarchisch sein,
– ihre Zuständigkeit kann sehr unterschiedlich sein,
– Richter können ausgelost oder gewählt werden.

1300b18-35 Erstens ist zu unterscheiden, wie viele Arten von Gerichten es gibt. Es sind nämlich acht:

---

[45] Reiche Bürger, die z.B. den Chor bei einer Tragödienaufführung finanzieren mußten.

[46] Antike oder mittelalterliche Leser haben anscheinend auf verschiedene Weise versucht, die genaue Zahl zu bestimmen. Von ihnen stammen die im überlieferten Text genannten Zwischenergebnisse „drei" und „vier" und das Endergebnis „zwölf". Die dadurch entstandene Verwirrung hat W.D. Ross in seiner Oxford-Ausgabe durch konjizierte Ergänzungen aufzulösen versucht.

– für Rechenschaftsablage (von Beamten),
– für Verbrechen gegen die Gemeinschaft,
– für Verfahren wegen der Staatsform (d.h. wegen Versuchen, sie zu ändern),
– für Einsprüche von Beamten und Privatleuten gegen auferlegte Strafen,
– für Vertragsrecht in schwerwiegenden Fällen,
– für Tötungsdelikte
  mit Unterabteilungen für Mord, Totschlag, strittige Tötung, Wiederaufnahme,
– für Fremdenrecht
  mit Unterabteilungen für Fremde untereinander und für Fremde gegen Einheimische,
– für Bagatellsachen.

1300b35-38 Das sei genug zu diesen acht. Nur zu den politischen Prozessen wollen wir etwas sagen: Wenn sie nicht sorgfältig durchgeführt werden, kommt es zu Machtkämpfen und Umsturz.

1300b38-1301a2 Richter sind entweder für alles zuständige Allgemein-Richter oder Spezial-Richter und werden entweder gewählt oder ausgelost. Das ergibt vier Arten.

In älterer Zeit und in kleinen Staaten gab es wahrscheinlich nur Allgemein-Richter, während die 1300b18-35 aufgezählten Spezialgerichte erst nach und nach aufkamen und vollständig höchstens in großen Staaten wie Athen existierten.

Wahl bedeutet Differenzierung nach Qualifikation für Spezialgerichte und ist ein monarchisches oder oligarchisches Prinzip, Auslosung heißt Gleichheit und ist demokratisch.

Alle Richter wurden gewählt, aber um Bestechungen auszuschließen, wurden sie für die einzelnen Prozesse erst unmittelbar vor Prozeßbeginn ausgelost.

1301a2-6 Allgemein-Richter können aus einer Gruppe gewählt oder ausgelost sein oder teils ausgelost, teils gewählt sein. Oder einige Gerichtshöfe bestehen aus ausgelosten und gewählten Allgemein-Richtern.

Hier geht es darum, daß man damals überzeugt war, auch Richter seien nur Menschen und könnten nicht aus ihrer Haut heraus. Man dachte sich daher allerlei komplizierte Verfahren aus, um eine möglichst gut gemischte Besetzung von Gerichtshöfen zu erreichen und Gruppeninteressen dadurch zu neutralisieren.

1a6-10 Ferner können sie bei Gerichtshöfen aus der Gesamtheit der Bürger oder aus einem Teil oder aus beiden kommen.

Auch hier scheint es um das Problem der möglichen Befangenheit zu gehen.

1a10-15 *Abschlußformel*. So viele Arten von Gerichtshöfen kann es (in der aus Oligarchie und Demokratie gemischten Demokratie) geben.

Die einen sind demokratisch, die anderen oligarchisch, die dritten (gemischt) aristokratisch/bürgerlich.
Demokratisch sind sie, wenn in der Volksversammlung die demokratische Partei die Mehrheit hat und parteiübergreifend wählt,
oligarchisch, wenn die oligarchische Partei die Mehrheit hat und nur Oligarchen wählt,
aristokratisch/bürgerlich, wenn die Volksversammlung die besten Bürger wählt.

Das letzte ist in derjenigen Demokratie der Fall, in der möglichst alle Bürger vernünftig sind und von der Justiz möglichst gerechte Urteile erwarten können.
Aristoteles denkt nicht an die Wahl von Einzelrichtern, sondern von Richterkollegien, weil er dem einzelnen Menschen kein objektives Urteil zutraut. Vgl. 81a40-b10.
Daß es Richterkollegien mit mehreren Hundert Mitgliedern gab, hält er nicht für erwähnenswert, weil er das als allgemein bekannt voraussetzen konnte.

Buch V

Veränderung und Erhaltung von Staatsformen.

Kap. 1-9 oligarchisch bzw. demokratisch regierte Demokratie (Demokratietheorie).

Kap. 10-12 *Königtum und Tyrannis (Sechserschema).

V, Kap. 1

1a19-25 *Abschlußformel und Ankündigung.* Über alles andere, was wir uns vorgenommen hatten, ist weitgehend gesprochen worden. Anschließend muß untersucht werden, aus wie vielen unterschiedlichen Gründen Staatsformen sich generell und im einzelnen verändern, d.h. zugrunde gehen oder erhalten bleiben.

1a25-7b25 *Veränderung von gemischten Demokratien* *(Kapitel 1–7).*

Das sind Zwei-Parteien-Demokratien, die von Aristoteles oft einfach als Oligarchie und Demokratie unterschieden werden, je nachdem ob die Regierung oligarchisch oder demokratisch ist.

1a25-39 Vor allem muß man die Ursache (*arché*) der Veränderung kennen. In den vielen (gemischten) Staaten wollen alle Gerechtigkeit und Gleichheit. Aber dabei machen sie den Fehler, daß die einen die Gleichheit verabsolutieren und mehr Demokratie haben möchten, die anderen die Anerkennung der natürlichen Ungleichheit verlangen und die Oligarchie für richtig halten. Wenn beide Parteien glauben, politisch zu kurz zu kommen, führt das zu ständigen politischen Unruhen (a39).

Die Parteien dürfen mit demokratischen Mitteln um die Macht streiten, müssen aber anerkennen, daß der Staat nur lebensfähig ist, wenn es beides gibt, differenzierende Gleichheit (Wettbewerb) und absolute Gleichheit (Umverteilung).

1a39-b6 Am ehesten hätten diejenigen das Recht, (gegen die absolute Gleichheit) zu revoltieren, die wegen ihrer Tugend/Tüchtigkeit (*areté*) herausragen, aber am wenigsten zum Revoltieren neigen. Andere berufen sich auf edle Abstammung und Reichtum.

In der Demokratie dürfen bei Wahlen weder edle Abstammung noch Reichtum den Ausschlag geben, sondern allein Tugend/ Tüchtigkeit (*areté*) der Kandidaten, weil es für den Staat am besten ist, wenn sie regieren.

Die Volksversammlung müßte diese – sich vornehm zurückhaltenden – Männer herausfinden und für die regierenden Ämter wählen.

1b6-26 Es gibt Veränderung in beiden Richtungen: von der Demokratie zur Oligarchie und umgekehrt bzw. vom Bürgerstaat (Politie) zur Aristokratie und umgekehrt.

Bürgerstaat (Politie) und sogenannte Aristokratie sind besonders stabile Formen der Demokratie.

Dabei geht es meist nicht um die Veränderung der Staatsform (Verfassung), sondern um die Art der Regierung; manche reden sogar von Monarchie (b13 = Regierung des Besten). Die einen fordern mehr Oligarchie und die anderen mehr Demokratie.

Gemeint ist also nicht eine Veränderung hin zur radikalen Oligarchie bzw. radikalen Demokratie des Sechserschemas, sondern eine Machtverschiebung zwischen Volksversammlung („viele") und Regierung („einige").

1b26-2a8 Denn immer geht der Streit um die Ungleichheit, weil es arithmetische (absolute) und wertende (differenzierende) Gleichheit gibt. Bei der arithmetischen werden die Menschen insgesamt als gleichartige Einheiten betrachtet, bei der differenzierenden werden zwei in sich gleichartige Einheiten nach einem bestimmten Wert unterschieden.

Wer für die wertende Gleichheit eintritt, hält die arithmetische für ungerecht und verlangt daher die Anerkennung der Ungleichheit, weil sie gerecht sei – und umgekehrt.

„Wert" (*axía*) ist der Nutzen, den jemand für den Staat hat. Reiche Bürger wurden für ein politisches Amt gewählt, weil man ihnen wegen ihres wirtschaftlichen auch politischen Sachverstand zutraute. Weniger reiche Bürger wählte man, wenn sie aus anderen Gründen als „Beste" galten.

2a8-13 Die Demokratie (= wenn die demokratische Partei regiert) ist stabiler und weniger durch innere Unruhen gefährdet als die Oligarchie (= wenn die oligarchische Partei regiert); denn in der Oligarchie streiten die Oligarchen untereinander und haben das Volk zum Gegner, in der Demokratie ist das Volk sich einig im Kampf gegen die Oligarchen.

Wenn das Volk, also die große Mehrheit, sich für den Erhalt der Demokratie einsetzt, ist diese stabiler, als wenn man die Regierung einer Minderheit überläßt, in der manche die Macht des Volkes (der Volksversammlung) begrenzen möchten.

In unserer heutigen Demokratie hält die Regierung es für richtig, sich beim Regieren nicht durch Volksbefragungen stören zu lassen.

2a13-15 Ein Staat, dessen Mitte stark ist, steht der Demokratie näher als der Oligarchie und ist daher besonders stabil.

Die „Mitte" wurde in Buch IV, Kap. 11 (95b1-24) als neuer Begriff eingeführt.

Die Mitte ist stark, wenn in der Volksversammlung gemäßigte Oligarchen und gemäßigte Demokraten die große Mehrheit sind und gemeinsam die gemischte Demokratie als Staatsform erhalten wollen.

<u>V, Kap. 2</u>

<u>2a16-b5</u> ***Drei Ursachen der Veränderung.***

2a16-22 Da wir untersuchen, warum es (in der Demokratie) zu Revolten und politischen Veränderungen kommt, müssen wir zuerst die Ursachen und Gründe dafür finden. Es sind im allgemeinen drei zu unterscheiden. Denn man muß wissen,
(1) in welcher (politischen) Situation sich die Aufrührer befinden,
(2) welche Ziele sie erreichen wollen,
(3) was die (psychischen) Ursachen der politischen Wirren und Zwistigkeiten sind.

2a22-31 (1) Situation (*pōs échontes*, „sich wie befindend").
Sowohl Demokraten als auch Oligarchen behaupten, sie seien politisch benachteiligt, und halten das für ungerecht. Die Demokraten berufen sich auf die (arithmetische) Gleichheit, die Oligarchen auf die (natürliche) Ungleichheit.

2a31-b2 (2) Ziele (*perí hōn*, „weswegen").
Es gibt Streit um (materiellen) Gewinn (*kerdos*) und Ansehen (*timé*), nicht nur im eigenen Interesse, sondern auch dem von Freunden. Da kann man sieben oder mehr Gründe unterscheiden, wobei Gewinn und Anerkennung etwas anderes bedeuten, wenn Menschen nicht im eigenen Interesse streiten, sondern sehen, daß andere zu Recht oder zu Unrecht mehr haben oder mehr haben wollen.

2b2-5 (3) Psychische Ursachen.
Das sind Übermut, Furcht, Gefühl der Überlegenheit, Verachtung, Größerwerden, Intrigen, Geringschätzung, Gefühl der Unterlegenheit, Ungleichheit.

<u>V, Kap. 3</u>

<u>2b5-7b25</u> ***Historische Beispiele von Veränderungen.***

2b5-33 Veränderungen durch Übermut, Gewinnstreben, Habsucht, Ehrgeiz, Überlegenheit (Ostrakismos als Gegenmittel), Furcht, Verachtung.

Sieben Staaten, darunter Athen und Syrakus.

2b33-3a25 Veränderung des Zahlenverhältnisses zwischen Reichen und Armen durch Krieg (a3), Bestechung (a14), Treibenlassen (a16), schleichende Veränderung der Regeln (a21).

Sieben Staaten, darunter Athen und Tarent.

3a25-b3 Zum Streit kann es kommen zwischen Einheimischen und Zuwanderern, wobei die einen die anderen vertreiben.

Acht Staaten, darunter Byzanz und Syrakus.

3b3-7 Zum Streit kann es kommen, wenn in der Oligarchie (= der von Oligarchen regierten Demokratie) die demokratische Mehrheit meint, ihr geschehe Unrecht, weil ihre Gleichheit nicht anerkannt wird, bzw. wenn in der Demokratie die Angesehenen (*gnórimoi* = Oligarchen) wie Gleiche behandelt werden, obwohl sie Ungleiche sind.

Diese Gefahr wird vermieden, wenn die beiden Parteien nicht nur um die Macht streiten, sondern es zu einem dem Gemeinwohl dienenden Wider- und Wechselspiel zwischen wirtschaftlichem und sozialem Interesse kommt.

3b7-14 Es kann auch zwischen Landesteilen des Staates Streit geben.

Drei Staaten, darunter Athen/Piräus.

3b15-17 Die Hauptursachen für Streit sind:
(1) der Gegensatz zwischen Tugend/Tüchtigkeit und Schlechtigkeit,
(2) der Gegensatz zwischen Reichtum und Armut.

(1) „Schlechtigkeit" (*mochthería*) ist hier das egoistische Verhalten der Armen (der demokratischen Partei), die nur auf ihren Vorteil bedacht sind und dadurch das friedliche Zusammenleben in Staat und Gesellschaft gefährden.
(2) Wenn der Abstand zwischen reich und arm zu groß wird, führt das zwangsläufig zu sozialer Unruhe und Streit.

V, Kap. 4

3b17-4a17 Kleine Ursachen können große Wirkungen haben. Private Konflikte wie Liebesaffären, Erbstreitigkeiten und persönliche Kränkungen können Revolutionen auslösen.

Fünf Staaten, darunter Syrakus.

4a17-33 Veränderungen zur Oligarchie bzw. zu Demokratie und Bürgerstaat (Politie) gibt es, wenn die Regierung oder ein Teil des Volkes – wie z.B. die Schiffsbesatzungen in der Seeschlacht bei Salamis – sich besonders bewährt und an Ansehen gewonnen hat.

Sechs Staaten, darunter Athen und Syrakus.
Athen war bei Salamis mit 180 Schiffen (je bis zu 200 Ruderer und sog. Seesoldaten) beteiligt. Auch wenn die Besatzungen wahrscheinlich kaum zur Volksversammlung kommen konnten, war die demokratische Partei dadurch politisch gestärkt.

4a33-38 Man darf nicht übersehen, daß es zu politischen Unruhen kommt, wenn einflußreiche Gruppen von Bürgern oder Beamten oder wenn Phylen[47] und andere größere Teile des Volkes miteinander rivalisieren.

4a38-b5 Staatsformen (Verfassungen) geraten auch in Bewegung, wenn die entgegengesetzten Teile des Staates (die oligarchische und die demokratische Partei) gleichstark sind, aber die Mitte als Minderheit zu schwach ist, um dagegen vorzugehen. Der Grund (für die Schwäche) ist, daß die Zahl der an Tu-

[47] Phylen („Stämme") waren im Staat Athen (Attika) durch Kleisthenes künstlich geschaffene politische Untereinheiten, durch die regionale politische Interessen einander angeglichen werden sollten.

gend/Tüchtigkeit Herausragenden klein ist und sie daher dazu neigen, nicht zu revoltieren.

Das ist ein an die gemäßigten Bürger gerichteter Appell, für die politische Vernunft zu werben und dadurch die Mitte stark zu machen. Wenn es in der Demokratie nur eine radikale Wirtschaftspartei und eine gleichstarke radikale Umverteilungspartei gibt, die sich bekämpfen, besteht die Gefahr, daß die Demokratie ständig von einem Extrem in das andere verfällt und die politische Vernunft auf der Strecke bleibt.

Das kann nur verhindert werden, wenn die Mitte so stark ist, daß die Extreme nur Randerscheinungen sind, d.h. wenn die große Mehrheit der Bürger dafür sorgt, daß Wirtschaft und soziale Verantwortung zu ihrem Recht kommen. Zur „Mitte“ vgl. 95b25-34.

4b5-7 Das sind in allen Staaten die Ursachen und Gründe für Aufruhr und Veränderungen.

4b7-17 Wer die Verfassung eines Staates zu seinen Gunsten ändern will, kann das durch Gewalt (*bia*) oder durch Täuschung (*apáte*) erreichen. Entweder beginnen sie mit Überredung (*peísantes*) und gehen dann zur Gewalt über oder sie können weiter durch Überredung herrschen, weil das Volk mit der Änderung zufrieden ist.

In Deutschland hat man die Erfahrung gemacht, daß durch Gewalt, Täuschung und Überredung zunächst erzeugte Zufriedenheit nach zwölf Jahren in einer politischen Katastrophe enden kann.

<u>V, Kap. 5</u>

4b19-5a7 Die Demokratie wird am ehesten durch Skrupellosigkeit (*asélgeia* b21)[48] der Demagogen („Volksführer“) untergraben. Sie hetzen das Volk gegen die Reichen auf, oft mit dem Ergebnis, daß es ihnen gelingt, die Demokratie abzuschaffen.

Fünf Staaten, darunter Rhodos.

5a7-15 In alten Zeiten, als Volksführer und Heerführer dasselbe waren, wurden Heerführer oft zu Tyrannen. Heute manipulieren Demagogen durch die Tricks der hochentwickelten Rhetorik das Volk und werden so (ohne Gewalt anzuwenden) manchmal zu Tyrannen.

5a15-28 Früher sind hohe politische Beamte oder prominente Feinde der Reichen als Freunde des einfachen Volkes öfter zu Tyrannen geworden.

Vier Staaten, darunter Athen (Peisistratos) und Syrakus (Dionysios).

---

[48] Aristoteles hätte erwähnen können, daß sein Altersgenosse Demosthenes (*Philippika* II,9) diese Skrupellosigkeit dem Makedonenkönig Philipp II. vorwarf, als dieser dabei war, Griechenland zu unterwerfen. Zu seinem Stillschweigen zu Philipp vgl. Einleitung 5, Fußnote 11.

5a28-36 Eine ererbte gute Demokratie kann zur „neuesten" (*neotáte* = radikale Demokratie) werden, wenn ehrgeizige Demagogen in politische Ämter gewählt werden und dem Volk einreden, es stehe über den Gesetzen.

Dadurch können sie die Volksversammlung zu gesetzwidrigen Beschlüssen verleiten. Diese „neueste" Form der Demokratie führt zwangsläufig in ein gesetzloses politisches Chaos, was dann ein Demagoge ausnutzen kann, um Tyrann zu werden.

Das dazu vorgeschlagene „Gegenmittel" (*akos* a32), die Regierung nicht einfach von der Volksversammlung insgesamt, sondern nach Phylen wählen zu lassen, konnte es Demagogen etwas erschweren.

V, Kap. 6

5a37-b18 Es gibt vor allem zwei Arten der Veränderung der Oligarchie (= der von Oligarchen regierten Demokratie):

(1) Wenn die Oligarchen das Volk schikanieren, kann jeder, am ehesten ein Oligarch, die Führung (des revoltierenden Volkes) übernehmen und Tyrann werden. Naxos.

(2) Wenn die Zahl der regierenden Oligarchen sehr klein ist, wollen andere Oligarchen (= reiche Bürger) in diesen Kreis aufgenommen werden. Dadurch wird die Staatsform „bürgerlicher" (*polikōtéra* b10) und schließlich demokratisch (b11).

Vier Staaten, darunter Massalia (Marseille).

5b18-22 Das Volk ändert die Verfassung (macht sie demokratischer), weil es nicht von einer Minderheit regiert werden möchte, obwohl die oligarchische Regierung gut für es sorgt.

Erythrai.

5b22-39 Zum Umsturz in Oligarchien kommt es, wenn einige der regierenden Oligarchen durch Demagogie bei den Oligarchen oder beim Volk an die Macht wollen.

Vier Staaten, darunter Athen und Herakleia auf der Krim.

5b39-6a9 Durch Verschwendung verarmte Oligarchen denken, eine Tyrannis wäre für sie besser als eine Regierung der Reichen, und arbeiten darauf hin.

Vier Staaten, darunter Syrakus.

6a9-12 Wenn in der oligarchisch regierten Demokratie oligarchische und demokratische Partei gut miteinander auskommen, kann die Demokratie kaum an sich selbst zugrunde gehen.

Pharsalos.

6a12-19 Die regierenden Oligarchen werden durch andere Oligarchen entmachtet. Elis.

6a19-31 Die Oligarchen mißtrauen dem Volk und werben Söldner an. Deren Anführer, ein Oligarch, wird oft zum Tyrannen.

Korinth, Larisa, Abydos.

6a31-b2 Privater Streit unter Oligarchen kann zum Bürgerkrieg führen.

Drei Staaten, darunter Theben.

6b3-5 Die regierenden Oligarchen treten oft zu despotisch (autokratisch) auf.

Knidos, Chios.

6b6-16 Zum Bürgerstaat (Politie), wo der Mittelstand regiert, kann die Oligarchie (= die von der Oberschicht regierte Demokratie) werden, wenn Bürger reich werden und in die Steuerklasse der Oligarchen aufsteigen.

Je mehr Bürger das Recht haben, für Regierungsämter zu kandidieren, desto demokratischer ist der Staat.

6b16-21 *Abschlußformel.* Aus diesen Gründen kommt es in oligarchisch regierten Demokratien zu Veränderungen und Bürgerkriegen. Meist verändern sich oligarchische und demokratische Staatsform nicht in die andere, sondern gehen nur von einer gemäßigten in die radikale Form über, und umgekehrt.

Daß die radikalen Formen zur Tyrannis werden können, darf man sich hinzudenken.

V, Kap. 7

6b22-36 In den (sogenannten) Aristokratien oder Oligarchien kommt es zu Aufständen, weil eine Minderheit die Ehrenstellungen (Regierungsämter) besetzt hat, aber Männer aus der Mehrheit (*plethos* „Menge“ b28) oder andere Große (b32) glauben, ebenso tugendhaft/tüchtig (*areté* b29) zu sein und nicht entsprechend gewürdigt zu werden.

Sparta wurde von manchen als Aristokratie, von anderen als Oligarchie bezeichnet. Dort hatte es mehrmals solche Konflikte gegeben.

6b36-7a2 (Ebenso kommt es zu Aufständen) wenn die Kluft zwischen Armen und Reichen zu groß geworden ist.

In Sparta war schon im 7. Jh. eine Neuaufteilung des Landes gefordert worden.

7a2-5 Auch kann ein starker Einzelner zum Alleinherrscher werden wollen.

Pausanias in Sparta, Hanno in Karthago.

7a5-16 Zugrunde gehen Bürgerstaaten (Politien) und (sogenannte) Aristokratien vor allem durch interne Ungerechtigkeit, wenn nämlich Demokratie und Oligarchie nicht gut gemischt sind,
in der (sogenannten) Aristokratie außerdem durch Abweichung von der Tugend/Tüchtigkeit.
In erster Linie aber kommt es auf die (richtige) Mischung von Demokratie und Oligarchie an. Darauf beruhen die Bürgerstaaten und die meisten sogenannten Aristokratien.
Durch die andere Art der Mischung unterscheiden sich Bürgerstaaten und (demokratische) Aristokratien.

Im Bürgerstaat (Politie) besteht die Mischung aus gleichen oder gleichartigen Bürgern, in der Aristokratie (= von Besten regierten Demokratie) aus besten und normalen Bürgern.

Die mehr zur Oligarchie neigenden Staaten (Demokratien) nennen sie Aristokratien, die mehr zur Demokratie (*plethos* „Menge“) neigenden nennen sie Bürgerstaaten.

7a16-20 Deswegen sind die Bürgerstaaten stabiler als (sogenannte) Aristokratien (von reichen Besten regierte Demokratien); denn die Mehrheit ist stärker, weil sie die Gleichheit liebt, während die Reichen – wenn man ihnen die Macht im Staat überläßt – das am liebsten rücksichtslos und habgierig ausnutzen möchten.

Damit sind wir bei Aristoteles’ und Lord Actons Einsicht, daß man nie sicher sein kann, daß Menschen, die man für tugendhaft/tüchtig und absolut selbstlos hält, es bleiben, wenn man sie regieren läßt. Vgl. 87a28-32, wo vom Tier im Menschen die Rede ist.

7a20-27 Allgemein gesagt: In welche der beiden Richtungen die Staatsform (*politeía*) neigt, dahin verändert sie sich, je nachdem welche der beiden Seiten stärker wird.

So wird z.B. aus einem Bürgerstaat (Politie) eine (radikale) Demokratie oder aus einer Aristokratie (einer von Besten regierten Demokratie) eine Oligarchie (eine von Reichen regierte Demokratie).

Oder es kommt zur Veränderung ins Gegenteil: Aus einer Aristokratie wird eine Demokratie, wenn die ungerecht behandelten Armen sich durchsetzen. Aus einem Bürgerstaat (Politie) wird eine Oligarchie, weil nur die wertende (d.h. differenzierende) Gleichheit und die bestehenden (unterschiedlichen) Besitzverhältnisse stabil sind.

Auch ein Staat, in dem alle Bürger als gleich gelten, muß wirtschaftlichen Wettbewerb zulassen und das Privateigentum der Reichen schützen, wenn er Bestand haben will. Vgl. Grundgesetz, Artikel 14.

7a27-33 In einem Staat (Thurioi), in dem die Angesehenen regierten, hatten sie sich gesetzwidrig alles Land angeeignet (= Oligarchie), wurden aber vom Volk gezwungen, es wieder herauszugeben (= Demokratie).

7a34-40 Alle aristokratischen Staaten (= angeblich von Besten regierten Demokratien) sind eher Oligarchien; denn die Angesehenen sind, wie Sparta zeigt, habgierig und wollen tun können, was ihnen beliebt.

Das kann das Ende der Demokratie bedeuten oder das Ende der (aus Besten und Volk) gut gemischten sogenannten Aristokratie.

Einfacher gesagt: Wenn eine Demokratie Bestand haben soll, dürfen die als Regierung gewählten Besten ihre Macht nicht dazu mißbrauchen, sich Vorteile zu verschaffen.

7a40-b19 Eine Aristokratie (= von Besten regierte Demokratie) kann schleichend zu einer Gewaltherrschaft (*dynasteía* b18) werden. In Thurioi kamen junge Leute durch schrittweise Gesetzesänderungen an die Macht und regierten schließlich wie ein Tyrann.

Heute würde man das einen „Marsch durch die Institutionen" nennen.

7b19-24 Die Änderung kann auch durch einen stärkeren Staat wie Athen oder Sparta erzwungen werden. Die Athener ersetzten (während des Peloponnesischen Krieges) oligarchische Regierungen (durch demokratische), die Spartaner demokratische (durch oligarchische).

Auf diese Weise wollten sie kleinere Staaten politisch auf ihre Seite ziehen.

7b24-25 Abschlußformel. Soviel etwa sei gesagt über die Veränderungen von (demokratischen) Staatsformen.

V, Kap. 8

7b26-10a38 ***Erhaltung demokratischer Staatsformen*** *(Kapitel 8 und 9)*.

7b26-30 Anschließend ist über die Erhaltung der einzelnen (demokratischen) Staatsformen zu reden, allgemein und getrennt. Klar ist, daß wir wissen, wodurch Staatsformen erhalten werden, wenn wir wissen, wodurch sie zerstört werden; denn Zerstörung und Erhalt sind Gegensätze.

Demokratisch ist die Staatsform, wenn die Regierung von der Volksversammlung gewählt und kontrolliert wird.

7b30-40 In den gut gemischten Staatsformen (guten Demokratien) darf man keine Gesetzesverstöße dulden, auch keine kleinen.

Wenn die demokratische Freiheit dazu führt, daß Verstöße gegen die Gesetze geduldet werden, wird die Demokratie allmählich zur Anarchie.

7b40-8a3 Man darf auf keine Tricks (*sophísmata*) hereinfallen, durch die die Menge (das Volk) von der Politik ferngehalten werden soll (vgl. 97a14-35).

Die Volksversammlung darf nicht zulassen, daß die Regierung sich der Kontrolle durch das Volk zu entziehen versucht.

8a3-13 Die Regierung muß dem Wunsch der Bürger, an der Regierung beteiligt zu werden, etwas entgegenkommen.

Die Regierung muß ständig den Kontakt zum Volk suchen und bewahren.

8a13-24 Man kann die Amtsdauer der Regierung auf sechs Monate verkürzen. Dann könnten mehr Bürger daran teilhaben. Fehler (der Regierung) wären weniger gravierend und die Gefahr der Tyrannis wäre geringer.

In der Regel wurde die Regierung für ein Jahr gewählt. Die heute übliche mehrjährige Dauer der Amtszeiten hätte man für gefährlich gehalten, weil die Regierung dadurch zu mächtig wird und ihre Fehler kaum noch korrigiert werden können.

8a24-30 Man muß mißtrauisch und wachsam sein, um eine Gefährdung der (demokratischen) Staatsform frühzeitig zu erkennen.

Aristoteles würde heute den Deutschen vorwerfen, die Demokratie für selbstverständlich zu halten und Anzeichen der Gefährdung nicht oder an der falschen Stelle sehen zu wollen.

8a31-35 Man muß Rivalitäten innerhalb der Angesehenen (Oberschicht) und Umsturzversuche frühzeitig durch Gesetze unterdrücken.

Gestützt auf ihre Anhänger im Volk rivalisierten damals Anführer bestimmter Volksteile um die Macht im Staat. In Athen wurde Peisistratos dadurch Tyrann.

8a35-b10 Man muß die Steuereinschätzungen, die zur Beteiligung an der Regierung berechtigen, der wirtschaftlichen Entwicklung anpassen.

Wenn es mehrere Steuerklassen und damit Stufen der Beteiligung an der Regierung gibt, müssen reicher gewordene Bürger politisch aufsteigen können.

8b10-19 Demokraten und Oligarchen dürfen gemeinsam niemand hochkommen lassen, der die Symmetrie (b12) ihres Verhältnisses stören könnte. Notfalls müßte man zum Mittel der Verbannung (Ostrakismus) greifen.

Das ist der über alle herausragende Mann, der für die Demokratie gefährlich sein kann. Vgl. 84a3-b34.

8b20-31 Man muß verhindern, daß es im Privatleben der Bürger zu Veränderungen kommt, die die bestehende gemischte Staatsform gefährden.

Damit ist wahrscheinlich die überhandnehmende Freiheit gemeint, die zur Mißachtung von Gesetzen führt.
In Deutschland ist man umgekehrt eher geneigt, bestehende Gesetze dem sich verändernden Privatleben anzupassen.

8b31-9a14 Vor allem muß verhindert werden, daß jemand ein politisches Amt zur persönlichen Bereicherung (b33, 9a6) benutzen kann. Dann besteht die Chance, daß ein Staat zugleich demokratisch und aristokratisch (b39, 9a3) ist. Damit keine öffentlichen Gelder unterschlagen werden können, muß die Kassenübergabe vor der Volksversammlung stattfinden.

„demokratisch und aristokratisch" ist ein Staat, wenn in einer Demokratie die Besten regieren, also eine „sogenannte" Aristokratie.
Daß regierende Politiker öffentliche Gelder unterschlagen und dadurch reich werden, scheint in Deutschland nicht vorzukommen, aber anderswo in der weiten Welt nicht ungewöhnlich zu sein.

9a14-26 Wenn die demokratische Partei regiert, muß sie die Reichen (Oligarchen) schonen und sogar hindern, freiwillig kostspielige Veranstaltungen wie Theateraufführungen oder Fackelläufe zu finanzieren.

Anscheinend kam es vor, daß Reiche sich durch solche freiwilligen Leistungen wirtschaftlich ruinierten. – Andererseits konnten sich

Reiche auf diesem Wege beim Volk beliebt machen, um für politische Ämter gewählt zu werden.

Wenn die oligarchische Partei regiert (a20), muß sie darauf achten, daß die Armen nicht wirklich arm sind. Sie muß ihnen Einnahmen verschaffen und sie vor skrupellosen Kapitalisten schützen. Gleichmäßigere Verteilung des Reichtums kann man durch Erbgesetze (a23) erreichen.

9a27-32 Grundsätzlich müssen in der Demokratie alle Bürger als gleich gelten (= arithmetische Gerechtigkeit). Daher sollte die jeweilige Regierung die Anhänger der nicht regierenden Gegenpartei bei der Besetzung niederer politischer Ämter berücksichtigen oder sogar bevorzugen. Nur die höchsten politischen Ämter sollte sie ihren eigenen Leuten[49] oder jedenfalls überwiegend vorbehalten.

V, Kap. 9

9a33-b14 *Wer sollte in der Demokratie regieren, damit sie erhalten bleibt?*

9a33-36 Die (in der Demokratie) Regierenden müßten drei Eigenschaften haben:
(1) Liebe zur bestehenden Staatsform,
(2) die höchste Stufe der Befähigung (*dýnamis*) zum Regieren,
(3) Tugend (*areté*) und Gerechtigkeit.

Das ist ein theoretisches Ideal; denn Aristoteles weiß, daß kein Mensch und auch der beste Demokrat nicht das zum Regieren eigentlich nötige absolute Wissen (2) haben kann und absolut selbstlos (3) ist.

Platon dagegen traute seinen „Wächtern" beides zu und hielt es deswegen für falsch, dem Volk die Wahl der Regierung zu überlassen. In seinem *Staat* ist die Demokratie das negative Gegenstück zu der von ihm entworfenen Staatsform, in der die besten Wächter regieren und das Volk politisch nichts zu sagen hat, aber damit zufrieden und glücklich ist.

[**9a36-39** Und in jeder Staatsform muß deren spezifische Gerechtigkeit gelten; denn wenn nicht in allen Staatsformen dasselbe als gerecht gilt, muß es Unterschiede geben.]

Ein unpassender Zusatz. Da will jemand daran erinnern, daß es unterschiedliche Varianten der Demokratie gibt; 9a33-36 geht es jedoch um drei Eigenschaften, die jede demokratische Regierung, d.h. jede Variante der Demokratie, haben sollte.

9a39-b14 *Wen soll das Volk als Regierung wählen, wenn es keine Besten gibt?*

9a39-b8 Doch wenn man niemand findet, der alle drei Eigenschaften hat, wonach soll man wählen?

---

[49] *tois ek tes politeías* a31, „den aus der (aktuell) regierenden Partei".

Zum Beispiel einen Heerführer, wenn nur ein Kandidat entsprechende Erfahrung (2) besitzt, aber korrupt (ohne 3) und politisch unzuverlässig (ohne 1) ist, alle anderen Kandidaten aber ohne Erfahrung (ohne 2) und nur rechtschaffen (3) und politisch zuverlässig (1) sind?
Anscheinend kommt es darauf an, welche Eigenschaft häufiger vorkommt und welche seltener. Erfahrene Heerführer gibt es wenige, tugendhafte und anständige Bürger dagegen viele.

Beim Heerführer muß man sich für Sachverstand (2) entscheiden.

Bei Ämtern wie der Finanzaufsicht ist es umgekehrt; denn da ist Tugend (3) wichtiger als bloßer Sachverstand (2).

Ein bestechlicher Finanzbeamter ist schlimmer als ein unbestechlicher, der bei schwierigen Fragen unsicher ist und einen Kollegen oder seinen Vorgesetzten fragen muß.

9b8-14 Man könnte fragen, warum Tugend (3) nötig ist, wenn Sachverstand (2) und Verfassungstreue (1) vorhanden sind, die doch beide nützlich sind. Oder sind Sachverstand und Verfassungstreue allein zu schwach?

Wenn ein Politiker zwar sachverständig und verfassungstreu, aber zugleich nicht absolut selbstlos ist, sind Sachverstand und Verfassungstreue bei ihm durch subjektive Interessen gefährdet.

9b14-10a36 *Für die Erhaltung der Demokratie ist das Volk verantwortlich.*

Da es nach Aristoteles keine Menschen gibt, die absolut wissend und selbstlos sind, bleibt als praktische Lösung nur das Mehrheitsprinzip. Es garantiert nicht, daß die beste Regierung gewählt wird, kann aber verhindern, daß eine schlechte gewählt wird, die gewählt werden will, weil sie subjektive Interessen durchsetzen möchte.

9b14-35 Die Mehrheit des Volkes muß die Demokratie wollen. Die Mitte darf nicht zur radikalen Demokratie tendieren; denn Extreme schaden. Radikalisierung zerstört sowohl die demokratisch als auch die oligarchisch regierte Demokratie. Sie macht den Staat schlechter und löst ihn schließlich auf.

Das Ergebnis ist Anarchie und am Ende wahrscheinlich Tyrannis.

9b35-10a2 Gesetzgeber und Politiker müssen das beachten und das Nebeneinander der demokratischen und der oligarchischen Partei bewahren. In der gemischten Demokratie sind die reichen Oligarchen und die breite Masse (*plethos*) der Demokraten aufeinander angewiesen.

In einer guten Demokratie muß es Unternehmer geben, die anderen Arbeit verschaffen und selbst dabei reich werden können, und Arbeiter, die nur ihren Lohn erhalten, aber wenigstens auskömmlich davon leben können.

Vermögensgleichheit (*homalótes tēs ousías* b39-40) verändert die Staatsform, übertrieben ruiniert sie den Staat.

Anscheinend träumten schon damals manche Staatstheoretiker von einem kommunistischen oder sozialistischen Staat, in dem es keinen privaten Wettbewerb gibt und die Wirtschaft trotzdem gut funktioniert.

10a2-12 In Demokratien spalten Demagogen den Staat, weil sie Gesetze in Frage stellen und die Reichen bekämpfen. Sie sollten vielmehr für die Reichen eintreten (weil Unternehmer gebraucht werden). Wenn Oligarchen (= die Reichen) regieren, sollten sie das Volk (die Armen) nicht als Feind betrachten, sondern für sein Wohlergehen sorgen.

10a12-25 Die Erziehung muß der (demokratischen) Staatsform entsprechen, d.h. sie muß die Söhne der Oligarchen demokratischer machen und die Söhne der Demokraten oligarchischer, so daß niemand an Revolution denkt.

Die Erziehung hat nach Aristoteles in der Demokratie in erster Linie die politische Aufgabe, die politische Mischung zwischen Ober- und Unterschicht zu fördern, um das Gleichgewicht zwischen Wettbewerb und Umverteilung zu erhalten und dadurch die Demokratie zu stabilisieren.

Das Ziel der derzeitigen Bildungspolitik in Deutschland ist dagegen die Förderung des privaten Glücks durch Aufstieg zum Akademiker, was zum Mangel an Unternehmern und Facharbeitern zu führen scheint.

10a25-36 Radikale Demokratien richten sich selbst zugrunde, weil sie die Freiheit nicht begrenzen. Die Demokratie beruht auf zwei Faktoren: Mehrheitsprinzip und Freiheit. Die Mehrheit entscheidet; der Einzelne möchte tun können, was er will. Doch der Einzelne muß sich in den Staat einordnen; denn das bedeutet nicht Knechtschaft, sondern dient der Erhaltung der (demokratischen) Staatsform.

Aristoteles hält die private Freiheit für das grundlegende Kennzeichen der Demokratie, aber er weiß, daß sie erfahrungsgemäß verlorengeht, wenn geltende Regeln (Gesetze) nach und nach aufgegeben werden und der Staat sich praktisch auflöst und zur leichten Beute von inneren oder äußeren Feinden wird.

10a36-38 *Abschlußformel.* Soviel über Veränderung und Niedergang bzw. Bewahrung und Erhaltung der (demokratischen) Staatsform (Bürgerstaat, Politie).

Vgl. die Ankündigung am Anfang von Buch V (1a19-25).

V, Kap. 10

10a39-16a1** ***Sechserschema *(Monarchie: Königtum und Tyrannis).*

***10a39-40** Es ist noch über Untergang und Erhaltung der Monarchie zu sprechen.

***10a40-b7** Mit Königtum und Tyrannis verhält es sich ähnlich wie mit den bereits diskutierten Staatsformen. Das Königtum entspricht der Aristokratie.

Die Tyrannis besteht aus der radikalen Oligarchie und radikalen Demokratie; sie ist daher auch am schädlichsten für das Volk, weil sie aus zwei Übeln besteht und die Fehler der beiden Staatsformen hat.

Radikale Oligarchen regieren rücksichtslos despotisch, radikale Demokraten mißachten Gesetze und denken nur an das private Wohlergehen.

Eine andere Erläuterung der beiden Fehler folgt *11a8-22.

*__10b7-11a22__ *Vergleich zwischen Königtum und Tyrannis.*

***10b7-8** Diese beiden Monarchien haben einen entgegengesetzten Ursprung.

***10b9-12** Das Königtum entstand aus dem Volk als Hilfe (gegen Feinde) durch die sog. Ältesten (*epieikeîs*), die einen der Ihren zum König einsetzten, der sich oder dessen Familie sich durch Tatkraft und allgemeine Tugend/Tüchtigkeit auszeichnete.

Die übliche Übersetzung „zum Schutze der Guten gegen den Demos" (Schütrumpf) beruht auf einer Konjunktur. Danach hat die Oberschicht einen König gewählt, um demokratische Bestrebungen leichter unterdrücken zu können. Das mag es gegeben haben, aber nach dem überlieferten Wortlaut ist gemeint, daß Dorfälteste einen der Ihren zum König wählten, um unter seinem Kommando äußere Feinde gemeinsam besser abwehren zu können.

***10b12-31** Der Tyrann begann meist als Demagoge, der das einfache Volk, als die Staaten größer wurden, vor Übergriffen der Oberschicht schützte. Davor entarteten Könige zu Tyrannen. Zur Tyrannis kam es auch, wenn das Volk jemand auf Lebenszeit für das höchste Regierungsamt gewählt hatte, ebenso wenn von den Oligarchen ein Oligarch dazu gewählt wurde. Ein König oder hoher Regierungsbeamte konnte leicht zum Tyrannen werden.

Sechs Tyrannen werden genannt, darunter Phalaris, Peisistratos, Dionysios.

***10b31-11a8** Das (gute) Königtum entspricht (im Sechserschema), wie gesagt, der Aristokratie. Der König zeichnet sich durch Tugend/Tüchtigkeit aus – seine eigene oder die seiner Familie – und durch Erfolge und Tatkraft im Krieg. Der König schützt das Eigentum und das Volk vor Übergriffen (der reichen Oberschicht).

Die Tyrannis hat, wie oft betont, nicht das Gemeinwohl im Auge, sondern nur den eigenen Nutzen. Der Tyrann hat als Ziel das (ihm) Angenehme, der König will das Schöne/Gute. Der Tyrann ist raffgierig, der König will Ehre erringen. Die Leibgarde des Königs besteht aus Bürgern, die des Tyrannen aus fremden Söldnern.

***11a8-22** Daß die Tyrannis die Fehler der Demokratie und der Oligarchie in sich vereint, ist klar:

Aus der (radikalen) Oligarchie hat sie als Ziel ihren Reichtum (zu mehren)

und das Volk zu entwaffnen und zu unterdrücken durch Vertreibung aus der Stadt und verstreute Ansiedlung auf dem Lande.
Aus der (radikalen) Demokratie stammt die Methode, alle umzubringen oder zu verbannen, die ihr gefährlich werden können, was dann natürlich zu Verschwörungen führt (vgl. 13a36-14a2).

*<u>**11a22-13a17**</u> *Untergang von Monarchien.*

Königtum und Tyrannis sind Monarchien (= einer regiert) und sind daher der Gegensatz zur Demokratie (= viele regieren). Insofern macht es für überzeugte Demokraten keinen Unterschied, daß der König mit Zustimmung des Volks und der Tyrann durch Gewalt regiert.

***11a22-31** Wie schon angedeutet wurde, sind die Ursachen der Veränderungen bei den Monarchien dieselben wie bei den (gemischten) Staatsformen; denn viele aus dem Volk sind gegen die Monarchie, weil ihnen Unrecht geschehen ist oder sie Furcht haben oder aus Verachtung oder manchmal auch wegen Enteignung.
Im Grunde haben sie das gleiche Ziel wie der Tyrann oder König; denn alle (Menschen) streben nach Reichtum und Ehren.

***11a31-12a39** Angriffe gelten der Person des Herrschenden oder der Institution Monarchie. Bei Angriffen auf die Person ist der Grund entweder Zorn (11a34-b36) oder Furcht (b36-40) oder Verachtung (11b40-12a16) oder Angriffslust (12a17-20) oder Ehrgeiz (a21-39).

Dazu werden sehr viele historische Beispiele genannt.

***12a39-b17** Die Tyrannis geht zugrunde entweder durch Angriffe von außen durch einen stärkeren anderen Staat oder von innen durch interne Machtkämpfe.

Als Beispiele für starke Staaten, die gegen Tyrannen in anderen Staaten vorgegangen sind, werden Sparta und Syrakus genannt, für interne Machtkämpfe Syrakus.

***12b17-34** Die zwei Hauptgründe für die Angriffe sind Haß und Verachtung. Zum Haß gehört auch der Zorn.

Beispiel: Die Vertreibung der Peisistratiden aus Athen im Jahr 510.

***12b34-38** Im wesentlichen sind die Gründe für den Untergang von radikaler Oligarchie und radikaler Demokratie dieselben wie bei der Tyrannis.

Radikale Regierungen unterdrücken die Mehrheit und werden bei der nächsten Wahl abgewählt oder eines Tages gewaltsam gestürzt.

***12b38-13a16** Das Königtum endet selten (durch Angriffe) von außen, weswegen es auch (relativ) beständig ist, sondern meist von innen, entweder durch eine Revolte innerhalb der Verwandtschaft des Königs oder (vom Volk aus), wenn der König sich wie ein Tyrann verhält.

Heute kann man nicht mehr König, sondern nur noch durch List oder Gewalt Tyrann werden, weil ein König freiwillig akzeptiert wird, aber die Bürger inzwischen alle als gleich gelten und niemand als der Herrschaft würdig herausragt (13a3-10).

Aristoteles geht davon aus, daß es zu seiner Zeit in Griechenland praktisch keine Könige mehr gab, weil die Demokratie sich weitgehend durchgesetzt hatte. Für ihn darf in der Demokratie kein Einzelner „die Richtlinien der Politik bestimmen" (Grundgesetz Artikel 65).

Beim Erbkönigtum laden Nachfolger, die wie Tyrannen herrschen wollen, das Volk geradezu ein, sie zu beseitigen (13a11-16).

***13a16-17** *Abschlußformel*. Aus diesen und ähnlichen Gründen enden Monarchien.

V, Kap. 11

***13a18-16a1** *Erhaltung von Monarchien.*

***13a18-19** Offensichtlich bleiben sie, allgemein gesagt, aus den entgegengesetzen Gründen erhalten.

***13a19-33** Der König. Seine Herrschaft ist dauerhaft, wenn er seine Macht maßvoll und nicht despotisch ausübt, sondern wie ein Gleichgestellter die Nähe zum Volk sucht. In Sparta blieb das Königtum bestehen, weil es gleichzeitig zwei Könige gab und ihre Macht durch die Einrichtung des Ephorats beschränkt worden war.

In Sparta war „König" nur noch ein Titel der Heerführer. Zum Ephorat als übergeordnete demokratische Institution vgl. 65b33-66a1 und 70b17-28.

***13a34-36** Der Tyrann. Er kann seine Macht durch zwei einander entgegengesetzte Arten (Gewalt und List) behalten.

***13a36-14a12** Nach der üblichen Methode (Gewalt) beseitigt er alle herausragenden Persönlichkeiten (13a36-41), Er verbietet alle Versammlungen und Vereine, um keine Freundschaften entstehen zu lassen und stets die Kontrolle wie über Sklaven zu behalten (a41-b10). Er unterhält einen Späherdienst, um zu erfahren, was das Volk redet und tut, und um Versammlungen zu überwachen (b11-16). Jeder soll jedem mißtrauen (b16-18). Er macht das Volk arm, damit jeder für seinen Tagesbedarf arbeiten muß und niemand Zeit für Verschwörungen hat (b18-28). Er beginnt Kriege, damit die Menschen beschäftigt und überzeugt sind, einen Führer zu brauchen (b28-29). Er traut vor allem keinem Freund, weil alle (ihn beseitigen) wollen, aber seine Freunde es am ehesten könnten (b29-32). In einer Tyrannis geht es zu wie in einer radikalen Demokratie. Die Frauen und Sklaven sollen über die Männer berichten; denn sie sind opportunistisch für Tyrannis und radikale Demokratie, wollen wie das

Volk Alleinherrscher sein und fühlen sich geschmeichelt (b32-39). Dem Volk schmeichelt der Demagoge, den Tyrannen schmeicheln servile Begleiter. Der Tyrann liebt Schmeichler, weil das schlechte Kerle (*poneroí*)) sind und sozusagen Verbündete seiner eigenen Schlechtigkeit (b39-14a5). Er schätzt keine ernsthaften und frei redenden Menschen, weil sie Gegner der Tyrannis sind (14a5-10). Er hält Versammlungen und Vereine von Zugewanderten für nützlich, weil ihm davon keine Gefahr droht, während er die der Einheimischen verbietet (a10-12).

***14a12-14** *Abschlußformel.* Dies und dergleichen dient dem Tyrannen, um seine Herrschaft zu erhalten; dabei läßt er keine Schlechtigkeit (*mochthería*) aus.

14a14-15b10** ***Ratschläge für Tyrannen.

Da Aristoteles die Demokratie für die beste Staatsform hält, kann er kaum selbst solche Ratschläge erteilt haben. Vielleicht handelt es sich um das Referat eines Schülers aus dem Buch eines Vorläufers von Machiavelli aus dem 5. Jahrhundert v.Chr.

***14a14-31** Um sich an der Macht zu halten, muß der Tyrann drei Regeln beachten:
– Das Volk darf nicht auf höhere Gedanken (wie Freiheit) kommen.
– Im Volk muß allgemeines gegenseitiges Mißtrauen herrschen.
– Das Volk darf keine Möglichkeit erhalten, aktiv zu werden.

Falls ein Tyrann (Diktator) öffentlich auftritt, darf, wie sich auch heute in solchen Staaten zeigt, nur zustimmender Jubel zu hören sein.

***14a31-40** Die andere Methode des Tyrannen, an der Macht zu bleiben, ist, sich wie ein (guter) König zu verhalten, ohne die Macht wirklich aus den Händen zu geben.

***14a40-15a31** *Eine Liste von Ratschlägen.* Um den Eindruck zu wahren, ihm liege das Gemeinwohl am Herzen, darf der Tyrann Steuergelder nicht für irgendwelche Damen, ausländische Besucher und Handwerker/Künstler großzügig ausgeben, sondern muß wie ein treuer Hausverwalter Rechenschaft über Einnahmen und Ausgaben ablegen (14a40-b9). Wenn er wegen eines Krieges das Land verläßt, ist es besser, den Staatsschatz mitzunehmen, damit sich niemand daran vergreifen kann (b9-14). Es muß so aussehen, als ob alle Einnahmen nur dem Funktionieren des Staates und der Finanzierung gelegentlicher Kriege dienen (b14-18). Er darf als streng, aber nicht als grausam gelten; denn er sollte nicht Furcht erregen, sondern Respekt einflößen; er sollte sich daher den Ruf, ein Kriegsheld zu sein, zulegen (b18-23). Er sollte nicht hochmütig auftreten und sollte das keinem aus seiner Umgebung gestatten, auch nicht den Ehefrauen; denn das hat schon manchen Tyrannen zu Fall gebracht (b23-

27). Er sollte alle Schwelgereien unterlassen und ein bescheidenes Leben führen, damit er nicht als Tyrann, sondern als Zierde und Vormund des Staates angesehen wird (b28-38). Er muß als fromm und gottesfürchtig gelten (b38-15a4). Ehrungen für verdiente Bürger müssen größer aussehen als in einem freien Staat (15a4-6). Orden sollte er selbst überreichen, für Bestrafungen sollte er Beamte und Richter benutzen (a6-8). Er sollte niemals einen (Beamten oder Offizier) hochkommen lassen, sondern, wenn überhaupt jemand, immer mehrere, damit sie einander überwachen (a8-10). Vor allem sollte er besonders mutige Männer nicht in höhere Stellungen gelangen lassen (a10-12). Bei Degradierungen sollte er schrittweise vorgehen (a12-14). Körperstrafen sollte er vermeiden, Sexualdelikte möglichst ignorieren; Strafen sollten väterlich aussehen und nicht entwürdigend sein (a14-24); denn Mordanschläge sind am ehesten von jemand zu erwarten, der sich wegen schikanöser Behandlung rächen will und den eigenen Tod nicht scheut (a24-31).

***15a31-40** Wenn der Tyrann über einen Staat herrscht, in dem es Arme und Reiche gibt, muß er dafür sorgen, daß beide Parteien glauben, von seiner Herrschaft zu profitieren, weil er sie vor Übergriffen der anderen Partei schützt. Die stärkere Partei muß er (wenn es zu Unruhen kommt) auf seine Seite ziehen. Dann braucht er nicht zu Mitteln wie Sklavenbefreiung oder Verbot von Waffen zu greifen, sondern kann mit dieser Partei verbündet gegen die Aufständischen vorgehen.

Durch Sklavenbefreiung und Waffenverbot würde er beide Parteien gegen sich aufbringen.

***15a40-b10** Wenn der Tyrann sich so verhält, kann seine Herrschaft lange dauern und ist fast schon gut und jedenfalls nicht ganz schlecht, sondern nur halb-schlecht (*hemi-póneron*).

In seiner Schrift *Der Staat der Athener* (Kapitel 16-17) zeichnet Aristoteles selbst ein relativ positives Bild des Tyrannen Peisistratos. Vgl. auch Herodot (1,59).

V, Kap. 12

***15b11-39** Oligarchie und Tyrannis sind meist kurzlebig, wenn sich auch manche Tyrannen lange an der Macht gehalten haben.

Zehn Beispiele für länger dauernde Tyrannenherrschaft.

***15b40-16a1** *Abschlußformel*. Damit ist über Untergang und Erhaltung der Staatsformen und der Monarchie gesprochen worden.

16a1-b27 *Exkurs:* ***Platon*** *zur Veränderung von Staatsformen.*

16a1-20 In Platons *Staat* redet Sokrates auch über die Veränderungen, aber nicht richtig; denn er nennt keinen speziellen Grund, warum der beste und erste (der von ihm entworfene ideale) Staat zugrunde geht, sondern verweist nur auf die allgemeine Vergänglichkeit alles Entstandenen (*Staat* 546a) und nennt als Ursache Fehler bei der Berechnung der Hochzeitszahl durch die Regierung (*Staat* 546b-c).

Die sog. Hochzeitszahl ist ein absurd kompliziertes Rechenverfahren (sog. Hexeneinmaleins), mit dem Platon vermutlich zeitgenössische astrologische „Experten“ lächerlich machen wollte.

16a20-b6 Er glaubt, es gebe einen gesetzmäßigen Niedergang: Aristokratie→Oligarchie→Demokratie→Tyrannis (*Staat* 545c-588a). In der Realität existiert jedoch kein solches Gesetz, und es gibt auch Veränderungen in umgekehrter Richtung.

Sparta, Syrakus, Karthago, Korinth, Athen und andere Beispiele.

16b6-14 Falsch ist auch die Meinung (*Staat* 551d), die Oligarchie bestehe aus zwei Staaten, einem der Reichen und einem der Armen. Das könnte man von allen gemischten Staaten sagen.
Ob ein Staat oligarchisch oder demokratisch regiert wird, hängt davon ab, ob die Reichen ihre Vernunft (*nous* b14) nutzen und die Mehrheit das hinnimmt.

Als Minderheit in der Volksversammlung können die Oligarchen (die Reichen) nur durch vernünftiges, am Gemeinwohl interessiertes Verhalten erreichen, daß die Mehrheit sie für die regierenden Ämter wählt.

16b14-21 Obwohl es viele Ursachen von Veränderungen gibt, nennt Sokrates nur die Verarmung von Verschwendern (*Staat* 552a). Zu politischen Veränderungen würde es jedoch erst dann kommen, wenn führende Politiker (b18) ihr Vermögen verlieren.

Vgl. dagegen 5b39-6a9, wo Aristoteles von Verschwendern ganz allgemein spricht, die sich eine Tyrannis wünschen. Da einem Tyrannen zur Sicherung seiner Macht fragwürdige Subjekte nützlich sein können (vgl. *13a36-14a12), dürfen sie hoffen, mit seiner Hilfe wieder reich zu werden.

16b21-23 Außerdem kommt es zu Bürgerkrieg und Veränderungen der Staatsform, wenn Bürgern Ehrungen vorenthalten werden und sie Unrecht und Schikanen erleiden (b21-22).

Das ist der Fall, wenn die oligarchische Regierung das Volk schlecht behandelt, so daß das Volk sie durch eine demokratische ersetzen will.

16b23-25 Auch Bürger, die ihr Vermögen nicht verschwendet haben, wollen (Veränderung), damit sie tun können, was sie wollen, wofür Sokrates die zu große Freiheit (*Staat* 557b) verantwortlich macht (b23-25).

Das ist die im Namen der Freiheit entstehende radikale oder „neueste“ Demokratie, in der jeder nur noch an sich denkt und Gesetze nicht mehr beachtet werden.

16b25-27 Obwohl es mehr Varianten oligarchischer und demokratischer Regierung gibt, redet Sokrates (in Platons *Staat*) nur über Veränderungen der Oligarchie und Demokratie, als ob es von beiden nur eine Art gäbe.

Buch VI

VI, Kap. 1

16b31-36 *Abschließende Zusammenfassung der Bücher III bis V.*
Über die Zahl und Unterschiede der Regierungsformen, Ämterordnungen und Justizsysteme (in den vielen als Beispiele genannten Staaten) und darüber, welche zu welcher Staatsform passen, haben wir gesprochen,
ebenso über Untergang und Erhaltung der Staaten und deren Ursachen.

Das ist eine sehr pauschale Inhaltsangabe, bei der nicht zwischen Sechserschema und Demokratietheorie unterschieden wird. Sie scheint von der Verschränkung der beiden Themen auszugehen.

16b36-23a10 ***Demokratietheorie.***

16b36-17a3 *Ankündigung*. Da es mehrere Arten (Varianten) der Demokratie gibt und ebenso mehrere Arten der anderen Staatsformen, wollen wir, falls noch etwas fehlt, weiter untersuchen, was jeder einzelnen eigentümlich ist und was ihre spezielle Art ist.

Unter „anderen Staatsformen“ sind wahrscheinlich Demokratien zu verstehen, die als Aristokratien oder Oligarchien bezeichnet wurden, weil die Volksversammlung die Regierung der Oberschicht (heute: der sog. politischen Elite) überließ.

Außerdem sind die Mischungen (*synagogé* 16b40) der genannten anderen Varianten zu untersuchen, wie sie ineinander übergehen und aus Aristokratien erst Oligarchien und dann allmählich echte Demokratien werden.

Nach den mythischen Königen begann die absolute Herrschaft der Aristokraten, dann kamen reich gewordene Bürger hinzu und schließlich hatte jeder Bürger das Recht, für Regierungsämter zu kandidieren. Vgl. den historischen Rückblick 86b3-22.

17a3-10 Ich meine noch nicht besprochene, anders gemischte (Demokratien), die zu untersuchen sind. Zum Beispiel können Regierungsämter oligarchisch und Gerichtshöfe aristokratisch oder umgekehrt besetzt sein. Auch gibt es weitere Formen der Mischung.

„aristokratisch“. Damit können die alten angesehenen Familien gemeint sein, aber auch Bürger, die als „Beste“ galten.

17a10-13 Welche Demokratie zu welchem Staat und welche Oligarchie zu welchem Volk paßt und welche der übrigen Varianten der Demokratie wem nützt, haben wir gesagt.

Vgl. Buch IV, Kap. 12-13. Abhängig von der Zahl der regierungsfähigen Bürger kann die Regierung eher demokratisch oder eher oligarchisch sein.

17a13-16: Es ist noch zu klären, welches die beste Staatsform für die Staaten ist und wie diese und die anderen (weniger guten) einzurichten sind.

17a16-38 Wir wollen mit derjenigen Demokratie beginnen, die manchmal auch als Oligarchie bezeichnet wird.

Das ist die aus Oligarchie und Demokratie gemischte Demokratie, in der von der Volksversammlung gewählte Oligarchen regieren.

Aus der (unterschiedlichen) Verbindung demokratischer Elemente ergibt sich der Plural (der Varianten) von Demokratien.

Dafür gibt es zwei Gründe: Der erste ist die schon besprochene unterschiedliche politische Beteiligung der Bauern, Handwerker und Arbeiter.

Diese Gruppen wurden 90b39-91a6 als Teile des Staates genannt.

Zum zweiten kommen wir jetzt (a29-38), der unterschiedlichen Größe des demokratischen Anteils, die manche nicht beachten, was ein Fehler ist. Darüber haben wir im Zusammenhang mit Untergang und Erhaltung der Staatsformen gesprochen.

Das bezieht sich auf 4a17-b7, wo von der unterschiedlichen Stärke des oligarchischen und des demokratischen Anteils in der Demokratie die Rede ist.

17a39 _Ankündigung_. Jetzt wollen wir über Werte (*axiómata*), Charaktere (*ēthē*) und Wünsche (*hōn ephíentai* „wonach sie verlangen“) reden.

Nur die Demokratie kann den Wunsch nach einem guten Leben erfüllen, aber dazu müssen die Menschen wissen, was wertvoll ist, und stark genug sein, sich dafür einzusetzen. Daher sind Völker, die diese Bedingungen nicht erfüllen, nicht für eine Demokratie geeignet (vgl. 89b17-19).

VI, Kap. 2

17a40-b17 Als Grundlage der Demokratie pflegt man die Freiheit zu nennen. Zur Freiheit gehört erstens der Wechsel zwischen Regieren und Regiert-werden; denn demokratisch gerecht ist nicht die wertende, sondern die arithmetische Gleichheit (b4) und das Mehrheitsprinzip (b6).

In der Demokratie sind grundsätzlich alle Bürger gleichberechtigt und deswegen hat in der Volksversammlung jede Stimme den gleichen Wert und die Mehrheit entscheidet. Doch das heißt nicht, daß alle Bürger auch zum Regieren geeignet sind.

Und zweitens gehört dazu, so zu leben, wie man möchte, und sich von niemand regieren zu lassen, es sei denn im Wechsel (b11-17).

Die Freiheit steht in der antiken Demokratie sozusagen in Artikel 1 der Verfassung, aber in der politischen und wirtschaftlichen Praxis kann es auch in der Demokratie keine absolute Freiheit geben, weil das Anarchie wäre. Die Bürger müssen daher eine Begrenzung der Freiheit durch Gesetze (Mehrheitsbeschlüsse) akzeptieren. Die Begrenzung wird erträglich, wenn die Bürger abwechselnd regieren, also als Regierende für die Einhaltung der Gesetze durch die Bürger verantwortlich sind und als Regierte die Gesetze bereitwillig einhalten.

17b17-38 (Gemischte) Demokratie bedeutet:

- Für politische Ämter können alle Bürger gewählt werden.
- Alle regieren abwechselnd.
- Entweder alle Ämter oder Ämter, die keinen speziellen Sachverstand erfordern, werden durch Los (b21) vergeben.
- Die Steuerklasse (b22) darf keine oder fast keine Rolle spielen.
- Wiederwahl (b23) ist nur ausnahmsweise – im Krieg – erlaubt.
- Die Amtszeit ist möglichst kurz (b24).
- Richter (b25, Geschworener) kann jeder bei jedem oder speziellen Verfahren sein.
- Die Volksversammlung (b28) ist die höchste politische Instanz.
- Ein Amt (*arché* b29) darf wenig oder nichts entscheiden.
- Das demokratischste Amt ist der Rat (*boulé* b31), wo die Volksversammlung nicht alle Entscheidungen an sich zieht.
- Tagegelder (b35) ermöglichen es Armen, an der Volksversammlung teilzunehmen, Richter zu sein und politische Ämter zu übernehmen.

17b38-41 Die Oligarchen kommen aus guter Familie, sind reich und gebildet; die Demokraten kommen aus einfachen Verhältnissen, sind arm und müssen körperlich arbeiten.

> Das ist der unvermeidliche bleibende Unterschied zwischen reich und arm, mit dem die Demokratie leben muß, weil radikaler „Sozialismus" wirtschaftlich nicht lebensfähig ist. Er muß durch einen Kompromiß mit der „Marktwirtschaft" relativiert werden.

17b41-18a3 Früher lebenslängliche Ämter sind (in der Demokratie) abgeschafft oder entmachtet und werden statt durch Wahl durch das Los besetzt.

> In Athen trug der für Opfer zuständige Beamte noch den Titel „König".

18a3 *Abschlußformel*. Das ist den (gemischten) Demokratien gemeinsam.

18a3-10 Grundlage der Demokratie ist die arithmetische Gerechtigkeit und Gleichheit, wodurch reiche und arme Bürger politisch gleichberechtigt sind.

VI, Kap. 3

18a11-26 Ein Problem: Welche Gleichheit soll (in der Demokratie) gelten? Sollen z.B. 500 Stimmen von Reichen dasselbe Gewicht haben wie 1000 Stimmen von Armen? Oder soll für die Wahl von Beamten und Richtern (nicht die Volksversammlung, sondern) ein Ausschuß zuständig sein, in dem beide Parteien gleichstark vertreten sind?

> Im ersten Fall würden die Stimmen der Reichen doppelt zählen. Das würde der arithmetischen Gleichheit/Gerechtigkeit widersprechen, nach der alle Bürger gleich sind.
> Im zweiten würde die arithmetische Gleichheit der Bürger durch die arithmetische Gleichheit der (unterschiedlich großen) Parteien ersetzt.

Die arithmetische Gleichheit wird heute bei der Zusammensetzung der Europäischen Kommission oder der Europäischen Zentralbank angewendet. Das verträgt sich nicht mit der sehr unterschiedlichen Bevölkerungszahl in den einzelnen Staaten und kann deswegen als undemokratisch kritisiert werden.

Ist nun diejenige Staatsform demokratisch und gerecht, in der es auf den Reichtum ankommt, oder diejenige, in der allein das Mehrheitsprinzip gilt? Beides verstößt gegen Gleichheit und Gerechtigkeit; denn wenn es nur auf den Reichtum ankommt, müßte der Reichste der Reichen, weil er die meisten Steuern zahlt, Alleinherrscher, d.h. Tyrann werden (vgl. *93a30-34). Das Mehrheitsprinzip wäre, wie oben gesagt, ungerecht, wenn die Mehrheit den Besitz der reichen Minderheit vergemeinschaftet.

Vgl. 81a14-17. Die Enteignung der Reichen verstößt gegen die differenzierende Gerechtigkeit. Aber das ist weniger eine Frage der Ethik als der politischen Vernunft, weil dadurch dem Wettbewerb der Boden entzogen und die Wirtschaft ruiniert wird.

18a27-29 Man muß also eine Form finden, die für beide Seiten akzeptabel ist. Grundsätzlich stimmen (in einer gut gemischten Demokratie) beide Parteien (die der Reichen und die der Armen) darin überein, daß (bei Wahlen) die arithmetische Gleichheit (der Bürger) gilt und die Mehrheit entscheidet.

In einer radikalen Demokratie würden die Reichen bei allen Abstimmungen unterliegen. In einer gemischten Demokratie ist damit zu rechnen, daß die Armen vernünftigen Vorschlägen der Reichen zustimmen.

18a30-32 Im (demokratischen) Staat, in dem es eine Partei der Reichen und eine der Armen gibt, ist bei Abstimmungen (in der Volksversammlung) ein Antrag angenommen, wenn alle zustimmen oder die Mehrheit.

[**18a32-33** Wenn man das entgegengesetzte Verfahren für richtig hält, gilt die Meinung der Mehrheit mit dem höheren Steuerbeitrag (*tímema* a37).]

Ein Zusatz, der sich auf Demokratien bezieht, wo die Reichen die Mehrheit der Stimmen in der Volksversammlung haben, weil Bürger nur ab einer bestimmten Steuerklasse zugelassen oder stimmberechtigt sind.

Die Bemerkung ist hier falsch eingefügt; denn sie trennt den Satz 18a30-32 und das dazu gehörende folgende Zahlenbeispiel.

18a34-38 Angenommen die Partei der Reichen hat 10 Stimmen und die der Armen 20. Wenn dann 6 Reiche und 15 Arme für einen Antrag stimmen und 4 Reiche und 5 Arme dagegen, ist der Antrag mit 21:9 Stimmen angenommen.

18a38-b1 Bei Stimmengleichheit muß man wie bei der Volksversammlung oder bei Gerichtshöfen losen oder irgendwie anders entscheiden.

Das Verfahren konnte in jeder Demokratie anders aussehen. In

Athen bedeutete Stimmengleichheit gewöhnlich Ablehnung des Antrags. In Aischylos' *Orestie* wird der wegen Muttermordes angeklagte Orestes deswegen durch die Göttin Athene freigesprochen (*Eumeniden* Vers 753).

18b1-5 Wirkliche Gleichheit und Gerechtigkeit (für alle) zu finden ist zwar sehr schwierig, aber immer noch leichter, als diejenigen zu überreden, die an der Macht sind;
denn nach Gleichheit und Gerechtigkeit rufen immer die Schwächeren, die Starken kümmern sich nicht darum.

Eine demokratische Entscheidung der Mehrheit in der Volksversammlung kann zwar nie alle zufriedenstellen, ist aber nach Aristoteles immer besser als die Entscheidung einer Regierung oder politischen Elite, die vor allem auf ihren eigenen Vorteil bedacht ist, nämlich an der Macht zu bleiben.

VI, Kap. 4

18b6-19b19 ***Rangfolge der Varianten der Demokratie.***

18b6-9 Es gibt vier Arten der Demokratie; am besten ist die in der Rangfolge erste, wie im Vorhergehenden gesagt worden ist. Sie ist auch die älteste von allen. Ich meine die erste, wenn man (Demokratien) danach unterscheidet, welche Volksschichten vorherrschen.

Aristoteles hatte 90b39-91a6 Bauern, Handwerker, Händler und Arbeiter unterschieden. Da er im Folgenden die Bauerndemokratie für die beste Form der Demokratie hält, ist anzunehmen, daß seiner Meinung nach durch die anderen Gruppen die Demokratie stufenweise schlechter, d.h. radikaler wird.
Doch jetzt stellt er keine vierstufige Rangordnung auf, sondern unterscheidet nur die Bauerndemokratie und eine Demokratie, in der die Volksversammlung überwiegend aus Stadtbewohnern besteht.

18b9-19a19 *Die Bauerndemokratie.*

18b9-21 Die beste und in der Rangfolge erste Demokratie ist diejenige, in der das Volk wie in alten Zeiten im wesentlichen aus Bauern besteht, die von Ackerbau und Viehzucht (*nomé*) leben. Bauern wollen ihrer Arbeit nachgehen und haben wenig Zeit, Volksversammlungen abzuhalten. Sie möchten von ihrer Arbeit gut leben können und wollen eher reich werden als ein politisches Amt (*timé* b17) übernehmen. Daher ertrugen sie früher eine Tyrannis und ertragen jetzt eine Oligarchie, wenn es ihnen gut oder wenigstens nicht schlecht geht.

Unter „Tyrannis" ist hier wahrscheinlich die Zeit der mythischen Könige zu verstehen. Der mythische König herrschte wie ein „wohlwollender Diktator". Wenn in einer Demokratie die Reichen mit Zustimmung des Volkes regieren, ist das praktisch eine gemischte Demokratie, in der vom Volk gewählte Oligarchen regieren (eine sogenannte Oligarchie) und das Volk zufrieden ist.

18b21-32 Das ist der Fall, wenn es dem politischen Ehrgeiz der Bauern genügt, Beamte und Richter wählen und zur Rechenschaft ziehen zu können. In manchen Demokratien (gehen sie nicht selbst zur Volksversammlung, sondern) überlassen das abwechselnd gewählten Abgeordneten. In einer solchen (gemischten) Demokratie wählen sie für die politischen Ämter reiche oder fähige Männer (b30-32).

18b32-19a6 Das ergibt zwangsläufig eine gute Regierung; denn die Besten regieren und das Volk ist damit einverstanden und beneidet sie nicht. Auch die (regierenden) Prominenten sind natürlich mit dieser Ordnung einverstanden, weil sie nicht von Schlechteren regiert werden.[50] Sie regieren gerecht, weil sie anderen (= dem Volk) rechenschaftspflichtig sind; denn diese Pflicht hindert Menschen, das Schlechte zu tun, das in jedem steckt.

Nach 87a28-32 steckt in jedem Menschen ein natürlicher Egoismus wie bei einem Tier.

19a6-19 Den traditionellen Bauernstand sollte das Volk daher durch geeignete Gesetze schützen und z.B. nicht zulassen, daß Kapitalisten das Land der Bauern aufkaufen. Dann können kleine Landbesitzer die Mehrheit sein.

<u>19a19-b19</u> *Schlechtere Varianten und Niedergang der Demokratie.*

[**19a19-24** Die beste Volksschicht nach den Bauern sind die V i e h z ü c h t e r (*nomeús* „Hirte"); denn sie ähneln den Bauern. Sie sind für den Kriegsdienst besonders geübt und körperlich geeignet und können im Freien leben.]

Da wollte ein Leser Bauern und Viehzüchter unterscheiden, wobei er die Viehzüchter für Nomaden zu halten scheint. Doch Viehzüchter sind eher reiche Landbesitzer (vgl. 21a5-14) und werden sonst nicht als eigene, politisch wichtige Gruppe genannt.

19a24-38 Viel schlechter sind Demokratien, wenn schlichte Handwerker (*bánausoi*), Händler (*agoraíoi*) und Tagelöhner (*to thētikón*) die Mehrheit (in der Volksversammlung) sind, weil sie in der Stadt wohnen, die Bauern dagegen verstreut auf dem Lande.

Wenn Stadtbewohner, die kein Land besitzen, zur Volksversammlung zugelassen sind und dort die Mehrheit sind, bedeutet das zwar eine weitere Demokratisierung, aber die politische Kompetenz der Volksversammlung nimmt nach Aristoteles dadurch ab.
Die Theten (*to thētikón*) sind das, was man bei uns früher als Proletariat und heute als Prekariat bezeichnet.

19a38-b1 Wie man die beste und erste Demokratie einrichten muß, ist damit gesagt. Klar ist auch, wie man dann zu den anderen (schlechteren) kommt, nämlich durch allmähliche Abweichung, indem man die jeweils schlechtere Schicht des Volkes (von den noch schlechteren) abtrennt.

---

[50] In Platons *Staat* (347c) werden Philosophen, die lieber nur philosophieren möchten, durch dies Argument überredet, den Staat zu regieren.

Gemeint ist die stufenweise Verschlechterung, wenn nach und nach die jeweils oberste der unteren Volksschichten zur Volksversammlung zugelassen wird.

19b1-19 Am schlechtesten ist die Demokratie, wenn alle zur Volksversammlung zugelassen sind und Gesetze und Gewohnheiten nicht mehr gelten. Demagogen dehnen, um mehr (radikale) Anhänger zu gewinnen, das Bürgerrecht möglichst weit aus.

Das ist die radikale Demokratie, die oft zur Tyrannis wird. Zum Niedergang der Demokratie vgl. 10a25-36.

Doch die Angesehenen und der Mittelstand müssen die Mehrheit (in der Volksversammlung) bleiben und die Radikalen eine kleine Minderheit. Wenn Schlechtes zu groß wird, ist es nicht mehr zu übersehen und würde einen Aufstand der Angesehenen (und des Mittelstandes) provozieren.

19b19-20b17 *Erhaltung der Demokratie.*

19b19-32 Dagegen (den Niedergang) hilft die Einrichtung von neuen gesellschaftlichen Einheiten, um (alte aufzubrechen und) eine bessere Mischung des Volkes zu erreichen.

Als Beispiel dient die Verfassungsreform in Athen durch Kleisthenes nach der Vertreibung der Peisistradiden im Jahr 510. Er ersetzte traditionelle regionale politische Einheiten durch überregionale künstlich geschaffene Einheiten, sog. Phylen („Stämme"). Er sah also in der Mischung politischer Interessen – wie später Aristoteles in seiner Demokratietheorie – das Fundament der Demokratie. Vgl. 4a33-38.

VI, Kap. 5

19b33-20a4 Die größte Schwierigkeit ist nicht die Einrichtung, sondern die dauerhafte Erhaltung von demokratisch und oligarchisch regierter Demokratie.

Aus Demokratie und Oligarchie gemischte Demokratien sind ständig in Gefahr, zu einer radikalen Demokratie bzw. radikalen Oligarchie zu werden und als Tyrannis zu enden.

20a4-32 Die Reichen dürfen nicht von Demagogen wie Feinde des Volkes durch Gerichtsverfahren ausgeplündert werden. Zuwendungen an die Armen müssen statt dessen aus der Staatskasse erfolgen.

In Athen wurden Reiche von sog. Sykophanten (den heutigen sog. Abmahnern vergleichbar) erpreßt.

Heute gibt es eine Diskussion, ob Renten nur aus den Rücklagen der künftigen Rentner oder auch aus allgemeinen Steuermitteln gezahlt werden sollen.

Volksversammlungen und Gerichtstage sollten nicht zu oft stattfinden.

Dadurch würde verhindert, daß zu oft neue Gesetze beschlossen werden und es zu viele Gerichtsverfahren gibt. – Aristoteles würde unsere Demokratie kritisieren, weil sie im Namen des „Rechtsstaats“ da keine Begrenzung zulassen will, so daß die Gesetze immer zahlreicher und komplizierter werden und Gerichtsverfahren jahrelang dauern können. Er würde uns vorwerfen, das mit Gerechtigkeit zu verwechseln.

20a32-b17 Das Volk darf nicht verarmen. Der Staat muß dafür sorgen, daß Arme durch ihre Arbeit weniger arm und sogar reich werden können. Der Zugang zu politischen Ämtern muß ihnen erleichtert werden.

VI, Kap. 6

20b18-21a1 *Stufenweise Verschlechterung der oligarchisch regierten Demokratie.*

20b18-20 Es gibt Varianten der aus den Gegensätzen (reich/arm) gemischten Oligarchie, analog zu den Varianten der (gemischten) Demokratie.

Die gemischte Oligarchie ist eine (aus Oligarchie und Demokratie) gemischte Demokratie, in der die oligarchische Partei regiert. Analog kann man von einer gemischten Demokratie sprechen, wenn die demokratische Partei regiert, aber die Reichen nicht unterdrückt werden.

Aristoteles unterscheidet hier drei Stufen nach der zunehmenden Radikalität der Regierung. 18b6-9 spricht er von vier Stufen der Demokratie nach der unterschiedlichen Zusammensetzung der Volksversammlung.

20b21-29 Die beste Oligarchie (oligarchisch regierte Demokratie) ist die gut gemischte, die dem sogenannten Bürgerstaat (Politie) nahekommt.
In ihr muß es zwei Steuerklassen geben, die zu höheren bzw. niederen politischen Ämtern berechtigen. Dabei müssen möglichst viele Bürger an der Regierung beteiligt werden, so daß sie zusammen politisch stärker sind als die Mehrheit derjenigen Bürger, die keine politischen Ämter haben können. Man muß immer aus dem besseren Volk Gesinnungsgenossen hinzunehmen.

Das ist eine Demokratie, in der die Berechtigung zu politischen Ämtern von der Steuerklasse abhängt, aber die oligarchische Partei durch vernünftiges Verhalten die Mehrheit der Stimmen in der Volksversammlung erreicht und daher die Regierung stellt.

Das demokratische Pendant ist der Bürgerstaat (Politie), in dem alle Bürger für Regierungsämter kandidieren dürfen, aber die Besten gewählt werden, die jedoch reich sein müssen, weil Regierungsämter unbesoldet sind.

20b29-30 Die nächste (untere) Stufe der Oligarchie ist etwas radikaler.

In ihr darf die Volksversammlung nach dem Gesetz nur Bürger der obersten Steuerklasse für Regierungsämter wählen.

Das demokratische Gegenstück ist eine gemischte Demokratie, in der die demokratische Partei mit ihrer Mehrheit die Regierungsämter für sich beansprucht.

20b30-21a1 Die schlechteste Art der Oligarchie ist das Gegenstück zur radikalen Demokratie. Sie ist die tyrannischste und damit die schlechteste. Die regierenden Oligarchen müssen daher sehr wachsam sein; denn ihre Herrschaft ist nicht gesund und kann bei jeder Erschütterung zusammenbrechen.

Diese Oligarchen regieren despotisch und nur zu ihrem eigenen Vorteil. Sie müssen daher jederzeit mit einem Aufruhr des Volkes rechnen.

In der radikalen Demokratie regiert die Volksversammlung despotisch, d.h. Gesetze werden im Namen der Freiheit mißachtet, was zu anarchischen Zuständen führt, die ein Demagoge nutzen kann, um sich zum Tyrannen zu erheben.

21a1-b3 *Gefahren und Erhaltung der demokratisch/oligarchisch regierten Demokratie.*

21a1-4 Demokratien (= von der demokratischen Partei regierte Demokratien) behaupten sich im allgemeinen, wenn in der Volksversammlung die Demokraten die Mehrheit sind und die arithmetische Gerechtigkeit gilt.

Doch die demokratische Mehrheit muß bei Abstimmungen in der Volksversammlung auf die Interessen der oligarchischen Minderheit Rücksicht nehmen. Andernfalls wird das zwangsläufig zu politischen Unruhen führen, weil die Wirtschaft leidet und die Oligarchen (Unternehmer) das nicht hinnehmen werden. Vgl. 1a25-39.

Oligarchien (= von der oligarchischen Partei regierte Demokratien) bleiben bestehen, wenn sie gut geordnet (gut gemischt) sind.

Das ist der Fall, wenn die demokratische Partei nicht unterdrückt wird und die Chance hat, mit der nächsten Wahl die Regierung zu übernehmen.

In unsere heutige repräsentative (= oligarchisch regierte) Demokratie übersetzt heißt das: Aristoteles ist der Meinung, Wirtschaftspolitik und Sozialpolitik müssen in einem vernünftigen Verhältnis stehen und das Gleichgewicht muß durch möglichen Regierungswechsel auf die Dauer erhalten bleiben.

VI, Kap. 7

21a5-14 Da das Volk vor allem aus vier Berufsgruppen besteht: Bauern, Handwerker, Kleinhändler, Tagelöhner,

ergeben sich vier Waffengattungen: (1) Reiterei (sehr reiche Landbesitzer), (2) schwerbewaffnete Fußkämpfer (reiche Bauern/Handwerker), (3) Leichtbewaffnete, (4) Schiffsbesatzungen.

Zu den vier Berufsgruppen vgl. 90b39-91a6.

Wo das Land für die Pferdezucht geeignet ist, führt das zur radikalen Oligarchie, weil Pferdezüchter reiche Landbesitzer sind. Zur milderen Form der Oligarchie kommt es durch die schwerbewaffneten Fußkämpfer (Hopliten), weil sie eher reich als arm sind. Wenn die Leichtbewaffneten und Schiffsbesatzungen (die Mehrheit in der Volksversammlung) regieren, ist das eine demokratisch regierte Demokratie.

Da die Ausrüstung weitgehend Privatsache war, entspricht diese Einteilung der unterschiedlichen Finanzstärke der Bürger.

21a14-31 Wenn diese Gruppen miteinander rivalisieren, verlieren alle (d.h. die Demokratie nimmt Schaden). Als Gegenmittel (*phármakon,* a16) muß man sie wie Truppengattungen auf dem Schlachtfeld mischen. Andernfalls ist bei politischen Auseinandersetzungen die demokratische Partei der oligarchischen immer überlegen. Wenn die Reichen allein regieren wollen, schaden sie sich selbst. Sie müssen daher in jungen Jahren leichten Sport treiben, um später als Athleten kämpfen zu können.

Sie müssen also als Jugendliche gemeinsam mit den künftigen Leichtbewaffneten trainieren, damit sie später, wenn sie als Schwerbewaffnete kämpfen, die Leichtbewaffneten nicht als Rivalen, sondern als Freunde betrachten, mit denen sie ein gemeinsames Ziel haben.

Sie müssen die Mehrheit an der Regierung beteiligen durch auf Zeit vergebene Ämter, d.h. durch Wechsel zwischen Beruf und Politik.

Auch das fördert die Mischung und stärkt die Demokratie.

21a31-40 Die hohen politischen Ämter müssen mit kostspieligen Verpflichtungen – wie der Veranstaltung von Festspielen – verbunden sein, damit das einfache Volk nicht daran interessiert ist und die Großzügigkeit der Oligarchen/Reichen bewundert.

Aus demokratischer Sicht ist das ein fragwürdiger Vorschlag; denn dadurch konnten Oligarchen ihre Chancen, von der Volksversammlung für die höchsten Ämter gewählt zu werden, verbessern (vgl. 9a14-32).

Heute pflegen regierende Parteien vor anstehenden Wahlen sog. Wahlgeschenke (natürlich auf Staatskosten) zu verteilen.

21a40-b1 Die gegenwärtigen Oligarchen (Kapitalisten) scheuen solche Ausgaben; denn für sie zählt Profit mehr als Ehre. Man kann daher sagen, daß die heutigen (sogenannten) Oligarchien (in der Praxis) fast schon (radikale) Demokratien sind.

Wenn Reiche nicht mehr daran interessiert sind, in der Demokratie politische Ämter zu übernehmen, wird die gemischte Demokratie automatisch zu einer radikalen Demokratie, in der die demokratische Partei allein regiert.

In Deutschland pflegen Reiche (Milliardäre) nicht für politische Ämter zu kandidieren, können aber hinter den Kulissen und durch Lobbyisten politischen Einfluß ausüben.

21b1-3 *Abschlußformel*. Soviel zu der Frage, wie demokratisch bzw. oligarchisch regierte Demokratien strukturiert sein sollten.

Gemeint sind die aus Demokratie und Oligarchie unterschiedlich gemischten Varianten der Demokratie.

<u>VI, Kap. 8</u>

<u>21b4-23a10</u> ***Verwaltung und Justiz.***

21b4-12 Anschließend ist zu reden über Zahl, Art und Aufgaben der Ämter (*archaí*), ohne die es keinen Staat geben kann, weil der Staat eine gute Ordnung (*eu-taxía, kosmos*) ist. Das haben wir schon früher gesagt.

Der Staat war 89a15-25 als „Ordnung" (*taxis*) definiert worden. Um Verwaltung und Justiz geht es auch schon Buch IV, Kap. 15-16.

21b12-40 In jedem größeren Staat gibt es Behörden für Handel, Baurecht, Land- und Forstwirtschaft, Finanzen und Archivierung von Akten.

21b40-22a30 Besonders wichtig und schwierig ist das Justizwesen. Gerichtsurteile sind sinnlos, wenn sie nicht durchgesetzt werden. Daher braucht man Vollzugsbeamte. Um sie vor ständigen Anfeindungen zu schützen, sollte man ihre Aufgaben auf möglichst viele Ämter verteilen und die Personen regelmäßig auswechseln.

22a30-b7 Einen höheren Rang haben die Ämter, die für den Schutz des Staates vor inneren und äußeren Feinden zuständig sind und besondere Erfahrung und Loyalität (*empeiría kai pistis* a32) erfordern. Auch in Friedenszeiten müssen Tore und Mauern instand gehalten werden und muß das Militär auf Kriege vorbereitet sein.

22b7-12 Für die Überwachung der Verwaltung muß es eigene Ämter geben, die vor allem den Umgang mit öffentlichen Geldern kontrollieren.

Diese Überwachung war damals keine folgenlose Formalität wie bei deutschen Rechnungshöfen, sondern Beanstandungen konnten zu Gerichtsverfahren und schweren Strafen bis hin zur Todesstrafe führen.

22b12-18 Das oberste Amt, meist „Rat" (*boulé*) genannt, hat den Vorsitz in der Volksversammlung und entscheidet unter anderem, welche Anträge der Volksversammlung zur Entscheidung vorgelegt werden.

In unserem Bundestag bestimmt normalerweise der „Ältestenrat" die Tagesordnung.

22b18-29 Die für den Götterkult zuständigen Behörden können in jedem Staat anders heißen.

22b29-37 <u>*Abschlußformel*</u>. Das sind die notwendigen Ämter.

22b37-23a10 In manchen Demokratien gibt es spezielle Gesetze und Ämter, die für die Bereiche Frauen, Jugend, Sport, Wettkämpfe oder Festspiele zuständig sind. Das kann ein einzelner Beamte oder ein Gremium oder die Volksversammlung sein.

Buch VII

23a14-25b32 ***Das beste Leben, Glücklichsein*** *(Kapitel 1-3).*

23a14-23 Wer die beste Staatsform sachgerecht suchen will, muß zuerst die Frage nach dem wünschenswertesten Leben beantworten; denn das hängt unmittelbar zusammen. Erst wenn man weiß, was das Glücklichsein (*árista prattein*) des Menschen privat und gemeinsam ausmacht, kann man widerspruchsfrei sagen, welche Staatsform das am ehesten möglich macht.

Da zum Glücklichsein auch das Gefühl, frei zu sein, gehört, ist klar, daß das nur eine Demokratie sein kann.

23a24-35 Alle stimmen darin überein, daß man äußere, körperliche und seelische Güter unterscheiden muß.

Das sind Nahrung/Wohnung und körperliche und seelische Gesundheit.

Der Glückliche (*makários*) muß alle drei haben.
Seelische Güter sind Tapferkeit (*andreía*), Besonnenheit (*sophrosýne*), Gerechtigkeit (*dikaiosýne*), Klugheit (*phrónesis*). Wer nicht an ihnen teilhat, den würde niemand glücklich nennen (a27-35).

Das sind die sog. Kardinaltugenden. Vgl. Platons *Staat* 427c6-431b3. Tugend/Tüchtigkeit (*areté*) ist dazu der Oberbegriff.

23a35-b29 Sie (die meisten Menschen) glauben, für ein glückliches Leben genüge eine gewisses Maß an seelischer Gesundheit (*areté*), aber äußere Güter wie Geld, Besitz, Macht und Ansehen könne man nie genug haben.
Wir dagegen sagen, daß das Gegenteil richtig ist; denn man erwirbt Tugend/Tüchtigkeit (*areté*) nicht durch äußere Güter, sondern diese durch jene. Ein glückliches Leben – man mag es nun durch Frohsein[51] oder Tugend/Tüchtigkeit (*areté*) oder beides definieren – hat eher, wer Charakter (*ēthos*) und Verstand (*diánoia*) im Übermaß und äußere Güter nur in Maßen besitzt. Jeder vernünftig denkende Mensch sieht das leicht ein (b6-7). Äußere Güter haben eine Grenze wie ein Werkzeug, das nicht zu groß sein darf, seelische sind je größer desto nützlicher für die Seele (b11).

Zur Gefahr der Übertreibung von Tugend/Tüchtigkeit vgl. 95a34-b1.

Da die Seele wertvoller ist als der Körper, sind auch die seelischen Güter wertvoller als die (körperlichen) äußeren Güter (b16-18).
Glücklichsein (*eudaimonía*) beruht auf Tugend/Tüchtigkeit (*areté*) und Klugheit (*phrónesis*) und entsprechendem Handeln (b21-26).

Für Aristoteles heißt Glücklichsein, daß der Mensch keine wirt-

---

[51] Frohsein (*chairein*) ist nicht zu verwechseln mit dem heutigen „Spaß haben“, das Aristoteles nicht zum wahren Glücklichsein zählen würde.

schaftlichen Sorgen hat, körperlich und seelisch gesund ist und seine (gutartigen) charakterlichen und geistigen Fähigkeiten frei entfalten kann.

23b26-29 Glück haben (*eu-tychía*) und Glücklichsein (*eu-daimonía*) sind nicht dasselbe. Niemand ist zufällig gerecht und besonnen.

Wenn jemand sich nur zufällig einmal gerecht und besonnen verhält, ist er nicht wirklich gerecht und besonnen.

23b29-36 Ebenso muß der beste Staat glücklich sein und gut handeln. Es ist unmöglich, glücklich zu sein und nicht schön zu handeln.

Zum guten Funktionieren eines Staates gehört es, daß die Regierung keine unethischen und unklugen Entscheidungen trifft.

Es gibt keine schöne Tat (*kalón ergon*) – weder eines Menschen noch eines Staates – ohne Tugend/Tüchtigkeit (*areté*) und Klugheit (*phrónesis*).

Die Tugenden des Staates sind dieselben wie die des einzelnen Menschen.

Der gute Staat, d.h. die Regierung des Staates, muß die 23a27-35 genannten Eigenschaften Tapferkeit, Besonnenheit, Gerechtigkeit und Klugheit haben, die zusammen seine *areté* ausmachen.

23b37-24a4 Dies sind vorläufige Bemerkungen; denn es ist weder möglich, das Thema nicht zu berühren, noch auf alle einschlägigen Fragen ausführlich einzugehen; das kann bei anderer Gelegenheit geschehen.

Jetzt soll gelten: Das beste private und staatliche Leben beruht auf Tugend/Tüchtigkeit und führt zu entsprechenden Handlungen.

Auf denkbare Einwände müßten wir später eingehen.

VII, Kap. 2

24a5-13 Ist das Glücklichsein (*eudaimonía*) des einzelnen Menschen dasselbe wie das des Staates? Offensichtlich trifft das zu; denn alle sind sich darin wohl einig.

Daß ein Staat Glücksempfinden haben kann, haben wohl schon damals die wenigsten geglaubt. Aber wenn man ihn als handelndes Subjekt betrachtet, kann man ihm menschliche Eigenschaften zusprechen.

Doch die einen behaupten, Reichtum mache Menschen und Staaten glücklich, andere nennen tyrannische Stärke, die dritten Tugend/Tüchtigkeit (*areté*).

Reichtum und tyrannische Stärke sind äußere Güter, die nicht wirklich glücklich machen. Für Aristoteles ist die *areté* die unverzichtbare Bedingung für das Glücklichsein, d.h. ein reicher und mächtiger Mensch oder Staat kann nur glücklich sein, wenn er *areté* besitzt und dementsprechend gut handelt.

24a13-23 Zwei Untersuchungen sind nötig:

(1) Welches ist das beste Leben, das politische Leben in der staatlichen

Gemeinschaft oder das eines Menschen, der die staatliche Gemeinschaft meidet?

Wer sich für das zweite entscheidet, möchte ein unpolitisches Privatleben genießen. Platon meinte, Philosophen würden das grundsätzlich vorziehen, aber müßten, wenn man sie ruft, bereit sein, politisch tätig zu sein. Nach Aristoteles ist jeder Mensch von Natur aus politisch interessiert (vgl. 53a2-9, 78b19-25).

(2) Welches ist die beste Staatsform für alle oder die Mehrheit?

Die gemischte Demokratie ist nach Aristoteles die beste Staatsform für alle, weil dann Wirtschaft und Umverteilung am besten ausbalanciert werden können.

Wir haben uns beides vorgenommen, wobei (2) das übergeordnete Thema ist.

Die beiden Fragen hängen untrennbar zusammen; der gesuchte beste Staat wurde 23a14-19 dadurch definiert, daß er den einzelnen Menschen das beste Leben ermöglicht.

24a23-25 Es ist klar, daß der beste Staat eine Ordnung (*taxis*) ist, in der sich jeder Einzelne wohlbefindet und glücklich (*makaríōs*) lebt.

24a25-35 Unter denjenigen, die das mit Tugend/Tüchtigkeit (*areté*) verbundene Leben für das wünschenswerteste halten, gibt es einen Streit, welches Leben vorzuziehen ist, das politische/praktische oder das philosophische/theoretische.

Äußerst wichtig ist, dabei das Richtige (*to alethés* a33) zu wählen; denn wer Verstand (*phrónesis*) hat, muß sich für das Bessere entscheiden, der einzelne Mensch und der Staat.

Bei dieser grundlegenden Lebenswahl stellt Aristoteles natürlich die Praxis über die Theorie; denn die Demokratie braucht nicht nur aktive Politiker, sondern alle Bürger sollten politisch interessiert sein, um in der Volksversammlung (heute bei Wahlen) vernünftig entscheiden zu können.

Aristoteles hätte hier an Sokrates erinnern können, der als großer Theoretiker kein Politiker sein wollte, aber für Athen in den Krieg gezogen ist. Er hätte auch den Redner Demosthenes nennen können, der in seinen Reden gegen Philipp II. von Makedonien die Athener aufrütteln wollte, frühzeitig etwas gegen den drohenden Verlust ihrer Freiheit zu unternehmen. Er selbst besaß in Athen kein Bürgerrecht und konnte daher nicht in der Volksversammlung für oder gegen Demosthenes' Kampf gegen Philipp II. Stellung beziehen, was ihm allerdings als ehemaligem sog. Erzieher Alexanders vermutlich ganz recht war.

24a35-b2 Die einen halten autokratisches Herrschen über seine Umgebung (*to pelas* = Mitbürger, Nachbarstaaten) für sehr ungerecht und politisches (demokratisches) Regieren zwar nicht für ungerecht, aber für lästig, weil es das eigene Wohlbefinden (*eu-hemería*) stört.

Sie wollen daher nicht Politiker sein und mit Politik grundsätzlich nichts zu tun haben und entscheiden sich für ein unpolitisches Leben als Privatmann.

Die anderen vertreten das Gegenteil; sie meinen, des Mannes Sache sei das tätige politische Leben; denn tugendhaftes/tüchtiges Handeln (*areté*) sei in der Politik nicht weniger wichtig als im Privatleben.

24b2-22 Wieder andere sagen, nur die despotische und tyrannische Staatsform (*politeía*) mache (den Staat) glücklich. Bei manchen Staaten ist das der Zweck der Gesetze und der Staatsform, wie z.B. bei Sparta und Kreta, wo Erziehung und Gesetzgebung ganz auf den Krieg ausgerichtet sind, ebenso bei allen Völkern, die sich das Mehr-haben-wollen erlauben können, wie Skythen, Perser, Thraker und Kelten. Bei manchen gibt es dazu spezielle Gesetze, wie in Karthago, früher in Makedonien[52] und bei den Iberern (Spanien).

Das ist eine beiläufige kritische Bemerkung zur Außenpolitik.
Für Aristoteles werden friedfertige glückliche Bürger einer guten Demokratie nicht noch glücklicher durch Eroberungskriege.

24b22-31 Aber es ist unsinnig zu fragen, ob es die Aufgabe des (demokratischen) Politikers sein soll, darüber nachzudenken, wie man über die in der Nähe (*plesíon*) despotisch herrscht, mögen die es wollen oder nicht; denn despotisches Herrschen ist ungesetzlich und ungerecht.

Unter „die in der Nähe“ sind wahrscheinlich Nachbarstaaten zu verstehen, aber im Folgenden geht es um das despotische[53] Herrschen ganz allgemein, also auch das Herrschen über Nahestehende (d.h. „Gleiche“) im eigenen Staat.
In Platons *Staat* (344a-c) behauptet Thrasymachos, daß die Menschen gemeinhin glauben, nur der Tyrann sei wirklich glücklich, weil er allein tun und lassen kann, was ihm beliebt, ohne Bestrafung fürchten zu müssen.

Man muß einvernehmliches und gewaltsames Herrschen unterscheiden. Das erste ist durch Gesetz politisch geregelt und gerecht, das zweite ist ungesetzlich und ungerecht.
Das zeigen andere Wissenschaften. Es ist nicht Aufgabe des Arztes oder des Kapitäns, Patienten bzw. Passagiere zu überreden oder zu zwingen.

In der Demokratie wählt das Volk, wie von der Verfassung vorgesehen, die Regierung und kann sich aussuchen, wen es wählt. So wählen Kranke und Reisende den Arzt bzw. den Kapitän, dem sie

[52] Da von „früher“ die Rede ist, mußte Aristoteles nicht befürchten, daß jemand die Erwähnung Makedoniens als Spitze gegen Philipp II. verstand, der seit der Schlacht bei Chaironeia (338) praktisch auch über Athen herrschte.

[53] Während „despotisch“ sonst auch „autokratisch“ bedeutet (wie beim guten König oder Hausvater), ist hier die brutale Herrschaft des Tyrannen gemeint.

sich anvertrauen wollen, aber kein Arzt oder Kapitän kann sie zwingen, sich gerade an ihn zu wenden.

24b32-36 Die meisten Menschen scheinen autokratisches Herrschen (*despotiké*) und demokratisches Regieren (*politiké*) gleichzusetzen. Andererseits halten sie es für gerecht und nützlich, wenn sie selbst autokratisch über andere (z.B. über Sklaven) herrschen, und schämen sich deswegen nicht; wird dagegen über sie selbst von anderen autokratisch geherrscht, halten sie es für ungerecht.

Das ist der in der Demokratie von Natur aus steckende Widerspruch. Wenn alle Bürger als gleich gelten, darf eigentlich niemand regieren. Doch wenn es eine Regierung geben soll, muß man ihr erlauben, in bestimmten Grenzen auch autokratisch, d.h. ohne tägliche Volksbefragung, im Namen des Volkes zu entscheiden.

24b36-39 Doch es wäre seltsam, den natürlichen Unterschied zwischen autokratischer und nicht-autokratischer (= demokratischer) Herrschaft leugnen zu wollen; man darf nicht über alle herrschen wollen, sondern nur über Untergebene.

Auch in der Demokratie sind die Bürger in gewissen Sinne Untergebene der Regierung, aber nur so lange, wie die Bürger das zulassen. Anders als heute, wo die Bürger das Ende der mehrjährigen Wahlperiode abwarten müssen, konnten antike Volksversammlungen die Regierung jederzeit absetzen und sogar bestrafen.

24b39-41 So wie man nicht Menschen jagt, um sie zu essen oder zu opfern, sondern nur eßbare wilde Tiere.

Diesen gewagten Vergleich, der die Unterscheidung zwischen despotischer und wohlwollender Autokratie verdeutlichen soll, möchte man nicht Aristoteles, sondern eher einem Schüler zutrauen, weil man dem Sprecher vorwerfen könnte, er wolle Sklavenjäger loben, weil sie ihre Beute nur verkaufen und nicht schlachten, um sie zu essen oder den Göttern zu opfern..

24b41-25a7 Es ist denkbar, daß ein selbständiger, durch gute Gesetze klug geordneter Staat glücklich ist und auf Kriegsrüstung und Unterwerfung von Feinden verzichtet; denn zum Krieg gerüstet zu sein ist zwar richtig, aber Krieg ist kein Selbstzweck, sondern nur ein Mittel, um ein Ziel (Abschreckung oder Abwehr) zu erreichen.

Wahrscheinlich waren die meisten der über 600[54] antiken griechischen Staaten eher friedfertig und wollten mit ihren Nachbarn gut auskommen. – Nach Artikel 26 unseres Grundgesetzes ist die Vorbereitung von Angriffskriegen strafbar. Was in früheren Zeiten „Kriegsministerium" hieß, heißt heute „Verteidigungsministerium".

[54] Vgl. E. Ruschenbusch: Die Polis und das Recht. Wissenschaftl. Jahrbuch der „Panteios", Athen 1981, 305-326.

25a7-14 Das Ziel eines guten Gesetzgebers muß sein, dem Staat oder Familienverband oder jeder anderen Gemeinschaft ein gutes Leben und das ihnen mögliche Glücklichsein zu verschaffen.
Er muß unterschiedlich regeln, mit welchen Nachbarn man wie umgehen soll und wie man geeignete Maßnahmen gegen sie einsetzt.

> Das Ziel ist, das gute Leben und Glücklichsein der Menschen im eigenen Staat zu gewährleisten und gegen Übergriffe von Nachbarn gewappnet zu sein.

25a14-15 Ankündigung. Aber auf das Ziel des besten Staates werden wir vielleicht später noch eingehen.

> Daß das Ziel des Staates das mit *areté* verbundene Glücklichsein der Menschen ist, wurde schon seit Buch VII,1 vorausgesetzt. In Buch VIII,2 (37a33-b1) ist es das Ziel der staatlichen Erziehung.

VII, Kap. 3

25a16-34 Denjenigen, die zwar zustimmen, daß die beste und wünschenswerteste Lebensform das Leben mit Tugend/Tüchtigkeit (*areté*) ist, aber nicht dasselbe darunter verstehen – nämlich die einen das unpolitische Leben eines Privatmannes, die anderen das Leben eines regierenden Politikers – müssen wir sagen, daß beide Auffassungen halb richtig, halb falsch sind.
Das Leben eines Privatmannes ist besser als das eines Politikers, weil Regieren nicht als solches gut ist; denn (zum Beispiel) über Sklaven zu herrschen ist nicht ehrenvoll und macht nicht glücklich.
Doch nicht jedes Herrschen ist autokratisch; denn die Herrschaft von Gerechten und Besonnenen über Freie ist ein Tätigsein für etwas Gutes und bedeutet Glücklichsein (*eudaimonía*). Damit verglichen ist das Leben des Privatmannes schlechter; denn Glücklichsein ist Tätigsein (für etwas Gutes).

> Danach kann ein demokratisch regierender Politiker glücklich sein, wenn er erfolgreich für das Gemeinwohl arbeitet.
> Ein Privatmann ist zwar zu loben, wenn er Sklavenhaltung ablehnt und Frau und Kinder nicht tyrannisiert, aber wenn er gar nichts zum Gemeinwohl – z.B. als Wissenschaftler oder Künstler – beiträgt, kann er nicht wirklich glücklich sein.

25a34-b7 Man könnte vielleicht sagen: Macht (*to kýrion*) kann Gutes bewirken und man müßte sie daher rücksichtslos erstreben und gegen jeden verteidigen.
Dann würde sie jedoch auch Raub und Gewalt (b1) als wünschenswert einschließen, was falsch wäre; denn Macht kann nur dann gut sein, wenn jemand (von Natur aus) überlegen ist
– wie bei den Verhältnissen Mann/Frau, Vater/Kind, Herr/Sklave –
und derjenige, der von von der Tugend/Tüchtigkeit (*areté*) abgewichen ist (Frau, Kind, Sklave), seinen Fehler korrigieren kann.

Manche Übersetzungen des schwierigen Textes klingen, als ob der überlegene Mächtige eigene Fehler korrigiert. Gemeint ist jedoch, daß autokratische Gewalt dann gut sein kann, wenn sie dazu dient, irrende Untergebene auf den rechten Weg zu führen.

25b7-8 Bei der Herrschaft über Gleiche besteht das Schöne (Richtige) und das Gerechte in der (regelmäßigen) Abwechslung (der Herrschenden); denn das ist Gleichheit.

Das ist der Bürgerstaat (Politie).

25b8-14 Nicht-Gleiches und Gleiches gleichzusetzen ist wider die Natur und deswegen nicht richtig. Wenn jemand die Besten an edlem Charakter (*areté*) und Tatkraft (*dýnamis*) übertrifft, dann ist es gut und gerecht, ihm zu folgen.

Jemand (ein Schüler?) zitiert hier eine These, die Aristoteles schon 84a3-17 und b15-25 zurückgewiesen hat. Zwar ist Aristoteles der Meinung, auch in der Demokratie dürfe man Nicht-Gleiches und Gleiches nicht gleichsetzen, aber er ist entschieden dagegen, einem „über alle herausragenden Mann“ Sonderrechte zuzugestehen, und hält sogar die Verbannung auf Zeit (Ostrakismus) für erlaubt.

25b14-23 Wenn Glücklichsein (*eu-daimonía*) gutes Tätigsein (*eu-pragía*) bedeutet, dann ist das beste Leben für den Staat und für jeden Einzelnen das tätige Leben.

Aber manche glauben, das Tätigsein müsse nicht anderen dienen und das Denken müsse nicht praktischen Nutzen haben, sondern könne Selbstzweck sein; denn das Ziel sei das eigene Wohlbefinden und daher auch das entsprechende Handeln.

Für Aristoteles ist der Rückzug eines Bürgers ins unpolitische Privatleben falsch und unzulässig, weil jeder Bürger auch für das Ganze (die Demokratie) verantwortlich ist. Vgl. auch 25a16-34.

Wir jedoch sagen, daß vor allem diejenigen entscheidend handeln und äußere Wirkung erzielen, die wie Architekten durch ihr Denken handeln.

Ein Architekt baut Häuser, ohne selbst Hand anzulegen; sein Denken ist die entscheidende Tätigkeit, durch die der Bau eines Hauses möglich wird. Damit stellt Aristoteles die Tätigkeit des Staatstheoretikers über die des Politikers, d.h. er verlangt, daß Politiker zuerst über die beste Staatsform nachdenken sollten, bevor sie praktische Politik betreiben. Das gilt vor allem bei der Neugründung von Staaten.

25b23-30 Auch ein Staat, der keine Außenbeziehungen hat und wünscht, muß deswegen nicht untätig sein; denn er kann intern in seinen Teilen tätig sein, so auch der einzelne Mensch.

Denn auch der Gott und der ganze Kosmos befinden sich wohl, obwohl sie keine Ortsveränderung neben ihrer eigenen Drehbewegung haben.

Der Gott ist der „unbewegte Beweger“ aus dem Buch *Lambda* der *Metaphysik*. Der Kosmos ist die Himmelskugel, die sich ohne Orts-

veränderung dreht. Danach kann auch ein isolierter, aber von innerem, vor allem geistigen Leben erfüllter Staat glücklich sein.
Nach 24a25-35 ist es äußerst wichtig, das Leben des aktiven Politikers und des unpolitischen Theoretikers (Philosophen) zu unterscheiden, aber Aristoteles will damit keinem Menschen (Bürger) gestatten, sich ins Privatleben zurückzuziehen, um ungestört philosophieren zu können, sondern erwartet von ihm Vorschläge, wie seine Erkenntnisse dem Staat nützen können.

25b30-32 Es ist also klar, daß zwangsläufig für den einzelnen Menschen und für alle Staaten und Menschen das beste Leben ein und dasselbe ist.

Das ist das Tätigsein als Verwirklichung der *areté*, was für Menschen nur in der Demokratie möglich ist.

VII, Kap. 4

25b33-27b19 ***Äußere Voraussetzungen für den besten Staat*** *(Kapitel 4-6).*

25b33-26a8 Nachdem wir vorbereitend über die anderen Staatsformen geredet haben, kommen wir jetzt zu den Voraussetzungen des wünschenswerten Staates, ohne die es den besten Staat nicht geben kann. Die Wünsche dürfen jedoch nicht unerfüllbar sein.
Staatsvolk und Staatsgebiet sind die materiellen Voraussetzungen für die Existenz eines Staates. Sie sind der Stoff (*hyle*) – wie beim Bau eines Schiffes das Holz – und es kommt auf die Zahl und Qualität der Menschen und die Größe und Qualität des Landes an.

26a8-25 Die Meinung, ein glücklicher Staat müsse groß sein, ist nicht richtig; denn es kommt nicht auf die Zahl der Einwohner an, sondern auf die (politische) Stärke (*dýnamis* a12). Ein der Zahl nach großer Staat ist z.B. eher schwach, wenn die einfachen Bürger (*bánausoi* a22) die große Mehrheit sind und die (reichen) Schwerbewaffneten (*hoplítai* a23) eine kleine Minderheit.

Das Heer würde dann überwiegend aus Leichtbewaffneten (Bogenschützen) bestehen. Gemeint ist, daß eine Demokratie nicht stabil sein kann, wenn die große Mehrheit der Bürger ungebildet ist und nicht weiß, wie sich verhalten muß, damit die Demokratie Bestand hat.

26a25-b11 Die Bevölkerungszahl darf nicht zu groß sein, weil das eine gesetzliche Ordnung (a30) erschweren, wenn nicht sogar unmöglich machen würde. Begrenzung (*horos* a35) und Maß (*metron* a36) sind Voraussetzungen für den besten Staat. Er darf weder zu klein noch zu groß sein. Beides würde seine Autarkie (b3) und das gute Leben (b8) erschweren.

Aristoteles würde heute zugeben müssen, daß viel größere Demokratien, als er sie kannte, möglich sind, aber er würde wahrscheinlich immer noch daran festhalten, daß übermäßige Größe Schwierigkeiten mit sich bringen kann.

Staaten wie unsere Bundesrepublik, die aus „Ländern" mit eigenen Kompetenzen besteht, kannte Aristoteles nicht. Heute wäre die Europäische Union für ihn ein Beispiel, wie äußere Größe zum Problem werden kann, wenn man die inneren Unterschiede vernachlässigt.

26b11-22 Die Begrenzung ist notwendig, weil der Staat eine Regierung braucht und die Bürger sich untereinander kennen müssen, um entscheiden zu können, wer würdig ist zu regieren. Da wäre es unrecht, nicht genau zu sein; das gilt auch für die Vergabe des Bürgerrechts an zugewanderte Fremde.

Die Größe ist ein Problem von Staaten, in denen politische Ämter durch Wahlen vergeben werden, also ein Problem der Demokratie. Doch auch im antiken Athen mit schätzungsweise 35000 Bürgern und selbst in wesentlich kleineren Staaten konnten sich die Bürger untereinander nicht persönlich kennen.

Aristoteles will nur sagen, daß Wähler möglichst gut informiert sein müssen, um verantwortungsbewußt wählen zu können.

26b22-25 Es ist also klar, daß die größte Zahl an Einwohnern, die schon ein autarkes, aber noch leicht überschaubares (*eu-sýnoptos*) Zusammenleben erlaubt, die beste Obergrenze eines Staates ist.

Heute sind wir überzeugt, daß die Zahl der Einwohner keine Rolle spielt, wenn die Überschaubarkeit hinreichend gewährleistet ist.

Soviel über die Größe des Staates.

VII, Kap. 5

26b26-32 Das Staatsgebiet muß den Staat möglichst autark machen und so ertragreich sein, daß die Bewohner nicht nur arbeiten müssen, sondern ein großzügiges vernunftgemäßes Leben führen können.

In einer Demokratie muß das Volk neben der täglichen Arbeit Zeit für höhere Interessen und für die Politik haben, um bei Wahlen die richtige Entscheidung zwischen Wirtschaft und Sozialismus treffen zu können und sich nicht durch demagogische Reden der Parteien täuschen zu lassen.

26b32-39 Ob unsere Maßangabe richtig oder falsch ist, muß später genauer untersucht werden, wenn wir allgemein zum Besitz und Reichtum kommen und zur Frage, wie man ihn nutzen soll; denn da gibt es allerlei Streit, wobei die Meinungen von Geiz (*glischerótes*) bis Verschwendung (*tryphé*) reichen.

Aristoteles ist natürlich für eine Mitte, also für großzügigen/vernünftigen, aber nicht maßlosen/unvernünftigen Gebrauch des Besitzes, sowohl von Einzelpersonen als auch von Staaten.

„später". In der *Politik* kommt Aristoteles nicht darauf zurück. Daß ein mittelgroßer Besitz am besten ist, wurde in Buch IV (95b1-34) gesagt.

Heute gibt es einen Streit, ob Staaten, die über ihre Verhältnisse leben, sich durch Sparsamkeit oder durch weiteres Schuldenmachen über Wasser halten sollen.

26b39-27a10 Die (geographische) Lage des Staates muß es Feinden schwermachen einzudringen und zugleich den Bürgern leichtmachen auszuziehen, um Feinde abzuwehren oder Freunden zu helfen. Der Staat muß über Land oder über See (mit den notwendigen Gütern) versorgt werden können.

Da sich die damals existierenden Staaten mit ihrer Lage abfinden mußten, sind das eigentlich Ratschläge für Neugründungen.

VII, Kap. 6

27a11-18 Es gibt (unter Staatstheoretikern) Streit, ob für Staaten mit guten Gesetzen die Lage am Meer nützlich oder schädlich ist. Manche behaupten, die Aufnahme von Fremden aus anderen Kulturkreisen („unter anderen Gesetzen aufgewachsen") untergrabe die einheimischen guten Gesetze, ebenso sei das Anwachsen der Bevölkerung ein Problem, auch der Export und Import durch Großhändler widerspreche einer guten Staatsordnung.

Die Lage am Meer bedeutet Öffnung zur weiten Welt und damit Veränderung der eigenen Welt. Wie heute die sog. Globalisierung kann das als Chance und als Bedrohung empfunden werden.

3a25-b3 hat Aristoteles drei Staaten genannt, in denen die Einheimischen von den Zugewanderten vertrieben worden waren.

27a18-40 Wenn man diese Gefahren (durch entsprechende Gesetze) verhindert, ist ein Zugang zum Meer wünschenswert, wegen der (militärischen) Sicherheit und der bequemen Versorgung (mit Gütern).

Athen war im 5. Jh. stark durch seine Kriegsflotte und verstand sich als weltoffene Stadt (Thukydides I,142 und II,39).

27a40-b15 Eine Kriegsflotte ist zur Verteidigung und Hilfeleistung nötig, muß aber zum Staat passen. Wenn die Zahl der Seeleute (Seesoldaten und Ruderer) zu groß wird, könnte das politisch schwierig werden; sie sollten dann eigentlich kein Bürgerrecht haben.

Wenn in der Volksversammlung die Zahl der (armen) Schiffsbesatzungen die der (bessergestellten) Bauern übertraf, konnte das zur Radikalisierung der Demokratie und zu haltlosen politischen Zuständen führen. Vgl. 4a17-33.

27b18-19 Über die nötige Begrenzung der Zahl der politischen Menge (der Bürger) haben wir früher gesprochen.

Vgl. 26b11-22. Dort wurde als Grund genannt, daß die Bürger sich untereinander kennen müssen, um die Besten für die Regierung wählen zu können.

VII, Kap. 7

27b19-28a16 ***Psychische Voraussetzungen für den besten Staat*** *(Kap. 7).*

27b19-23 Welche (psychische) Natur die Bürger (des besten Staates) haben müssen, ist zu erkennen, wenn man die als gut geltenden griechischen Staaten betrachtet im Vergleich zur ganzen bewohnten Welt, wie sie in die Volksstämme unterteilt ist.

Unter „als gut geltenden griechischen Staaten" sind hier nicht wie in Buch II (69a34-72b22) Sparta und Kreta zu verstehen, sondern damit ist ganz allgemein die Demokratie gemeint, die sich in Griechenland im Gegensatz zur übrigen Welt mehr oder weniger durchgesetzt hat. In ihnen ist die Volksversammlung nicht mehr nur Befehlsempfänger, sondern redet bereits politisch irgendwie mit und ist z.B. in Athen längst die oberste politische Instanz.

27b23-33 In Nordeuropa haben sie Mut/Energie (*thymós*), aber wenig Verstand (*diánoia, techne*). Deswegen sind sie frei, aber sind unpolitisch und verstehen nicht, die Nächsten (*plesíon*) zu regieren. In Asien haben sie Verstand, aber ihnen fehlt Mut/Energie, weswegen sie sich wie Sklaven regieren lassen. Die Griechen, die in der Mitte zwischen ihnen wohnen, haben beides, Mut/Energie und Verstand. Deswegen sind sie frei und haben die besten Staatsordnungen (= Demokratien). Sie könnten die Welt beherrschen, wenn sie ein einziger Staat wären.

Diese sehr pauschale Theorie war vermutlich im Buch irgendeines griechischen Staatstheoretikers zu lesen. Man darf sie nicht Aristoteles zuschreiben; denn er kritisiert sie mit dem nächsten Satz als allzu pauschal.[55]

Unter „die Nächsten" sind nicht (wie meist übersetzt wird) „Nachbarn", d.h. andere Volksstämme, zu verstehen, sondern Angehörige des eigenen Stammes. Gemeint ist also, daß sie keine politische (= demokratische) Regierung kennen.

27b33-36 Diese Unterschiede gibt es auch zwischen griechischen Stämmen. Die einen sind einseitig begabt, bei anderen sind diese beiden Fähigkeiten gut gemischt.

Damit weist Aristoteles die allgemeine Idealisierung des griechischen Charakters zurück und erinnert daran, daß es in Griechenland sehr unterschiedliche (demokratischere und weniger demokratische) Varianten der Demokratie gab. Die Bürger ließen es oft an Mut/Energie und Verstand fehlen und kamen zu falschen Entscheidungen. Auch in Athen setzten sich in der Volksversammlung – wie man aus Thukydides entnehmen kann – keineswegs immer Mut/Energie und Verstand durch.

27b36-38 Offensichtlich können nur Menschen, die Vernunft (*nous*) und Mut/Energie (*thymós*) besitzen, vom Gesetzgeber zur Tugend/Tüchtigkeit (*areté*) geführt werden.

Entstehung und Erhalt der Demokratie in Griechenland beruhen für Aristoteles auf Vernunft/Verstand und Mut/Energie.

---

[55] Er selbst stammte übrigens aus dem äußersten Norden Griechenlands.

[**27b38-40** Manche sagen, die „Wächter“ müßten Bekannte als Freunde empfangen, gegenüber Unbekannten dagegen aggressiv sein.]

Ein unpassender Verweis auf Platons *Staat* (375b-376b), wo die „Wächter“ mit Wachhunden verglichen werden, die Bekannte und Fremde unterscheiden und die einen für Freunde, die anderen für Feinde halten. Sie vereinen in sich also zwei einander widersprechende Eigenschaften, Sanftmut (*praótes*) und Mut/Energie (*thymós*). Da die Hunde genau wissen, wann welche zu gelten hat, werden sie von Platon als „philosophisch“ gelobt.

Bei Aristoteles ist *thymós* dagegen im nächsten Satz ein umfassender Oberbegriff wie „Emotion“, der auch die Freundschaft einschließt.

27b40-28a5 Emotion (*thymós*) äußert sich als Freundschaft (*philía*). Freunden gegenüber ist man empfindlicher als gegenüber Unbekannten, weil man von Freunden Wohltaten erwartet. Daher ist man um so empörter, wenn sie einem Schaden zufügen.

Die Pflicht zur tätigen Freundschaft der Bürger untereinander ist für Aristoteles die Grundlage der Demokratie (vgl. 95b13-25). Private Feindschaften müssen dahinter zurückstehen.

28a6-7 Auch Wünsche, zu herrschen und frei zu sein, sind Formen von Emotion (*thymós*).

Hier ist *thymós* Mut/Energie, also die Emotion, die zusammen mit dem Verstand in Griechenland zur Entstehung der Demokratie („Volksherrschaft“) führte. In Nordeuropa kam es nicht zur Demokratie, weil den dort wohnenden Völkern der dazu nötige Verstand fehlte (27b23-33).

28a8-16 Es ist falsch und unzulässig, Menschen, die man nicht kennt, als Feinde anzusehen. Man sollte großzügig sein und nur abwehrend regieren, wenn sie einem Unrecht tun.

In der Demokratie sollten die Bürger, auch wenn sie sich nicht persönlich kennen, alle anderen Bürger grundsätzlich als Freunde ansehen.

Daß darüber hinaus gemeint ist, daß man, wie heute gefordert wird, Fremde (Zuwanderer) grundsätzlich als Freunde betrachten sollte, ist wenig wahrscheinlich.

Das gilt besonders dann, wenn einem von Freunden Unrecht geschieht, wie wir eben gesagt haben. Von Freunden erwartet man Wohltaten. Wenn sie einem schaden, ist das zugleich ein Vorenthalten einer Wohltat, wie zwei Zitate aus Dichtern zeigen.

Dieser erneute Hinweis auf private Probleme (die nach 27b40-28a5 hinter der übergeordneten politischen Freundschaft zurückstehen müssen) ist vielleicht eine Bemerkung eines Schülers, der Splitter seiner Dichter-Kenntnis anbringen wollte.

28a17-21 *Abschlußformel zu Kapitel 4-7.* So viel etwa über Zahl und Art der Bürger und die Größe und Art des Landes. Wenn von der Realität die Rede ist, darf man keine exakte Genauigkeit verlangen.

VII, Kap. 8

28a21-30a33 ***Teile der Demokratie*** *(Berufsgruppen).*

28a21-33 Man muß bei allem seiner Natur nach Zusammengesetzten zwischen seinen Teilen und den notwendigen Voraussetzungen (für seine Existenz) unterscheiden,
und so auch beim Staat zwischen seinen Teilen, die unterschiedlich groß sein können, und Voraussetzungen wie Ernährung und Territorium.
Es ist wie bei der Unterscheidung zwischen Herstellung (durch Werkzeug/Handwerker/Architekt) und fertigem Haus. Hersteller sind kein Teil des Hauses (sondern nur eine notwendige Voraussetzung für seine Entstehung, vgl. 25b14-23).

[**28a33-35** Auch der Besitz (*ktesis*) ist nicht Teil des Staates, obwohl der Besitz selbst aus Teilen besteht, z.B. aus vielen Arten von Lebewesen (Tieren und Sklaven).]

Wohl Randnotiz eines Lesers, der es für nötig hielt hinzuzufügen, daß nicht der Besitz, sondern nur der Besitzer Stimmrecht in der Volksversammlung hat.

28a35-40 Der (demokratische) Staat ist eine Gemeinschaft von Gleichen, die ein möglichst gutes Leben haben möchten. Das Glücklichsein (*eudaimonía*) ist das Beste, d.h. Tätigsein (*enérgeia*) der Tugend/Tüchtigkeit (*areté*) und ihr vollkommener Gebrauch (*chresis*). Daher können die einen daran teilhaben, andere dagegen wenig oder gar nicht.

Wenn alle Bürger als gleich gelten, ist das ein Bürgerstaat (Politie), in dem eigentlich alle abwechselnd regieren müßten. Die Umsetzung der Theorie in die Praxis sieht jedoch anders aus, weil nicht alle Bürger fähig sind, einen Staat zu regieren, und die meisten wegen ihrer täglichen Arbeit keine oder wenig Zeit haben, politisch aktiv zu sein.

28a40-b23 Es gibt viele verschiedene Staatsformen (Varianten der Demokratie), weil die Bürger das (glückliche) Leben auf verschiedene Weise erreichen wollen. Dabei handelt es sich um notwendige Teile des Staates. Das sind [sieben]:
Ernährung (*trophé*, Bauern), Techniken (*technai*, Handwerker)
[Bewaffnete (Polizei/Kriegsdienst), reichere Bürger, Priester, Regierung/Justiz].

[...] [...] wahrscheinlich ein Nachtrag von fremder Hand. Als „notwendig“ gelten sonst Berufe, die der materiellen Versorgung dienen (vgl. 90b39-91a6).

In der Demokratie ist Kriegsdienst kein Beruf, sondern eine zusätzliche Pflicht aller Bürger. In jeder Variante der Demokratie gibt es Reiche, Priester, Regierung und Richter; daher können sich spezielle Varianten nicht daraus ergeben.

Diese Teile sind notwendig; denn ein Staat ist keine zufällige Menge, sondern muß eine lebensfähige autarke Gemeinschaft sein.

Ein Staat ist lebensfähig und autark, wenn es in ihm alle dazu notwendigen praktischen Berufe gibt. 90b39-91a6 werden neben Bauern und Handwerkern auch Händler und Arbeiter genannt.

Im nächsten Kapitel wird zwischen notwendigen und politisch aktiven Teilen unterschieden. Bauern und Handwerker sind notwendig, aber die meisten haben wenig oder keinen Anteil an der Politik, weil sie keine Zeit für Volksversammlungen haben oder als unterste Steuerklasse ausgeschlossen sind.

VII, Kap. 9

28b24-33 Nachdem dies geklärt ist, bleibt noch zu fragen, ob alle Bürger an allen politischen Aufgaben teilhaben sollten. Es gibt drei Möglichkeiten:

(1) Alle Bürger, auch kleine Bauern und kleine Handwerker, sind zur Volksversammlung („Beratung") und zum Richteramt zugelassen.

Alle Mitglieder der Volksversammlung können zu Richtern gewählt werden.

(2) Zu den einzelnen Aufgaben werden verschiedene Gruppen zugelassen.

Die Zulassung zu politischen Ämtern ist z.B. nach Steuerklassen abgestuft.

(3) Für manche Ämter dürfen nur ausgewiesene Fachleute kandidieren, für andere alle Bürger.

Für die Finanzverwaltung braucht man spezielle Fachleute (vgl. 9a39-b8). Für Ämter, die keine Fachkenntnisse erfordern, können alle Bürger kandidieren und gewählt oder ausgelost werden.

Darin unterscheiden sich Staatsformen, und daher gibt es mehrere (Varianten der Demokratie). Wenn die Regierung demokratisch ist, haben alle an allem teil. Bei einer oligarchischen Regierung ist das Gegenteil der Fall.

In einer Demokratie können Oligarchen, obwohl sie die Minderheit sind, regieren, wenn die Volksversammlung sie als politische Fachleute gewählt hat.

28b33-29a2 Unser Thema ist die beste Staatsform. In ihr ist der Staat am ehesten glücklich (*eudaímōn*). Daß es Glücklichsein (*eudaimonía*) nicht ohne Tugend/Tüchtigkeit (*areté*) gibt, haben wir schon (28a35-40) gesagt.

Daraus ist klar, daß im politisch am besten geordneten Staat, wo alle Männer gerecht (= tugendhaft/tüchtig) sind, die Bürger weder Handwerker noch Markthändler noch Bauern sein dürfen; denn diese haben keine Zeit (*scholé* 29a1), sich um Tugend/Tüchtigkeit (*areté*) und Politik zu kümmern.

Danach gibt es im besten Staat eine politische Ober- und eine un-

politische Unterschicht. Das klingt schlimmer, als es ist; denn das entspricht unserer repräsentativen Demokratie, in der nur ein kleiner Teil des Volkes politisch aktiv ist. Die übrigen dürfen nur im Abstand von vier Jahren Abgeordnete wählen.
Damals stellte sich die Frage, ob die unpolitische arbeitende Bevölkerung wie Sklaven keine Bürgerrechte haben sollte.
Vgl. 29a17-26.

29a2-17 An Kriegsdienst und Politik nehmen (in der guten Demokratie) einerseits alle teil, andererseits besteht Arbeitsteilung. In jüngeren Jahren leisten sie Kriegsdienst, weil es da auf (körperliche) Stärke (*dýnamis*) ankommt, im reiferen Alter nutzen sie ihren Verstand (*phrónesis*) und übernehmen politische Aufgaben.

In Deutschland muß man 40 Jahre alt sein, um Bundespräsident werden zu können (Grundgesetz Artikel 54,1). Der Bundeskanzler muß Mitglied des Bundestages, also mindestens 18 Jahre alt sein.

29a17-26 Die Bürger (in der idealen Demokratie) müssen wohlhabend (*euporía*) sein, damit sie tugendhaft/tüchtig und wahrhaft glücklich sein können. Daher ist die arbeitende Bevölkerung (*to bánauson*) nicht Teil des Staates (weil sie keine Zeit hat, die zum Glücklichsein erforderliche *areté* zu erreichen). Wenn sie ein Teil des Staates wäre, könnte der Staat nur teilweise glücklich sein. Zwangsläufig müssen die Bauern Sklaven sein.

Das zeigt den immanenten Widerspruch im Begriff der idealen Demokratie. Wenn alle Bürger wohlhabend sind und nicht für ihren Lebensunterhalt arbeiten müssen, wer soll dann die notwendigen praktischen Arbeiten übernehmen? Das können folglich keine Bürger, sondern nur Sklaven (menschliche Werkzeuge) oder zugewanderte Fremde sein. Vgl. 78a8-13.

29a27-34 Priester sind Bürger, aber dürfen keinen praktischen Beruf ausüben, keinen Kriegsdienst leisten und sich nicht politisch betätigen. Es kommen (im besten Staat) also nur Alte in Frage, die über dergleichen hinaus sind.

29a34-39 Wir haben notwendige Voraussetzungen und Teile des Staates unterschieden. Bauern, Handwerker und Arbeiter (*to thetikón*) sind für den Staat notwendig, aber Teile des Staates sind sie nur als Kriegsdienst Leisten-de (*to hoplitikón*) und Mitglieder der Volksversammlung (*to bouleutikón*).

Sie sind also einerseits Voraussetzungen und andererseits Teile des Staates. Vgl. 28a21-33.

Diese einzelnen Tätigkeiten sind voneinander getrennt, manche auf Dauer, manche in regelmäßigem Wechsel.

Bauern und Handwerker blieben gewöhnlich lebenslang bei ihrem Beruf. Priester konnten auf Lebenszeit gewählt werden, regierende Beamte dagegen normalerweise für ein Jahr, wobei in manchen

Demokratien wahrscheinlich Wiederwahl verboten war, damit möglichst viele Bürger für ein Jahr regieren konnten.

VII, Kap. 10

29a40-b5 Die Staatstheoretiker wissen seit langem, daß man den Staat nach Gruppen (*genos* „Art“, „Gattung“) unterteilen muß, z.B. Krieger und Bauern in Ägypten.

Das Beispiel Ägypten paßt nicht für die griechische Demokratie, weil in ihr Krieger und Bauern grundsätzlich identisch sind. Aber es gab die Stufen Schwerbewaffnete (Reiche, die sich teure Rüstungen und Waffen leisten konnten) und Leichtbewaffnete (Arme). Daher sind Bauern bei Aristoteles manchmal eine unpolitische Unterschicht, manchmal wohlhabende Landbesitzer, die in der Volksversammlung eine wichtige Rolle spielen.

[**29b5-23** Syssitien soll in Urzeiten ein König Italos, nach dem Italien benannt ist, eingeführt haben, nachdem er Nomaden (b14) zu Bauern gemacht hatte.]

Ein Beitrag des Syssitien-Spezialisten.

29b23-33 Die Einteilung der [politischen] Menge in Klassen (*genos*) stammt aus Ägypten. Solche Einteilungen gibt es schon lange und überall. Zunächst entstanden die unteren und lebensnotwendigen Schichten, danach durch Aufstieg die edlen und reichen. Die Ägypter waren die ersten, die Gesetze einführten und eine Staatsordnung schufen.

[politischen] ist wahrscheinlich zu streichen; denn Aristoteles hat schwerlich geglaubt, daß es in Ägypten eine „politische“ Menge, d.h. „Bürger“ wie in einer Demokratie gab.

29b33-35 Man soll das bereits Gefundene möglichst nutzen und das Fehlende suchen.

Aristoteles warnt davor, praktisch bewährte Formen (statt sie zu aktualisieren) durch unerprobte und fragwürdige ganz neue zu ersetzen. – Heutige Reformer sind oft weniger vorsichtig.

29b36-39 Das Ackerland ist, wie gesagt, Privatbesitz der Schwerbewaffneten (Hopliten) und am Staat Teilhabenden.

Vgl. 28b33-29a2. Das ist der Fall in einer Bauern-Demokratie, in der nur Landbesitzer Mitglieder der Volksversammlung sind.

29b39-30a9 Grundsätzlich sollte das Land, anders als manche gesagt haben, nicht Gemeineigentum, sondern Privatbesitz sein, doch sozial (*philikôs* 30a1, „freundschaftlich“) genutzt werden, damit kein (armer) Bürger Mangel an Nahrung leidet.

Einen Ansatz zu gemeinsamer Nutzung scheint es in Sparta (vgl. 63a29-40) gegeben zu haben.

Der Teil des Landes, der Gemeineigentum ist, sollte zur Finanzierung von Syssitien und Götterkult dienen.

Das sind Ländereien, die an freie Bauern verpachtet waren oder

wo Staatssklaven eingesetzt wurden.
Zur Finanzierung der Syssitien vgl. 71a26-37 und 72a12-27.

30a9-25 Jeder Bürger sollte zwei Stücke Land besitzen, eins an der Staatsgrenze (a14-15), eins nahe zur Stadt.

Diesen Gedanken hatte Aristoteles 65b24-26 aus Platons *Nomoi* (745c-e) zitiert, aber als wirtschaftlich wenig praktikabel verworfen.

Das gleicht das Risiko aus und ist gerecht und führt zu einheitlicher Gesinnung, wenn es zum Krieg (mit einem Nachbarstaat) kommt; andernfalls machen die einen sich zuwenig, die anderen zuviel Sorgen (a16-20).
In manchen Staaten gibt es ein Gesetz, daß die Grenzbewohner beim Thema Krieg wegen Befangenheit (*dia to ídion* a22, „Eigeninteresse") nicht mitabstimmen dürfen.

30a25-31 Bürger sollten ihre Felder möglichst nicht selbst bearbeiten, sondern sollten das Sklaven überlassen.

Im besten Staat sind Bürger nicht Bauern, die auf dem Feld arbeiten, sondern Landbesitzer, die Sklaven dafür einsetzen. Sie selbst sollen Zeit haben, sich mit Politik und höheren Dingen zu beschäftigen und im Sinne ihrer *areté* tätig zu sein. Vgl. 28b33-29a2.
Das läßt wieder fragen, wer im besten Staat die praktische Arbeit erledigt, wenn alle Bürger hochgebildet und nur geistig tätig sind. Vgl. 78a8-13 und 29a17-26.

30a31-33 *Ankündigung*. Zur Behandlung von Sklaven und darauf, daß es besser wäre, allen als Lohn die Freiheit zu versprechen, kommen wir später.

Wenn gemeint ist, daß alle Sklaven gesetzlichen Anspruch darauf haben sollten, nach einigen Jahren freigelassen zu werden, wäre das ein unerwarteter erster Schritt zur Abschaffung der Sklavenhaltung. Aristoteles kommt in der *Politik* auf diesen Vorschlag nicht zurück. In Buch I (55b4-15) hatte er empfohlen, mit einem gebildeten (also „unnatürlichen") Sklaven freundschaftlich umzugehen. Doch von einem Versprechen, ihn freizulassen, ist dort nicht die Rede.

VII Kap. 11

30a34-b17 Daß der Staat möglichst zum Festland und zum Meer Zugang haben sollte, haben wir gesagt. Lage und Einrichtung der Stadt sollten durch vier Gesichtspunkte bestimmt sein: Gesundheit (Klima), Güterversorgung, Verteidigung und Wasserversorgung.

[***30b17-21** Hinsichtlich der befestigten Orte unterscheiden sich Staatsformen. Für Oligarchie und Monarchie ist eine Akropolis (Bergfestung) typisch, für die Demokratie die Ebene (mit einer Stadt als Zentrum), für die Aristokratie ein Plural von befestigten Orten.]

Eine verirrte Bemerkung zum Sechserschema. Oligarchie und Monarchie bedeutete autokratische Regierung des Staates, Aristokratie konnte Aufsplitterung der Autokratie bedeuten.

30b22-31 Die Hauptstraßen sollten nicht geradlinig sein, damit eindringende Feinde sich schwerer zurechtfinden; die Nebenstraßen sollten es sein, weil das schöner ist und die Orientierung erleichtert.

Ein Vorschlag zur Verbesserung der vom Stadtplaner Hippodamos empfohlenen schachbrettartigen Ordnung (67b22-30).

30b32-31a14 Stadtmauern sind heutzutage (im 4. Jh.), wie die Erfahrung lehrt, wichtiger als früher und müssen fortwährend auf dem neusten Stand gehalten werden, weil die Belagerungstechnik ständig verbessert wird.

31a14-18 Angreifer und Verteidiger müssen ihre Kampfestechnik ständig praktisch und theoretisch („philosophisch") verbessern.

VII, Kap. 12

[**31a19-24** Die Bürger müssen in Syssitien eingeteilt sein. Die Stadtmauern müssen Wachlokale und Türme haben, wo die Syssitien stationiert sind.]

Das scheint wieder ein Zusatz des Syssitien-Spezialisten zu sein.

31a24-30 Heiligtümer [und die wichtigsten Syssitien der Beamten] sollten einen geeigneten [gemeinsamen] Ort haben.

[…] […] vermutlich Zusätze des Syssitien-Spezialisten.

31a30-b4 In der Stadt sollte es zwei Plätze geben, die beide als Markt (*agorá*) bezeichnet werden.
Der eine (1) ist für ältere Bürger und Beamte bestimmt, um dort gemeinsam Sport zu treiben. Junge Leute treiben dort Sport unter Aufsicht von Beamten, was Respekt vor Bürgern erzeugt.
Der andere (2), der dem Handel dient, sollte davon getrennt sein und müßte von Land- und Seeseite leicht mit Waren beliefert werden können.

[**31b4-6** Da Priester und Beamte zu unterscheiden sind, sollten die Priester ihre Syssitien bei den Heiligtümern haben.]

Vermutlich ein Zusatz des Syssitien-Spezialisten.

31b6-13 Die für die Verwaltung zuständigen Behörden sollten ihren Ort beim Handelsmarkt (2) haben und für alle zugänglich sein. Dort geht es um die Praxis des Lebens. Der erstgenannte Markt (1) dient dagegen der Muße (*scholé*).

Falls im besten Staat beim Sport oder danach geredet wird, sind das Thema natürlich nicht banale Alltagsereignisse und Klatschgeschichten, sondern Politik und Philosophie und vielleicht sogar Kunst und Musik.

31b13-18 Die entsprechende Ordnung muß auf dem Lande (in den Dörfern) gelten.

31b18-23 Auf Details einzugehen lohnt nicht; denn es ist leicht, sich etwas auszudenken, aber um so schwerer, es in die Praxis zu übertragen. Man kann sich manches wünschen, aber ob die Realisierung gelingt, hängt vom Zufall ab. Daher lassen wir es für jetzt dabei.

88b35-39 hatte Aristoteles Theoretiker kritisiert, die sich keine Gedanken darüber machen, ob und wie ihre Theorie sich in die Praxis übertragen läßt.
Er würde heute davor warnen, von sog. Experten entworfene schön klingende Theorien leichtfertig in praktische Politik umsetzen zu wollen.

VII, Kap. 13

31b24-42b34 ***Mensch und Erziehung*** *(Kapitel VII,13 bis VIII,7).*

31b24-26 *Ankündigung*. Es ist zu untersuchen, aus welchen und wie gearteten Menschen ein Staat bestehen muß, um glücklich (*makarían*) und politisch gut geordnet zu sein.

27b19-28a16 wurde konstatiert, daß Menschen, die den besten Staat wollen, intellektuell und emotional für die Demokratie eintreten müssen.
Sie wissen, daß nur die Demokratie den Menschen die Möglichkeit bietet, wirklich glücklich zu sein.

31b26-38 Um etwas Gutes zu erreichen, ist zweierlei nötig:
(1) Das Ziel (*telos* b28) muß klar sein.
(2) Man muß die zum Ziel führenden praktischen Maßnahmen (*praxis* b29) finden.
Man muß über beides verfügen, die Kenntnis des Ziels (*epistéme* b37) und die praktische Ausführung (*techne* b37).

31b39-32a7 Es steht fest, daß alle Menschen nach dem guten Leben und dem Glücklichsein (*eudaimonía*) streben.
Doch die einen haben die Möglichkeit dazu, andere haben sie nicht. Das hängt vom Zufall oder der persönlichen Veranlagung ab; den einen fällt es leichter, den anderen schwerer.
Manche suchen das Glücklichsein von vornherein auf falsche Weise; denn das eigentliche Ziel ist die beste Staatsform und der beste Staat, der am ehesten glücklich sein (und machen) kann.

„Manche" halten das Glücklichsein für Privatsache und wissen nicht, daß in einem schlecht regierten Staat niemand privat wirklich glücklich sein kann, weil dies private Glück sozusagen auf tönernen Füßen steht.

Man muß daher herausfinden, was (wahres) Glücklichsein (*eudaimonía*) ist.

32a7-11 Wir sagen, Glücklichsein ist Tätigsein (*enérgeia*) und vollkommener Gebrauch (*chrēsis*) der Tugend/Tüchtigkeit (*areté*).

So auch 28a35-40. Wenn man dies Ziel kennt, muß der Staat versuchen, möglichst viele Menschen zu diesem Tätigsein zu erziehen.

Dies Tätigsein ist nicht relativ (*ex hypothéseōs*), d.h. es soll nicht etwas (für die bloße Existenz) Nötiges erreichen, sondern ist absolut (*haplôs*).

Das Tätigsein zum staatlichen und privaten tugendhaft/tüchtigen Glücklichsein ist Selbstzweck. Jeder Bürger müßte es daher als oberstes Ziel anerkennen und egoistische Privatinteressen dahinter zurücktreten lassen.

32a11-18 Das ist gesetzestreues Handeln. Gerechte Strafen sind zur Wahrung der Tugend/Tüchtigkeit (*areté*) notwendig, aber nur relativ schön; denn es wäre besser, wenn weder Menschen noch der Staat dazu greifen müßten.
Das Streben nach Ehren und (wahrem) Wohlergehen ist dagegen absolut schön, weil es etwas Gutes hervorbringt, während Strafen nur ein Übel beseitigen.

32a19-27 Der gute (*spoudaios*) Mann verhält sich auch in Armut, Krankheit und anderem Unglück schön. Aber glücklich (*makários*) ist er nicht; dazu müßte es ihm dank seiner Tugend/Tüchtigkeit (*areté*) nicht nur relativ, sondern absolut gutgehen.
Deswegen glauben die Menschen, die äußeren Güter (Reichtum, Gesundheit und anderes) seien die Ursache (und seien ausreichend) für das Glücklichsein (*eudaimonía*).

Arme und Kranke wären glücklich, wenn sie reich bzw. gesund wären. Für Aristoteles ist das jedoch nur eine äußerliche Voraussetzung für das wahre Glück, das der Mensch erst durch das tugendhaft/tüchtige Tätigsein erreicht.

32a28-35 Einiges ist Voraussetzung (für einen guten Staat), anderes muß der Gesetzgeber dazu beitragen. Deswegen wünschen wir, daß beim Entstehen eines Staates der Zufall für das sorgt, was vom Zufall abhängt (die äußeren Bedingungen). Aber daß der Staat gut ist, ist nicht Sache des Zufalls, sondern des Wissens und Wollens (*epistéme* und *prohaíresis*).
Ein Staat ist dadurch gut, daß die Staatsbürger (dank ihrer Erziehung) gut sind.

32a35-38 Es ist also zu untersuchen, wie ein Mann (durch Erziehung) gut wird. Die Bürger können als Ganzes (im Durchschnitt) gut sein, aber es ist vorzuziehen, daß jeder Einzelne gut ist; denn das ist für das Ganze die Grundlage.

Es ist für den Staat am besten, wenn möglichst alle Bürger ordentliche und politisch interessierte Menschen sind. Daß es dann auch weniger Kriminelle gäbe, ist zusätzlich zu erwarten.

32a38-b11 Drei Voraussetzungen zum Gutwerden des einzelnen Menschen:
(1) Der Mensch muß von Natur (*physis*) aus bildungsfähig sein.
(2) Er muß durch Gewöhnung (*ěthos*) zum Guten hin lenkbar sein.
(3) Er muß durch Überredung (*logos*) verstehen können, was das Bessere ist.

(1) und (2) gibt es auch bei Tieren, speziell Hunden, (3) nur beim Menschen.

Die Bildungsfähigkeit (*physis*) ist eine notwendige Voraussetzung, Gewöhnung und Überredung sind Sache der Erziehung.

VII, Kap. 14

32b12-16 Jeder Staat besteht aus Regierenden und Regierten. Die Frage ist, ob es einen Wechsel geben soll oder dieselben lebenslang regieren sollen. Dieser Teilung (in Regierende und Regierte) muß die Erziehung entsprechen.

In der Demokratie muß es Wechsel geben. Daher muß die Erziehung dafür sorgen, daß möglichst alle Bürger zum Regieren fähig sind, aber – da nicht alle gleichzeitig regieren können – auch zum Regiert-werden geeignet und bereit sind.

32b16-32 Wenn es Männer gäbe, die wie Götter oder Heroen körperlich und psychisch herausragen, müßte man sie regieren lassen.

Indien als Beispiel. – 90b5 wurde Äthiopien genannt, wo Schönheit und Körpergröße angeblich als Kriterium galten.

Das ist das Problem des „über alle herausragenden" Mannes, der nach Aristoteles in der Demokratie nur zu dulden ist, wenn ihm keine Sonderrechte zugebilligt werden. Vgl. 25b8-14.

Da dies Kriterium (in einer Demokratie) nicht akzeptabel ist (b23), müssen die Bürger abwechselnd (b26) regieren und sich regieren lassen. Wenn alle Bürger gleich sind, wäre ungleiche Behandlung ungerecht und würde zum Umsturz führen (b28-29); denn das Volk (*plethos* b31) ist die Mehrheit.

Nach Aristoteles würde sogar das Volk in Platons *Staat* auf die Dauer gegen die weise Regierung der philosophischen Wächter rebellieren, vgl. 64a11-22, 64a32-37, 64b6-15.

32b32-33b5 ***Erziehung zur Demokratie.***

Es ist natürlich, daß Ältere über Jüngere (32b37) herrschen. Daher muß die Erziehung (33a1) zweistufig sein. In jungen Jahren lernt man, sich regieren zu lassen, danach, zu regieren, nicht despotisch (wie über Sklaven), sondern (politisch) über Freie (33a6). Daher müssen die Jüngeren untergeordnete, aber einem höheren Ziel (33a10) dienende Aufgaben übernehmen.

Sie müssen nützliche praktische Berufe erlernen und für den Kriegsdienst ausgebildet werden, damit sie sich als Regierende in beiden Bereichen auskennen.

Der Gesetzgeber muß dafür sorgen, daß die Bürger tugendhaft/tüchtig (*areté* 33a12) sind und beides können, nämlich durch Übung (während der Erziehung), deren Ziel das beste Leben (33a16) ist.

Sie müssen auf ihren Verstand (*logos* 33a17, 33a23) hören und das praktisch und das theoretisch Notwendige (33a25) unterscheiden. Sie müssen, wenn es nötig ist, Krieg führen, aber wissen, daß das Ziel der Frieden (33a31) ist. Der Gesetzgeber muß dafür sorgen, daß sie das Ziel (33a39) nie aus den Augen verlieren. Das Ziel allen praktischen und nützlichen Tuns ist das Schöne (33b2). Das ist das Ziel der Erziehung (33b5).

Das „Schöne“ wird 34a11-25 als „Frieden“ und „Muße“ (Zeit für geistiges Tätigsein) präzisiert.

33b5-35 Die Gesetzgeber derjenigen griechischen Staaten, die als am besten eingerichtet gelten, haben nicht das beste Ziel (d.h. das beste Leben) im Blick gehabt, sondern nur die kriegerische Tüchtigkeit (b14). Noch heute halten manche Theoretiker deswegen Sparta für einen gut eingerichteten Staat.
Das ist theoretisch leicht zu widerlegen und durch die Praxis längst widerlegt (b15-16). Über viele zu herrschen hat zwar Vorteile, aber ist riskant und macht nicht wirklich glücklich (b18). Tatsächlich sind die Spartaner heute nicht mehr glücklich (b22-23).

Im Jahr 371 unterlag Sparta den Thebanern bei Leuktra (durch Epaminondas' sog. schiefe Schlachtordnung) und verlor seine Machtstellung.

Es ist falsch, Spartas despotische Herrschaft (über andere Staaten) für gut zu halten; denn eine Herrschaft über Freie ist schöner, weil sie auf Tugend/Tüchtigkeit (*aretḗ* b29) beruht.

Nach Aristoteles hätte Sparta besser daran getan, andere Staaten nicht unterwerfen zu wollen, sondern sie vom Nutzen eines Bündnisses zu überzeugen und durch Verträge an sich zu binden.

Man darf also keinen Staat für glücklich halten und den Gesetzgeber loben, wenn das Herrschen über andere Staaten für ihn der Maßstab ist. Auch Herrschsucht eines Einzelnen ist schädlich (b31); ein Beispiel ist der spartanische König Pausanias.

Sein selbstherrliches Auftreten hatte zum Konflikt mit den Ephoren (der eigentlichen Regierung) geführt. Vgl. 1b20-21 und 7a2-5.

33b35-43a2 Alle diese Theorien und Gesetze sind daher weder politisch vernünftig noch irgendwie nützlich noch in sich schlüssig; denn das Beste („Frieden und das Schöne“ 33b2-3) ist für den Einzelnen und den Staat identisch, und das muß der Gesetzgeber den Seelen der Menschen (durch die Erziehung) einprägen. Und Kriegstüchtigkeit darf er nicht fördern, damit sie der Unterwerfung von Unschuldigen (friedlichen Nachbarn) dient, sondern erstens (1) zur Verteidigung [und zweitens (2) um die Herrschaft zum Nutzen der Regierten zu gewinnen, aber nicht um über alle zu herrschen, und drittens (3) um natürliche Sklaven (Barbaren) zu erbeuten].

Bei (2) und (3) handelt es sich wahrscheinlich um Bemerkungen von Schülern oder um Nachträge von fremder Hand, weil sie nicht recht zum Staatsziel „Frieden“ passen. Mit (2) könnte die Befreiung einer befreundeten Stadt von einem Tyrannen gemeint sein.

34a2-10 Der Gesetzgeber muß für Kriegstüchtigkeit sorgen, aber Muße (*scholé*) und Frieden als Ziel haben. Wie die Erfahrung lehrt, können Staaten, die im Krieg gesiegt haben, meist danach die gewonnene Herrschaft nicht aufrechterhalten.

„Muße" = Zeit für geistiges Tätigsein, d.h. frei von Arbeit, die dem Lebensunterhalt dient.

Sparta erklärte den unterworfenen Heloten jährlich den Krieg, weil es grundsätzlich mit Aufständen rechnete. Das führte nach Aristoteles (71a41-b6) letzen Endes zum Niedergang Spartas. Vgl. auch 34a28-b5.

VII, Kap. 15

34a11-25 Das Ziel (*telos*) des Staates ist nicht der Krieg, sondern der Frieden, und das Ziel des einzelnen Menschen ist nicht die Arbeit (für den Lebensunterhalt), sondern geistiges Tätigsein. Dazu müssen beide (Staat und Mensch) diejenigen Tüchtigkeiten/Tugenden besitzen, durch die sie den Zustand der Muße (*scholé*) erreichen und nutzen können.

Das sind Mut (*andreía*) und Beharrlichkeit (*kartería*), um etwas zu erreichen, zu bewahren und mit Philosophie, Besonnenheit und Gerechtigkeit zu nutzen.

Der Staat muß feindliche Angriffe abwehren können und durch ein geeignetes politisches System dafür sorgen, daß der einzelne Mensch sein Leben sinnvoll gestalten und glücklich sein kann und sich für den Erhalt der Demokratie einsetzt.

[**34a25-28** Glück haben (*eu-tychía*) und ständige Muße (*scholazein*) können übermütig machen.]

Vermutlich Randnotiz eines Lesers, der Glück haben mit Glücklichsein und Muße mit Nichtstun/Langeweile verwechselte. Den Zustand eines Menschen, der nicht arbeiten muß und deswegen auf dumme Gedanken kommt, hätte Aristoteles nie als Muße bezeichnet.

34a28-b5 Glücklich können Menschen und Staaten nur sein, wenn sie den Zustand der Muße erreicht haben und ihn besonnen und gerecht nutzen.

Die Spartaner (a40) bilden sich ein, es genüge, ständig kampfbereit zu sein.

34b6-10 Die Erziehung zur Tugend/Tüchtigkeit (*areté*) verlangt, wie gesagt (32a38-b11), dreierlei:

(1) Natur (*physis*),

(2) Gewöhnung (*ĕthos*),

(3) Verstandesbildung (*logos*).

Dabei kann man darüber streiten, ob die Erziehung mit (2) oder mit (3) beginnen soll. Sie müssen auf jeden Fall aufeinander abgestimmt sein..

34b10-12 Auch bei der besten Voraussetzung (natürliche Anlage) führen Verstandesbildung und Gewöhnung nicht zwangsläufig zum Erfolg.

Schon in der Antike hatte man die Erfahrung gemacht, daß Hochbegabte trotz bester Erziehung auf Abwege geraten können.

34b12-17 Es ist vorweg klar, daß jedes Entstehen (*génesis*) einen Anfang (*arché*) hat und jedes Ziel (*telos*) das Ziel eines bestimmten Anfangs ist.
Das Ziel der Erziehung sind Verstand (*logos*) und Vernunft (*nous*).

> *logos* ist „Verstand", *nous* ist die darüber stehende „höhere Einsicht".
> Wer ein bestimmtes Ziel erreichen will, muß wissen, in welche Richtung er gehen muß. Vgl. 31b26-38.

34b17-28 Die Seele besteht aus zwei Teilen, von denen der eine ohne Verstand (*á-logos*) ist, der andere Verstand (*logos*) hat.
Das ist ein Unterschied wie zwischen Körper und Seele.
Begehren (*órexis*), Emotion (*thymós*), Wollen (*boúlesis*) und Verlangen (*epithymía*) zeigen sich gleich nach der Geburt, später kommen Verstand (*logismós*) und Vernunft (*nous*) hinzu.
Die Sorge (*epiméleia*) der Erzieher gilt also zuerst dem Körper und danach der Seele.

VII, Kap. 16

35a28-36a2 ***Ehegesetze zur Erzeugung möglichst gesunder Kinder.***

35a28-29 Frauen sollen mit etwa 18 Jahren heiraten, Männer mit etwa 37.

35b12-26 Schwangere sollen auf ihren Körper achten und sich nicht zuviel Gedanken (*diánoia*) machen. Mißgeburten dürfen nicht aufgezogen werden. Um die Zahl der Kinder zu begrenzen, sollen überzählige (= unerwünschte) Neugeborene nicht ausgesetzt werden, sondern beseitigt werden, bevor sie ein Lebenszeichen von sich geben; das ist die erlaubte Grenze.

> In Deutschland, wo heute aus staatlicher Sicht zu wenige Kinder geboren werden, dürfen aus privaten Gründen unerwünschte Kinder bis zu einer bestimmten Woche der Schwangerschaft durch Abtreibung beseitigt werden.

35b26-36a2 Zeugung während der Zeit der geistigen Reife (*dianoías akmé* b32), also bis Mitte Fünfzig (des Mannes), ergibt die gesündesten Kinder. Ehebruch während dieser Zeit ist strafbar.

VII, Kap. 17

36a3-42b34 ***Erziehung von Kindern und Heranwachsenden.***

36a3-23 Bei Neugeborenen ist auf gesunde Ernährung zu achten. Sie sollen schon kleine Turnübungen (a9) machen
und an Kälte (a13) gewöhnt werden, weil das die Gesundheit fördert und für den Kriegsdienst nützlich ist. Bei vielen Barbarenstämmen taucht man sie in kaltes Flußwasser oder wickelt sie in dünne Decken.

> Die Empfehlung, Neugeborene früh durch Kälte abzuhärten, könnte ein Zitat aus dem Buch eines (kinderlosen?) Sophisten sein.

36a23-b35 Bis zum Alter von 5 Jahren sollen die Kinder weder zur Schule gehen noch arbeiten. In dieser Spielphase müssen alle schädlichen Einflüsse von ihnen ferngehalten werden. Man darf ihnen keine ungeeigneten Geschichten erzählen und keinen Umgang erlauben mit primitiven Menschen, die unflätige Reden führen. Sie dürfen keine obszönen Bilder zu sehen bekommen, außer beim Kult bestimmter Gottheiten. Erst als Erwachsene dürfen sie Spottgedichte kennenlernen und im Theater Komödien besuchen.

Kindern das Schreien und Weinen gesetzlich verbieten zu wollen, ist falsch; denn es ist gesund für heranwachsende Körper und ist sozusagen eine Art Sport (*gymnasía*). (a34-39).

Anscheinend gab es in manchen Staaten Gesetze gegen Kindergeschrei.

Als Strafen gibt es scharfen Tadel und Schläge (b8-11).

Die heutige sog. „gewaltfreie Erziehung" ist ein modernes theoretisches Ideal, dessen langfristige Folgen noch nicht abzusehen sind. Aristoteles würde sie für ein riskantes Experiment halten, das in letzter Konsequenz verbietet, Kindern frühzeitig klarzumachen, daß auch in der Demokratie die Freiheit nicht grenzenlos sein kann.

Später müssen wir genauer darauf eingehen (b24-25).

In der *Politik* folgt keine entsprechende Stelle.

36b35-37a3 Im Alter von 6 und 7 Jahren sollen die Kinder schon etwas lernen (= zur Schule gehen). Danach wird die Erziehung in zwei Abschnitten von je 7 Jahren fortgesetzt.

37a3-7 Bei der Erziehung ist erstens zu fragen, ob sie (gesetzlich) geregelt sein soll, zweitens, ob sie gemeinsam oder privat stattfinden soll, und drittens, was ihr Inhalt sein soll.

Diese drei Fragen werden in Buch VIII (teilweise) beantwortet.

Buch VIII

VIII, Kap. 1

37a11-21 Der Gesetzgeber muß sich – was niemand bestreiten wird – vor allem um die Erziehung der (männlichen) Jugend kümmern; denn anders kann keine Staatsform (Variante der gemischten Demokratie) auf Dauer bestehen. Die Erziehung muß sich nach der Staatsform richten; denn der spezielle politische Charakter macht den (aus Oligarchie und Demokratie gemischten) Staat zur Demokratie bzw. zur Oligarchie. Je besser der Charakter (der künftigen Bürger) ist, desto besser ist die Staatsform.

Die künftigen Bürger müssen mit der gemischten Demokratie einverstanden sein, unabhängig davon, ob von der Volksversammlung gewählte Demokraten oder Oligarchen regieren.

Erziehung und Gewöhnung müssen alle Fähigkeiten und jedes technische Können für die künftige Tätigkeit fördern und selbstverständlich auch das künftige tugendhaft/tüchtige Tätigsein.

37a21-32 Da jeder (demokratische) Staat ein (für alle geltendes) Ziel hat, muß auch die Erziehung gemeinsam sein; denn der Bürger darf nicht nur an sich selbst denken, sondern muß sich auch für das Ganze einsetzen.

Wenn nur die gemischte Demokratie das Glücklichsein aller Bürger möglich macht, muß auch die oligarchische Partei für den Erhalt der Demokratie und für Erziehung zur Gemeinschaft eintreten. Vgl. 10a12-25.

VIII, Kap. 2

37a33-b1 Fest steht, daß die Erziehung gesetzlich geregelt und gemeinsam sein muß. Aber was Erziehung sein und wie erzogen werden soll, darf nicht ungeklärt bleiben; denn es gibt jetzt zu der Frage einen Streit.

Man ist sich nämlich nicht einig darin, was die Jugend lernen soll, weder hinsichtlich der Tugend/Tüchtigkeit (*areté*) noch hinsichtlich des besten Lebens noch ob es eher um den Verstand (*diánoia*) oder den Charakter (*ēthos*) gehen soll.

Wenn man sich die heutige Erziehung ansieht, kann man nicht erkennen, ob ihr Ziel das für das Leben praktisch Nützliche (*chrésima*) oder die Tugend/Tüchtigkeit (*areté*) oder das Überflüssige (*ta perittá*) ist.

„oder das Überflüssige“ könnte der Zwischenruf eines strebsamen Schülers sein, der meinte, die von ihren Verächtern als überflüssig (= nutzlos) bezeichnete Philosophie sollte Teil der gesetzlich vorgeschriebenen Erziehung sein. Es kann aber auch Beschäftigung mit Literatur und Kunst gemeint sein.

37b1-3 Bei der Tugend/Tüchtigkeit (*areté*) ist man sich nicht einig, weil man darunter Verschiedenes verstehen kann.

Wahrscheinlich dachten die meisten damaligen Pädagogen (Sophisten) beim Ziel der Erziehung an unterschiedliche praktische Tüchtigkeiten wie Rhetorik, Kriegstaktik, Nautik und weiteres.
Andere hielten dagegen Charaktertugenden wie Tapferkeit, Gerechtigkeit und Vernunft für wichtigere Ziele.

37b4-15 Daß Lebensnotwendiges gelehrt werden muß, ist klar. Dabei ist jedoch zu unterscheiden zwischen gehobenem, eher geistigem Tätigsein und der notwendigen körperlichen („banausischen") Arbeit, für die man weder Denken (*diánoia*) noch (höhere) Tugend/Tüchtigkeit (*areté*) braucht.

In der Demokratie müßte – wegen der Gleichheit – eigentlich jeder Bürger beides gelernt haben. Aber Aristoteles hält schwere körperliche Arbeit für menschenunwürdig, weil sie den Menschen hindert, die in ihm steckende höhere geistige *areté* zu entfalten.
Deswegen müßten in der idealen Demokratie für alle körperlichen Arbeiten Sklaven vorhanden sein (vgl. 78a8-13, 29a25-26, 30a25-31).
Doch 60a33-36 hieß es, sogar ein Sklave, der nur niedere Arbeiten korrekt erledigen kann, habe eine „kleine" *areté*.

37b15-17 Der Unterricht in höheren Wissenschaften (*epistéme*) sollte nicht zu intensiv sein, weil auch das schaden kann.

Er könnte die Entfaltung der eigentlichen *areté* verhindern. Der künftige Bürger sollte z.B. als Hausvater oder Unternehmer rechnen können, aber nicht Mathematiker sein wollen, weil ihn das von seinen eigentlichen Aufgaben abhalten könnte.

37b17-21 Es macht großen Unterschied, wofür man arbeitet oder lernt. Wer für sich selbst, für Freunde oder für einen guten Zweck arbeitet, tut das freiwillig. Arbeit im Dienste von anderen sieht oft knechtisch oder sklavisch aus.

In der idealen Demokratie müßten danach alle unfreiwilligen Arbeiten von Sklaven erledigt werden. Vgl. 37b4-15.

37b22-23 Bei den jetzt üblichen Lehrgegenständen gibt es, wie gesagt, Streit.

37a33-b15 wurden als umstrittene Ziele der Erziehung einerseits das praktisch Nützliche und höhere Bildung, andererseits Charakter und Verstand genannt.

VIII, Kap. 3

37b23-27 Die vier üblichen Unterrichtsfächer sind Lesen/Schreiben (*grámmata*), Sport (*gymnastiké*), Musik (*musiké*) und auch *graphiké* („Zeichnen"?).

Man vermißt die Beschäftigung mit Dichtung, speziell mit Homer, und das Rechnen.
38a40-b2 wird unter *graphiké* vielleicht das (schriftliche) Rechnen verstanden, das nötig ist, um beim Kaufen und Verkaufen nicht betrogen zu werden.

37b27-33 Bei der Musik kann man zweifeln. Heute ist sie für die meisten nur (privates) Vergnügen (*hedoné*), während sie ursprünglich in die Erziehung aufgenommen wurde, weil man darin – wie oft gesagt wird – nicht nur ein gutes Tätigsein (*a-scholeín*) sah, sondern eine schöne (= geistig anspruchsvolle) Nutzung der Muße (*scholé*).

37b33-38a13 *Was ist **Muße** (scholé)*?

37b33-38a1 Man braucht beides, aber die Muße ist das Ziel der Arbeit. Weil Arbeit Mühe und Anstrengung bedeutet, ist zwischendurch Spiel als Erholung nötig. Das ist lustvolle Bewegung (= Tätigsein).

38a1-9 Muße (*scholé*) bedeutet Lustempfinden (*hedoné*), Glücklichsein (*eudaimonía*) und glückliches Leben (*zēn makaríōs*).
Dabei gibt es zwei Stufen des Lustempfindens, die (relative) Freude des einzelnen Bürgers an seinem privaten Umfeld und die (absolut) beste Freude am (absolut) Besten, dem (absolut) Schönsten.

38a9-13 Daher ist klar, daß man für die der Muße gewidmete Lebensführung (*diagogé*) Lernen (= Wissen) und Erziehung (= Charakter) um ihrer selbst willen braucht, für die Arbeit dagegen nur, soweit beides für das Ziel der Arbeit nötig ist.

> Wer nicht für seinen Lebensunterhalt arbeiten muß, braucht Wissen und Charakter, um seine Zeit vernünftig und sinnvoll nutzen zu können, vor allem „philosophierend“, d.h. über die Welt und das Leben nachdenkend. Vgl. 80b33-81a4.

38a13-30 Die Alten nahmen die Musik in die Erziehung auf, nicht weil sie ihnen nur wie Schreiben, Lesen und gesundheitsfördernder Sport für Wirtschaft und Politik als notwendig oder nützlich galt, sondern weil die Musik der richtigen Lebensgestaltung (*diagogé*) während der Muße dient.

> Wie Platon hält Aristoteles die Musik für pädagogisch wertvoll, weil sie ein Ordnungssystem ist und zur positiven Charakterbildung beitragen kann.

38a30-b8 Daß es eine Erziehung gibt, die nicht für das praktische Leben nützlich und unentbehrlich ist, sondern frei und schön ist (= einem höheren Zweck dient), steht fest. Ob es da mehrere Formen gibt, wäre zu fragen. Daß die Alten darunter die Musik verstanden, ersieht man aus den überlieferten Gedanken zum Thema Erziehung.
Auch bei praktisch nützlichen Lehrgegenständen sollte man nicht nur an den direkten, sondern auch den indirekten Nutzen für das weitere Lernen denken.

38a40-b2 Ebenso wie man das Zeichnen (*graphiké*) nicht nur lernt, um beim Kaufen und Verkaufen nicht betrogen zu werden, sondern um die Schönheit von Körpern würdigen zu können. Das Suchen nach Nützlichem paßt nicht für Großzügige und Freie (= die reiche und gebildete Oberschicht).

Hier scheint *graphiké* (vgl. 37b23-27) „nachmessen“ oder „schriftlich nachrechnen“ zu bedeuten.

38b2-8 Bei der Erziehung geht die Gewöhnung der Belehrung voraus und die Erziehung des Körpers kommt vor der des Verstandes (vgl. 34b6-10). Deswegen müssen männliche Kinder (zuerst) Sport treiben, d.h. zum Sportunterricht.

VIII, Kap. 4

38b9-39a10 *Falsche Erziehung.*

38b9-24 Es ist falsch, wie die Spartaner und andere Staaten die Kriegstüchtigkeit zum Ziel der Erziehung zu machen; denn das führt nur zu tierischer Wildheit und nicht zu echter Tapferkeit.

38b24-38 Heute sind die Spartaner übrigens beim Sport und im Krieg zweitrangig, weil die Erziehung in anderen Staaten besser ist.

38b38-39a10 Der Sport darf für Heranwachsende nicht zu anstrengend sein, weil das bleibende Schäden verursachen könnte. Man sollte zwischen der Erziehung des Verstandes (*diánoia*) und das Körpers abwechseln; denn gleichzeitig betrieben würden sie sich gegenseitig behindern.

VIII, Kap. 5

39a11-42b34 *Weiter über die Erziehung durch Musik.*

39a11-26 Zur Musik ist das schon Gesagte etwas fortzuführen, nämlich als sozusagen vorbereitende Grundlage für das eigentliche Fachwissen.
Dient sie dem Spiel und der Entspannung und Lustempfindung, wie Schlaf, Trinken und Tanz, oder der Tugend/Tüchtigkeit (a22) im Sinne der Lebensführung (*diagogé*) und der Charakter- und Verstandesbildung?

39a26-33 Kinder und Jugendliche sollen nicht zum Spielen erzogen werden; denn Lernen ist kein Spiel, sondern bedeutet schmerzhafte Anstrengung (*lype*). Man sollte ihnen diese jedoch nicht den ganzen Tag hindurch zumuten; denn das ist Erwachsenen vorbehalten. Aber vielleicht kann das, was Kindern Mühe bereitet, für Erwachsene ein Spiel sein.

Heute sind viele dilettierende Musiker, die sich wöchentlich mit anderen zum gemeinsamen Musizieren zusammenfinden, ihren Eltern dankbar, daß sie als Kinder zum ungeliebten Üben gezwungen worden sind.

Daß man alles spielend und ohne Anstrengung lernen kann, wird heute von pädagogischen Theoretikern behauptet, die den alten Spruch „ohne Fleiß kein Preis“ nicht kennen oder irrtümlich glauben, er sei überholt.

39a33-b10 Wenn die Musik diesen Zweck nicht hat, könnte man die Anstrengung anderen überlassen und sich als passiver Zuhörer an der Musik erfreuen.

Es gibt sogar die Meinung, Musik zu machen sei nur etwas für das niedere Volk; denn „Zeus singt nicht selbst".

39b10-40 Die Frage ist also, ob die Musik der Erziehung dient oder eine bloße Spielerei ist oder zum praktischen Leben gehört.
Spiel ist Erholung und mit Lustempfindung verbunden. Das gilt auch für die Musik, und daher gehört sie zur Erziehung der Kinder. Diese Lustempfindung ist unschädlich, aber sie ist nur eine Vorstufe zur eigentlichen Lustempfindung (*eudaimonía*), dem Glücklichsein als dem Ziel allen Handelns.

Wahres Glück (*eudaimonía*) können nur Erwachsene empfinden. Bei Platon sind das Philosophen, die ein fast göttliches Wissen haben, bei Aristoteles alle tugendhaften/tüchtigen Menschen.

39b40-40b10 Musik ist unbestreitbar nützlich für die Erholung. Aber man muß auch sehen, ob sie irgendwie zur Formung des menschlichen Charakters (*ēthos* 40a6) beiträgt. Das ist offensichtlich der Fall; denn sie kann seelische Regungen wie Begeisterung (*enthousiasmós* 40a11) hervorrufen. Da die Tugend (*areté*) darin besteht, sich bei Freude, Liebe und Abscheu richtig zu entscheiden, muß man vor allem lernen, sich an guten Charakteren und Taten zu erfreuen (40a15-18).
Rhythmen und Melodien können seelische Regungen wie Zorn, Sanftmut, Mut, Besonnenheit und deren Gegenteil hervorrufen (40a18-25). Ähnliches gilt übrigens für die Malerei (40a28-38).
Durch Melodien/Tonleitern (40a38-40) und Rhythmen (40b8) werden Seelenregungen und Charaktereigenschaften aktiviert, und zwar in verschiedenen Richtungen. Die mixolydische Tonleiter läßt erschlaffen, die phrygische erregt, die dorische steht in der Mitte (40a38-b10).

Deswegen ist nur die dorische für die Erziehung geeignet. Vgl. 42a28-30.
Eine Melodie (*melos*) ist eine Tonfolge, der eine bestimmte Tonleiter (*harmonía*) zugrunde liegt.
Eine Tonleiter (*harmonía*) ist die Verteilung von Ganz- und Halbtönen in der Oktave wie heute bei Dur und Moll. Antike Musiktheoretiker unterschieden dagegen mindestens sieben Tonleitern.

40b10-19 Zur Erziehung junger Menschen muß man Musik benutzen; denn sie entspricht ihrem Alter, weil junge Menschen nicht gern lernen, was ihnen kein Vergnügen bereitet. Musik bereitet von Natur aus Vergnügen, und es scheint eine Verwandtschaft der Tonleitern und Rhythmen (mit jungen Seelen) zu bestehen.

Da die Musik ein Ordnungssystem ist, das Vergnügen bereitet, sind junge Menschen dafür empfänglich und werden, ohne es zu merken, dadurch zur Ordnung erzogen.

VIII, Kap. 6

40b20-39 Bloßes Anhören von Musik hat keine erzieherische Wirkung. Die hat nur das praktische Ausüben, weil man dadurch lernt, falsch und richtig zu unterscheiden. In der Jugend soll man deswegen musizieren; als Erwachsener (40b37) muß man das nicht mehr, weil man in der Jugend gelernt hat, zu erkennen, was schön ist, und sich daran zu erfreuen.

Das praktische Musizieren und Üben, bei dem man zuerst lernt, richtige und falsche Töne zu unterscheiden, kann den kritischen Verstand des Kindes schulen.

Erwachsene, die weiter selbst musizieren wollen, müssen ständig weiter üben und ihren musikkritischen Verstand wach erhalten.

40b40-41a17 Das Musizieren sollte nicht banausische Unterhaltungsmusik sein; denn es dient zur Vorbereitung auf die politische Tugend/Tüchtigkeit und das praktische Handeln.

Aristoteles unterscheidet also scharf zwischen sog. E-Musik und U-Musik, während heute das sog. Crossover die Grenze absichtlich verschwimmen läßt.

Aber man soll auch nicht lernen, (musikalische) Wettkämpfe (41a10) zu gewinnen und technische Spitzenleistungen zu vollbringen, sondern sich an (seriösen) schönen Melodien und Rhythmen zu erfreuen.

Durch das Musizieren soll sich ein Gefühl für echte Qualität entwickeln.

41a17-25 Es kommt auch darauf an, nur Musikinstrumente zu erlernen, die für die Erziehung brauchbar sind. Die Flöte (*aulós*)[56] ist das nicht, weil sie nicht den Charakter bildet, sondern eher erregend (*orgiastikón* a22) wirkt und der Reinigung (*kátharsis*) statt dem Lernen dient; sie erzieht nicht, sondern behindert das Denken.

Bei der Reinigung wird etwas Unerwünschtes ausgeschieden, beim Lernen kommt etwas Erwünschtes hinzu.

41a26-b8 Unsere Vorfahren lehnten die Flöte (*aulós*) als minderwertig und für die Erziehung ungeeignet ab. Später wurde sie allgemein akzeptiert, doch danach wieder abgelehnt, als man besser unterscheiden konnte, was zur Tugend/Tüchtigkeit beiträgt und was nicht.

41b8-18 Wer Wettkämpfe gewinnen will, strebt nicht nach Tugend/Tüchtigkeit, sondern sucht nur den Beifall des Publikums.

---

[56] Die übliche Übersetzung „Flöte“ besagt nur, daß es sich um ein Holzblasinstrument handelt. Dem Klang und der Blastechnik nach käme der *aulós* eher der heutigen Oboe nahe.

VIII, Kap. 7

41b19-29 Soll man bei der Erziehung alle oder nur bestimmte Tonleitern und Rhythmen verwenden? Pädagogen müssen sich da entscheiden; denn unbestreitbar hat Musik die Fähigkeit (*dýnamis*) zu erziehen. Musiker und Musiktheoretiker wissen das.

41b29-32 Auf die (von Musiktheoretikern entworfene hochkomplizierte) Systematik (der Tonleitern und Rhythmen) wollen wir hier nicht eingehen, sondern beschränken uns auf das Wesentliche.

Die Rhythmen werden im Folgenden nicht mehr erwähnt, von Tonleitern nur „dorisch" und „phrygisch/lydisch", die man (um einige Ecken herum) mit unserem Dur („hart") und Moll („weich") vergleichen kann.

41b32-41 Einige Theoretiker unterscheiden drei Arten von Melodien bzw. Tonleitern: ethische, praktische und enthusiastische.

ethisch	=	erziehend,
enthusiastisch	=	erregend,
praktisch	=	neutral, also nur Vergnügen bereitend.

Wir halten die Musik in mehrerer Hinsicht für nützlich: für Erziehung (*paideía*), Reinigung (*kátharsis*) – wozu wir in der *Poetik* Genaueres sagen werden – und Erholung (*ánhesis*, *anápausis*).

Die Bedeutung von *kátharsis* in der Aristotelischen *Poetik* ist umstritten. Wahrscheinlich ist gemeint, daß die Zuschauer, die während der Aufführung einer Tragödie durch Erschrecken (*phobos*) und Mitgefühl (*éleos*) seelisch erregt werden, nach der Aufführung wieder zu sich kommen und sich das Gesehene und Gehörte in Ruhe durch den Kopf gehen lassen.

42a1-4 Alle Tonleitern kann man verwenden, wenn auch nicht in derselben Weise. Aber für die Erziehung darf man nur die ethisch wertvollsten einsetzen, dagegen für das Zuhören, wenn andere musizieren, auch die neutralen und die erregenden Tonleitern.

42a4-15 Jede Art von Musik wirkt auf die Seele, aber die Wirkung ist unterschiedlich stark wie bei (den Affekten) Erschrecken und Mitgefühl. Die erregende („enthusiastische") Musik kann im Kult bei manchen Menschen zu einem Ergriffensein führen und eine Art Heilung (*iatreía*) und Reinigung (*katharsis*) sein. Das ist zwangsläufig der Fall bei Menschen, die von Mitgefühl und Erschrecken und allgemein von Affekten besonders berührt werden, bei den anderen je nach persönlicher Veranlagung. Für alle ist das eine Art Reinigung (*kátharsis*) und Erleichterung, die mit einer Empfindung von Lust (*hedoné*) verbunden ist.

42a15-28 Diese reinigenden[57] Tonleitern können auch unschädliches Vergnügen bereiten und sind daher bei musikalischen Wettkämpfen im Theater zuzulassen.
Es gibt nämlich zwei Arten Zuschauer, Gebildete und Ungebildete. Den Ungebildeten muß man Erholung als Zuhörer bei Wettkämpfen gönnen, auch wenn ihre unvollkommene Seele sich an minderwertiger Musik erfreut, weil sie zu ihnen paßt.

> Die Ungebildeten haben keine Zeit, ihre Seele voll auszubilden, weil sie als Bauer oder Handwerker arbeiten müssen und nicht (wie die Reichen) diese Arbeiten durch andere erledigen lassen können. Musik, die ihnen naiv gefällt, kann ihnen daher nicht schaden, weil sie ihrem geistigen Niveau entspricht.

42a28-30 Für die Erziehung sind, wie gesagt, nur die ethischen Melodien oder Tonleitern geeignet, und speziell die dorische Art.

42a30-b12 Man muß es jedoch auch akzeptieren, wenn uns nahestehende Theoretiker der Musikerziehung (wie Platon) eine weitere Art (als statthaft) empfehlen.
Sokrates in Platons *Staat* macht allerdings den Fehler, gerade die phrygische Art neben der dorischen zuzulassen; denn unter den Tonleitern ist diese dasselbe wie der *aulós* unter den Musikinstrumenten. Beide sind orgiastisch, überspannt und bakchantisch, wie die Texte zeigen. Jemand hat einmal versucht, für einen solchen Text einen Dithyrambos, die dorische Tonleiter, zu verwenden, ist aber ständig in die phrygische geraten.

> In Platons *Staat* (399a-c) gilt die phrygische Tonleiter offensichtlich nicht als ekstatisch aufreizend, sondern als eher beruhigend und weich klingend. Hier liegt entweder ein Mißverständnis vor oder es gab zur Wirkung der phrygischen Tonleiter unterschiedliche Meinungen.

42b12-17 Alle sind sich darin einig, daß die dorische Tonleiter besonders stabilisierend wirkt und am meisten männlichen Charakter hat. Außerdem steht sie in der Mitte zwischen den übertriebenen (übertrieben erregenden bzw. besänftigenden) Tonleitern. Daher eignet sich die dorische Tonleiter mehr als andere für die Erziehung der Jugend.

42b17-34 Es gibt zwei Ziele, das (theoretisch) mögliche und das passende (erreichbare). Jeder sollte zuerst das mögliche (b19) zu erreichen suchen. Wie weit man kommt, hängt vom Alter ab. In fortgeschrittenen Jahren kann man beim Singen nicht mehr die anstrengenden Tonleitern (b21), sondern nur die leichteren bewältigen.

---

[57] Das überlieferte *kathartiká* (a15) darf nicht in *praktiká* geändert werden.

Deswegen wird Sokrates von einigen Musiktheoretikern zu Recht kritisiert, weil er (in Platons *Staat*) die weicheren Tonleitern aus der Erziehung fernhalten wollte, nicht weil sie wie das Weintrinken zu bakchantischer Ekstase führen, sondern weil sie (schwieriger sind und schneller) ermüden lassen (b23-27).[58]

Für Ältere (b28) sind sie gerade deswegen passend. Und wenn es für Jüngere eine (zweite neben der dorischen) gibt, die zur Ordnung (*kosmos* b31) er-zieht, dann ist das am ehesten die lydische Tonleiter.

Daß Aristoteles nicht die phrygische, sondern die lydische Tonleiter als zweite neben der dorischen zulassen will, zeigt, wie uneinig sich die Musiktheoretiker hinsichtlich der psychischen Wirkung der verschiedenen Tonleitern waren. Die lydische Tonleiter hält Aristoteles anscheinend für weniger schwierig als die 40b1 genannte mixolydische.

Die damaligen Musiker interessierten sich wahrscheinlich nicht für die Vielfalt der von Musiktheoretikern unterschiedenen Tonleitern, sondern wußten aus praktischer Erfahrung, wie sie unterschiedliche Stimmungen bei ihren Zuhörern hervorrufen konnten.

---

[58] In Platons *Staat* (399a-c) unterscheidet Sokrates nicht leichtere und schwierigere Tonleitern, sondern (die Besonnenheit fördernde) friedliche und (die Tapferkeit fördernde) kriegerische.

Literaturhinweis

(vgl. Vorwort, Fußnote 4)

Griechischer Text der ‚Politik'

Ross, W.D.: Aristoteles' Politica. Oxford 1957.

Übersetzungen und Kommentare

Schütrumpf, E.: Aristoteles, Politik übersetzt und erläutert.Teil I-IV. Berlin 1991/1991/1996/ 2005 (über 2000 Seiten Einleitungen und Anmerkungen, sehr umfangreiche Literaturverzeichnisse).

Gigon, O.: Aristoteles, Politik. 6. Aufl. München 1986 (S. 7-46 Einleitung, S. 263-394 Anmerkungen).

Susemihl, F./Kullmann, W.: Aristoteles, Politik. Einleitung, Bibliographie und Anmerkungen. Reinbek 1994.

Schütrumpf, E.: Aristoteles, Politik (revidierte Übersetzung, S. 317-354 Anmerkungen). Hamburg 2012.

Aristoteles allgemein

Jaeger, W.: Aristoteles. Grundlegung einer Geschichte seiner Entwicklung. Berlin 1923.

Düring, I.: Aristoteles. Darstellung und Interpretation seines Denkens. Heidelberg 1966.

Höffe, O. (Hrsg.): Aristoteles-Lexikon. Stuttgart 2005.

Primavesi, O.: Ein Blick in den Stollen von Skepsis: Vier Kapitel zur frühen Überlieferung des Corpus Aristotelicum. Philologus 151, 2007, 51-77.

Rapp, C./Corcilius, K. (Hrsg.): Aristoteles-Handbuch. Leben – Werk – Wirkung. Stuttgart/Weimar 2011.

Flashar, H.: Aristoteles. Lehrer des Abendlandes. München 2013.

Natali, C.: Aristotle. His Life and School. Princeton/Oxford 2013.

Höffe, O.: Aristoteles. München 2014.

Primavesi, O./Rapp, Ch.: Aristoteles. München 2016.

Staats-und Demokratietheorie in der Aristotelischen ‚Politik'

Brock, R.: Greek Political Imagery from Homer to Aristotle. London u.a. 2013.

Gutschker, Th.: Aristotelische Diskurse. Aristoteles in der politischen Philosophie des 20. Jahrhunderts, Stuttgart/Weimar 2002.

Hansen, M.H.: Reflections on Aristotle's Politics. Copenhagen 2013.

Höffe, O. (Hrsg.): Aristoteles, Politik. Berlin 2001.

Horn, Ch./Neschke-Hentschke, A. (Hrsg.): Politischer Aristotelismus. Die Rezeption der aristotelischen ‚Politik' von der Antike bis zum 19. Jahrhundert. Stuttgart 2008.

Kullmann, W.: Aristoteles' Staatslehre aus heutiger Sicht. Gymnasium 90, 1983, 456-477.

Kullmann, W.: Il pensiero politico di Aristotele. Napoli/Milano 1992.
Schweidler, W.: Der gute Staat. Politische Ethik von Platon bis zur Gegenwart. Stuttgart 2004.
Sternberger, D.: Der Staat des Aristoteles und der moderne Verfassungsstaat. S.11-30 in Flashar, H. (Hrsg.): Auseinandersetzungen mit der Antike. Bamberg 1990.
Swanson, J./Corbin, D.: Aristotle's Politics. A Reader's Guide. London 2009.
Weber, S.: Herrschaft und Recht bei Aristoteles. Berlin/München/Boston 2015.
Zehnpfennig, B. (Hrsg.): Die ‚Politik' des Aristoteles. Baden-Baden 2014.

Allgemein zur antiken Staatstheorie und -praxis

Arnason, J.P./Raaflaub, K.A./Wagner, P. (Edd.): The Greek Polis and the Invention of Democracy. A Politico-cultural Transformation and Its Interpretations. Chichester 2013.
Beck, H./Funke, P. (Edd.): Federalism in Greek Antiquity. Cambridge 2015.
Blösel, W./Schmitz, W./Seelentag, G./Timmer, J. (Hrsg.): Grenzen politischer Partizipation im klassischen Griechenland. Stuttgart 2014.
Bourriot, F.: Banausos – Banausia et la situation des artisans en Grèce classique. Hildesheim/Zürich/NewYork 2015.
Busolt, G.: Griechische Staatskunde, Bd. 1/2. München 1920/1926.
Caire, E.: Penser l'oligarchie à Athènes aux Ve et IVe siècles. Aspects d'une idéologie. Paris 2016.
Canevaro, M./Erskine, A./Gray, B./Ober, J. (Edd.): Ancient Greek History and Contemporary Social Science. Edinburgh 2018.
Carey, Ch.: Democracy in Classical Athens. London u.a. 2017.
Cartledge, P.: Democracy. A Life. Oxford 2016.
Ferrario, S.B.: Historical Agency and the 'Great Man' in Classical Greece. Cambridge 2014.
Finley, M.I.: Antike und moderne Demokratie (orig. 1973). Stuttgart 1980.
Gehrke, H.-J.: Stasis und Sozialisation. Überlegungen zur Funktion des Gymnastischen in der Polis. S. 31-52 in Börn, H. u.a. Hrsg.): Civil War in Ancient Greece and Rome. Contexts of Disintegration and Reintegration. Stuttgart 2016.
Goušchin, V.: Aristocracy in Democratic Athens: Deformation and/or Adaptation. S. 47-61 in Goušchin, V./Rhodes, P.J. (Edd.): Deformations and Crises of Ancient Civil Communities. Stuttgart 2015.
Gray, B.: Stasis and Stability, Exile, the Polis, and Political Thought, c. 404-146 BC. Oxford 2015.
Helmer, É.: Le lieu controversé de l'économie antique: entre oikos et polis. Philosphie Antique 15, 2015, 179-204.

Kersting, W.: Platons ‚Staat'. Darmstadt 1999.
Lanni, A.: Law and Order in Ancient Athens. Cambridge 2016.
Meier, C./Veyne, P.: Kannten die Griechen die Demokratie? 3. Aufl. Stuttgart 2015.
Mitchell, Th.M.: Democracy's Beginning. The Athenian Story. New Haven/ London 2015.
Pothou, V./Powell, A. (Hrsg.): Das Antike Sparta. Stuttgart 2017.
Raaflaub, K.A.: Ancient Greece: The Historical needle's Eye of Modern Politics and Political Thought. Classical World 109, 2015, 13-37.
Schmitt, A.: Menschenrechte in der Aufklärung und bei Aristoteles? S.154-186 in: K. Seelmann (Hrsg.): Menschenrechte. Begründung – Universalisierbarkeit – Genese. Berlin/Boston 2017.
Schuller, W. (Hrsg.): Politische Theorie und Praxis im Altertum. Darmstadt 1998.
Seeck, G.A.: Platons *Staat*. Ein kritischer Kommentar. München 2015.
Simonton, M.: Classical Greek Oligarchy. A political history. Princeton/Oxford 2017.
Taylor, C.: Poverty, Wealth and Well-Being. Experiencing *Penia* in Democratic Athens. Oxford 2017.
Tiersch, C. (Hrsg): Die Athenische Demokratie im 4.Jahrhundert. Zwischen Modernisierung und Tradition. Stuttgart 2016.
Welwei, K.W.: Die Griechische Polis. Verfassung u. Gesellschaft in archaischer und klassischer Zeit. Hrsg. v. K.-J. Hölkeskamp u. M. Meier. 3. Aufl. (Geleitwort) Stuttgart 2017.
Wilburn, J.: Akrasia and Self-Rule in Plato's Laws. Oxford Studies in Ancient Philosophy 43, 2012, 25-53.

Moderne politische Fragen und Sorgen

Acemoglu, D.: Warum Nationen scheitern. Die Ursprünge von Macht, Wohlstand und Armut. Frankfurt a.M. 2013.
Di Fabio, U.: Schwankender Westen. Wie sich ein Gesellschaftsmodell neu erfinden muß. München 2015.
Frankfurt, H.G.: Ungleichheit. Warum nicht alle gleich viel haben müssen. Frankfurt a.M. 2016.
Gädeke, D.: Politik der Beherrschung. Eine kritische Theorie externer Demokratieförderung. Berlin 2017.
Grimm, D.: „Europa ja – aber welches?" Zur Verfassung der europäischen Demokratie. München 2016.
Karbadayi, M..E./Reichardt (Hrsg.): Unfreie Arbeit. Ökonomische und kulturgeschichtliche Perspektiven. Hildesheim 2007.
Kersting, W.: Macht und Moral. Studien zur praktischen Philosophie der Neuzeit. Paderborn 2010.

Kriele, M.: Einführung in die Staatslehre. Stuttgart 2003
Kymlicka, W.: Politische Philosophie heute. Eine Einführung. Frankfurt a.M. 2011.
Lepenies, Ph.: Armut. Ursachen, Formen, Auswege. München 2017.
Levitsky, St./Ziblatt, D.: Wie Demokratien sterben und was wir dagegen tun können. München 2018.
Marquard, O.: Individuum und Gewaltenteilung. Stuttgart 2004.
Meier, H.: Politische Philosophie und die Herausforderung der Offenbarungsreligion. München 2013.
Menzel, J./Müller-Terpitz, R. (Hrsg.): Verfassungsrechtsprechung. Tübingen 2017.
Milanovic, B.: Haben und Nichthaben. Eine kurze Geschichte der Ungleichheit. Darmstadt 2017.
Neschke-Hentschke, A.: Die Aporien der Moderne und die Weisheit der Alten. Eine Kritik der modernen Ideologien. Würzburger Jahrbücher N.F. 36, 2012, 113-138.
Nussbaum, M.C.: Gerechtigkeit oder das gute Leben. Frankfurt a.M. 1999.
Ober, J.: Demopolis – oder was ist Demokratie? (engl. Original „Demopolis: Democracy before Liberalism in Theory and Practice". Cambridge 2017) Darmstadt 2017.
Piketty, Th.: Ökonomie der Ungleichheit. Eine Einführung. München 2016.
Reinhard, W.: Geschichte des modernen Staates. München 2007.
Sarrazin, Th.: Feindliche Übernahme. München 2018.
Sayer, A.: Warum wir uns die Reichen nicht leisten können. München 2017.
Skinner, Qu.: Visionen des Politischen. Frankfurt a.M. 2009.
Tormey, S.: Vom Ende der repräsentativen Politik. Hamburg 2015.
Towfigh, E.V: Das Parteien-Paradox. Ein Beitrag zur Bestimmung des Verhältnisses von Demokratie und Parteien. Tübingen 2015.
Wieland, J.: Die Entdeckung der Ökonomie. Kategorien, Gegenstandsbereiche, Rationalitätstypen der Ökonomie an ihrem Ursprung. Bern 1989, 2. Aufl. 2012.
Willke, H.: Demokratie in Zeiten der Konfusion. Berlin 2014.

Register

(eine Auswahl von Begriffen und Stellen)